他是一个祖父般的人物

他并非从天而降

而是出生在我们中间

一步一步走向伟大

最后在天堂获得了永久的一隅

泰戈尔

生命如远渡重洋

[印] 利特亚普利亚·戈什　　著
Nityapriya Ghosh

陈容宽　　译

团结出版社

图书在版编目（CIP）数据

　　泰戈尔：生命如远渡重洋 /（印）利特亚普利亚·戈什著；陈
容宽译 . -- 北京：团结出版社，2023.10
　　ISBN 978-7-5234-0171-2

　　Ⅰ . ①泰… Ⅱ . ①利… ②陈… Ⅲ . ①泰戈尔（
Tagore, Rabindranath 1861-1941）－传记－图集 Ⅳ .
①K833.515.6-64

中国国家版本馆 CIP 数据核字（2023）第 086540 号

出　　版：团结出版社
　　　　　（北京市东城区东皇城根南街 84 号　邮编：100006）
电　　话：（010）65228880　65244790（出版社）
　　　　　（010）65238766　85113874　65133603（发行部）
　　　　　（010）65133603（邮购）
网　　址：http://www.tjpress.com
E-mail：zb65244790@vip.163.com
　　　　　tjcbsfxb@163.com（发行部邮购）
经　　销：全国新华书店
印　　装：三河市东方印刷有限公司

开　　本：170mm×240mm　16 开
印　　张：19.5
字　　数：259 千字
版　　次：2023 年 10 月　第 1 版
印　　次：2023 年 10 月　第 1 次印刷

书　　号：978-7-5234-0171-2
定　　价：68.00 元

前　言①

　　1901 年 6 月，泰戈尔作了一首诗，发表在当时他编辑的杂志《孟加拉之境》（*Bangadarsan*）上。1914 年，泰戈尔又将这首诗收入诗集《奉献集》（*Utsarga*）。泰戈尔的各位传记作者对这首诗都非常熟悉，也经常引用。开头一句是"不要由外看我"，最后一句是"卡比尔②的生活之道不在此中"。不要从外事外物去观察他，这是诗人泰戈尔对读者的恳请，因为从他的现实生活里找不到那个他。在这首长诗里，他就这个主题发挥，细说了诗人哪里不可寻，哪里可寻：不在诗人的个人哀乐中，而在诗人着力理解的人的生活中，在构成人生日日夜夜的自然之味、音、色里，在诗人为了言不能及的梦而编创成曲的歌里。

　　这首诗写成时，泰戈尔正当不惑之年，此时他已出版了十八卷诗集和歌集、十四部歌剧和散文剧、两部小说、四本短篇故事集及六本散文和书信集；与他后四十年的作品相比，这首诗更是微不足道。然而，他在此诗中表达的对传记的看法却从未改变。在两本自传及几篇应约写自己的文章里，泰戈尔并没有费笔去谈他人生中发生的事。在写给他亲近

---

① 文中注释若无特别说明，则均为译者所加，供读者参考。

② 卡比尔，或迦比尔（Kabir Das，1398/1440—1448/1518），印度诗人、圣者。卡比尔抨击所有制式宗教中无意义乃至不道德的行为，倡导爱的宗教、心的宗教，死后被印度教和穆斯林一同推崇。泰戈尔英译了他的部分诗作并汇编成书。

的同事马哈拉诺比[1]的妻子妮默库玛丽的那封个性鲜明的信里，他提到自己永远无法细述自己的生平，只有马哈拉诺比才能做到这一点，他是有关这些事实的一座宝库。但是，马哈拉诺比自身事务繁忙，写不了泰戈尔的传记。当然，他在初始阶段给过爱德华·约翰·汤普森[2]帮助，给他提供了诗人生平的基本事实和所受影响。

重要的泰戈尔传记作者的创作大体上分两种思路。一种是从泰戈尔的人生来评析诗人的作品，另一种是编年纪事。本书更似后一种。然而，在鸿篇大论中，第二类传记作者往往忽略一些有趣、有意义的小事件、轶闻和话题。本书则旨在填补这些空隙。

---

① 普拉桑塔·钱德拉·马哈拉诺比（Prasanta Chandra Mahalanobis，1893—1972），印度科学家、统计学家，被尊为印度现代统计学之父，"马氏距离"即以他的名字命名。泰戈尔和马哈拉诺比两家是世交，后期马哈拉诺比曾做过泰戈尔的秘书。马哈拉诺比的妻子妮默库玛丽（Nirmalkumari Mahalanobis）也和泰戈尔交往甚密，1926年和1928年曾结伴旅行。

② 爱德华·约翰·汤普森（Edward John Thompson，1886—1946），英国学者、小说家、历史学家、翻译家。因英译孟加拉语作品闻名。他与泰戈尔熟识，并为他写了两本书，包括一本传记作品《泰戈尔：诗人和剧作家》（*Rabindranath Tagore, Poet and Dramatist*）。

目 录 *Contents*

乔拉桑戈 ^① 的一方世界

1861 年 5 月 7 日，泰戈尔出生在加尔各答。

当时的加尔各答只有马车，没有电、气、下水道、自来水或公共交通，更不用说电话、汽车和燃气。泰戈尔祖上建起的大宅坐落在加尔各答北部的巷子里，这一片当时被称为"黑"城，在地理位置和文化发展上与英国移民聚居的"白"城遥遥对应。1857 年，依据《英格兰王室法》的章程，英国维多利亚女王接管东印度公司，至此，十多个世纪以来吸引着侵略者的印度财富开始遭到逐步蚕食。

泰戈尔家族在乔拉桑戈一地的祖宅则自成一方世界，和加尔各答的主流社会有些疏离。其中原因诸多。泰戈尔的祖父德瓦伽纳塔·泰戈尔（Dwarkanath Tagore）所处时代之前的家族先辈现缺乏历史记载。但据说，其祖上先是生活在今属孟加拉国杰索尔地区的一个村庄里，属于高贵的婆罗门种姓。但在闭塞的乡村社会中，因族中一桩婚姻，他们的名声蒙污，原来与其联姻的是一位名叫皮尔阿里·汗（Pir Ali Khan）的转信了伊斯兰教的穆斯林，自此这一家族被贬称为"比拉利·婆罗门（Pirali Brahmin）"^②。这一污点带来的沉重打击使部分族人离开了这个村庄，到加尔各答人烟稀少的地区定居。

---

① 乔拉桑戈（Jorasanko）属于今印度西孟加拉邦的加尔各答，除了泰戈尔家族，不少其他印度有名望的大家族也曾在这里定居。

② 据著名泰戈尔研究学者和翻译家董友忱所研究，"比拉利"在孟加拉语中是"不洁净"的意思。参阅董友忱《泰戈尔的婚姻观与婚姻实践》。

不过，家族里的一位祖先班查南·库沙里（Panchanan Kushari）因与东印度公司打交道而富庶起来。崇敬他的低种姓乡邻尊称他为"塔库尔"（Thakur），这个词在孟加拉语中有祭司、主人、神等多重含义。"塔库尔"经英语口音转化便变成了"泰戈尔"（Tagore）。班查南的两个孙子尼尔马尼和达帕纳拉扬通过经营农场和经商都变得很富裕，但二人却不知何故分道扬镳。尼尔马尼在乔拉桑戈修宅，达帕纳拉扬则在巴图里亚加塔（Pathuriaghata）地区建房。尼尔马尼的后代选择继承"比拉利·婆罗门"信仰，被孟加拉文化中的上层种姓所排斥。达帕纳拉扬的后代则设法摆脱了种姓方面的污名，成为印度社会中的佼佼者。然而，乔拉桑戈和巴图里亚加塔的两支族群和社会都很疏离。因此，在乔拉桑戈的一方世界中，泰戈尔家族的社交是有限的。

德瓦伽纳塔（DwarKanath，1794—1846）是班查南的第四代子孙，也是对现代印度有巨大影响的人物。他精通波斯语、英语和梵语。他不断扩大自己的金融帝国，从持续扩张土地到涉足其他产业，如制作靛蓝染料、采煤、船运和银行业，由此成为同时代最显赫的印度名人。他的公司甚至受到英国统治阶级的追捧。在维多利亚女王的王宫里，他受到亲切召见，女王称他为王子。他也和欧洲文学巨匠，如狄更斯和缪勒，结下友谊。在本国，他是印度社会和宗教变革先驱拉姆莫汉·罗伊（Rammohun Roy，1772—1833）的追随者及资助人。德瓦伽纳塔为

史温特男爵所绘的德瓦伽纳塔·泰戈尔肖像

乔拉桑戈大宅，由尼尔马尼·塔库尔和后代共同修建而成。

罗伊创建的梵志会^①提供资助，尽管他自己严格遵循正统印度教的教仪。奇怪的是，泰戈尔极少在自传或书信里提起这位祖父，他更愿意被称为代温德拉纳特的儿子，而不是德瓦伽纳塔的儿孙。德瓦伽纳塔英年早逝后葬在英国，但泰戈尔从未拜谒过他的陵墓。

少年时的代温德拉纳特（Devendranath，1817—1905）处世随和，祖母亡逝一事令他很痛苦，于是他开始学习印度和西方哲学。父亲德瓦伽纳塔焦恼于儿子无心自己的众多经商事业，于是建立了信托机构来管理地产。

德瓦伽纳塔去世仅两年后，他创办的银行已经垮败，他的所有生意也都处境艰难，负债开始大于资产。于是代温德拉纳特决心要还清负债，

---

① 梵志会（Brahmo Samaj）于 1828 年 8 月 20 日在加尔各答创建。作为日后印度教团体中宗教、社会、教育运动的先驱，它开启了 19 世纪孟加拉复兴，对塑造现代印度文化有深远影响。梵志会反对偶像崇拜和多神信仰，同时抨击种姓制度带来的禁锢。

甚至愿意放弃委托给信托机构的农场。债权人对他的举动很惊讶，于是都同意分期交付，在很长一段时间后才收回债款。

1843 年 12 月 21 日，代温德拉纳特正式皈依了梵志会，这着实是一项重大决定，泰戈尔在世时每年都会纪念此日（孟加拉历中的 10 月 7 日[①]）。此外，代温德拉纳特创立了理论会（Tattabodhini Sabha），鼓励哲学和宗教讨论及辩论，同时创办了《理论家》（*Tattabodhini Patrika*）杂志，论述社会和宗教议题。理论会和《理论家》杂志都有长久的发展，泰戈尔到了年纪便与这些事务有了密切接触。父亲在世时，代温德拉纳特没有在意家族生意和农场经营，但在父亲走后他不得不照管产业，他不仅留住了地产，还大大开拓了大农场（zamindari）。泰戈尔家族也因此从摇摇欲坠甚至贫困没落而最终活了下来，再次兴旺发达，守住了尊显地位。

留居在乔拉桑戈的泰戈尔族人由于皮尔阿里一事的污点原本就受到排斥。代温德拉纳特信奉梵志会后，家族与主流印度社会之间则更疏离。同时，代温德拉纳特对英国社会避而远之，一心要传播梵志会的信仰，且要与决意抹黑印度本土宗教的基督教传教士斗争。这些都使泰戈尔家族更为孤立。

不过，泰戈尔[②]自己并不觉得生活有那么阻塞，因为乔拉桑戈的泰戈尔家族就住在

泰戈尔父亲代温德拉纳特·泰戈尔，梵志会信徒尊称他为"大圣人"。

---

① 原文为"Paush"，指孟加拉历中的十月，对应阳历中的 12 月 22 日至 1 月 20 日。
② 本文单独使用"泰戈尔"时指诗人罗宾德拉纳特·泰戈尔，其他情况下则另作说明。

一个屋檐下，而且实在是个大家庭！泰戈尔是代温德拉纳特十五

个孩子中最小的那个，他与在世最年长的哥哥相差二十一岁。

德瓦伽纳塔曾在家族院落里修建另一处宅第，后来，原建大

宅的邮政地址为德瓦伽纳塔·泰戈尔巷六号，后建的大宅

则是德瓦伽纳塔·泰戈尔巷五号。当时在世的泰戈尔叔

伯之一吉林德拉纳特（Girindranath）就住在五号的大

宅，他也有一个大家庭，其长孙只比泰戈尔小六岁。

两家人坐拥大农场，财富可观，家里有一大群随从仆

役——佣人、婢女、后厨、阍侍、园丁、轿夫、马夫，

诸类等。

　　生育十五个孩子（其中四个早早夭折）的母亲

当然无法个个亲自照管，且母亲亲自养育子女也并

不是富裕孟加拉家庭的风俗。但是，从拉比[1]回忆

儿时（泰戈尔母亲在他十四岁时去世）所说来看，

他并不觉得受到了母亲的忽视。不过在日常

杂务上，子女都是分配给专门的仆人，拉比

的童年就是由一众男佣支配，他的衣、食、

泰戈尔的母亲萨拉达·孙达里（Sarada Sundari），
六岁结亲，生育了十五个孩子，五十五岁去世。

娱（朗诵《罗摩衍那》，及用他们的大白话讲鬼故事和窃贼冒险故事等）

都严格定量。

　　儿时的拉比异常羞怯，甚至饿肚子时也不愿开口多要一口饭或一杯

奶。在信里他透露过自己因此感受过一种匮乏感。1894 年 6 月 27 日，

在泰戈尔乡居于今孟加拉国北部的什莱达哈（Solaidaha）时写给侄女英

———————

[1]　拉比（Rabi）是亲人对泰戈尔的昵称。

迪拉 ① 的信中，以及 1929 年 3 月 29 日在海上旅行时写给妮默库玛丽的信中，他一再回忆起童年时曾如何在冬日早晨，眼巴巴地看着当时已结了婚的哥哥乔蒂林德拉纳特（Jyotirindranath，1849—1925）开小灶，做吐司抹黄油，这全因自私的佣人对幼小的拉比不管不顾。在乔拉桑戈的大宅里，长幼老少之间是明显有别的。宽大的院子里常有加特拉斯剧（jatras）、戏剧和音乐会演出，年纪小的可以观赏演出前进行的种种精心操办活动，但不能参与这些盛会。如果在大人堆里发现一个小孩，他（她）就会当众受批评，然后立马被佣人带走，此时这个孩子还在羞愧地想象着他被剥夺的快乐。

然而，家里却对儿童教育相当上心。大宅里就有一所学校（小学），拉比就是在这里学到了基础的读、写、算。十年内，他先后进了五所学校，

五岁的泰戈尔

和年纪最相近的哥哥以及一位表兄一同学习。一家之主——大多时候不在乔拉桑戈当地，而常在印度各地乘船旅行或造访名山的代温德拉纳特，及各位长兄却发现，无论在哪个学校里，三人总不合群。泰戈尔在许多文章和演讲里都提到过那段不快乐的校园生活——老师无视甚至偶尔带有敌意，同学捉弄欺凌，教室幽闭，课堂枯燥。父兄们也似乎没有非常在意拉比的学业。父亲带他去过喜马拉雅山，乔蒂林德拉纳特后又在他上课期间将他带到什莱达哈，那是一处大农场的所在地。在学校里，与他同学的哥哥开始精神失常，表兄通过了入学考试，而拉比十五岁从他那时所在的圣夏维尔学校退了学。

---

① 英迪拉·德维（Indira Devi，1873—1960），是泰戈尔二哥萨蒂安德拉纳特的女儿，印度歌唱家、作家、翻译家、社会活动家。1877 年她随家人去英国，一年后泰戈尔和他们相聚生活，因此他和英迪拉及其兄弟苏伦德拉纳特自小关系亲密。

拉比儿时短暂求学过的圣夏维尔学校（St. Xavier's School）

学校教育收效甚微，但给拉比教授语言和科学的家庭教师弥补了这一不足。即使到了晚年，泰戈尔还能记得当年老师们的名字和教授的各个学科。他的孟加拉语打下了良好的基础；他也克服了学习外来语言（例如英文）的恐惧；而且他热爱梵语。在体育锻炼上，大宅里的孩子们则是跟着摔跤高手上课。拉比的体格因此发展得相当健全，七十九岁昏倒时，医治他的英国医生不禁惊道："体格可真好啊！"给孩子们上孟加拉语课和印度古典音乐课的是当时有名的音乐家，拉比从没喜欢过这种系统的音乐教学，但乔拉桑戈大宅里的音乐熏陶使他深深领会到拉格曲调（ragas，印度古典音乐中通过特定旋律表达各种心情的音乐调式）

泰戈尔、哥哥萨门德拉纳特、表兄萨底亚普拉萨德和家族友人斯里坎塔·辛哈，摄于约 1873—1874 年。

的纷繁精致之美。他一生写了约两千首歌曲，其中部分直至今日仍让数百万听众陶醉其中。专业的古典音乐家们也总是对泰戈尔在拉格曲调上做的大胆尝试感到惊奇，看得出泰戈尔对此是完全精通的。

拉比的第一次火车之旅

我们第一站是要在博尔普尔逗留几天。萨底亚（Satyaprasad Gangopadhyay，1859—1933，拉比大姐的儿子，与泰戈尔和萨门德拉都是同学；拉比第一次火车旅行时十二岁，萨底亚十四岁）前不久同他的父母一起来过。凡生在19世纪、有点自尊心的娃娃都不会相信他回来时告诉我们的关于他的旅行所见所闻。但我们有些不同，因为之前没有机会学习分辨真假。我们读的《摩诃婆罗多》和《罗摩衍那》里毫无类似的知识。那时也没有任何儿童图画书教导我们一条孩童该走的路。那些主导世界的严厉律法，每一条都是触犯了之后才学会遵守。

萨底亚告诉我们，除非非常熟悉，否则进入火车车厢是危险得不得了的事情，稍有失误，就会彻底完蛋。再有，坐着的人非得用尽力气守住位置才行，不然火车启动时，乘客拥挤，难说会被挤到哪里去。所以当我们到了火车站时，我浑身发抖。但是，我们轻松就进入了车厢，于是我觉得最糟的还没来吧。结果，我们非常顺利地启程了，一点也没有冒险的样子，我又有些失望。

（摘自《我的回忆》[①]，由苏伦德拉纳特·泰戈尔英译）

[①] 泰戈尔用孟加拉语写成的原书为 *Jibansmriti*，由二哥萨蒂安德拉纳特的儿子苏伦德拉纳特·泰戈尔（Surendranath Tagore，1872—1940）英译为 *My Memories*（《我的回忆》）。

十四岁的泰戈尔

外面的天地

十七岁时，拉比和乔拉桑戈的窄小世界告别，前往英国参加印度公务员资格考试①。1864年，拉比三岁时，他的二哥萨蒂安德拉纳特·泰戈尔（Satyendranath Tagore, 1842—1923）成为印度参加这项公考的第一人。在一户英国人家寄宿生活一年后，拉比成为伦敦大学学院的一员，但大约三个月后就被召回家了。晚年泰戈尔开玩笑似地说，那是因为他父亲担心他娶一个白人女孩，所以命令他回去。还在伦敦时，他会给乔拉桑戈的亲友们写公开信，信里会描述和评论英式生活以及西方如何开明地看待女性。这些信陆续发表在他大哥编辑的杂志上，行文轻快机敏，表明这位青年人正逐渐成熟。

不过，这并不是说拉比第一次迈出国门前还不成熟。他十六岁就表现出作诗的独特天资，只是可能由于1878年颁布的《印度语言出版法》②而没能发表。其第一首诗《德里的杜尔巴》（*Dilli Darbar*）写的是印度所遭的不幸，这之前，印度总督李顿伯爵③举行了"德里杜尔巴"

---

① 印度公务员资格考试（Indian Civil Services, ICS）制度发展自东印度公司设立的契约公务员制度（Covenanted Civil Service）。英属印度公民需要去英国和本土应试者一起参加考试，因此通过这项考试非常不容易。泰戈尔的二哥不仅是第一位印度裔应试者，还成为ICS第一位印度裔官员。他为印度女性获得自由解放做出过许多努力和贡献。

② 《印度语言出版法》禁止自由使用印度的各族语言，以防方言出版物公开批评英国政府的政策，这一禁令引起印度各界强烈的长期抗议。

③ 罗伯特·布尔沃·李顿（1831—1891），1876年至1880年任英属印度总督，在国内和外交事务上颁布的政策冷酷无情，备受争议。

（Delhi Durbar）① 以庆祝维多利亚女王兼袭"印度女皇"的头衔。在英国当局暴力镇压一年一度的印度集市会（Mela）后，拉比曾在集市当场朗诵这首诗。这一集市会是十年前由乔拉桑戈的泰戈尔家族协同少数爱国知识分子发起的，以在文学、音乐和手工艺上宣扬印度民族身份认同。

再早一些，十三岁时，拉比的一首《印度集市上的礼物》（*Hindu Melay Upahar*）发表在当时双语发行的《甘露市场报》（*Amrita Bazar Patrika*）上。他去英国之前，他的长篇叙事组诗《诗人的故事》（*Kabikahini*）发表在文学杂志上。此外，他还写了书评、文学评论、短篇小说以及一本长篇小说。18 世纪的青年诗人托马斯·查特顿（Thomas Chatterton）曾创造出一位不存在的 14 世纪诗人来发表自己的诗作，拉比受到他的启发，也创造出瓦努西姆哈·塔库尔（Bhanusimha Thakur）这一人物来发表诗作。在拉比的想象中，这是中世纪时期一位信奉毗湿奴派的抒情诗人。后来，拉比受宠若惊地发现，虽瓦努西姆哈·塔库尔只是位虚拟的中世纪诗人，遥远的德国居然有一名孟加拉裔学者以他为专题写了篇博士学位论文！这些诗节奏轻快明朗，用布拉吉布利用语（一种迈蒂利方言）写成，后来经过泰戈尔修改润色，依然大受欢迎。

拉比回到加尔各答时，已出版了两部颇受好评的诗集，还有两本也即将出版。不过，多年后，他自己否定这些作品，认为它们是沉溺于英国浪漫诗歌的不诚之作。诗里的语言夸张做作；格律不过是借用当代孟加拉语诗歌；内容也满是虚伪。在一次神奇的经历

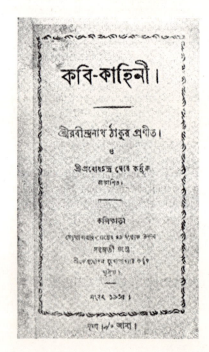

1878 年出版的第一本诗集《诗人的故事》封面

---

① 杜尔巴原是印度王公举行的正式欢迎盛会。英国在德里一共举行过三次杜尔巴大会，分别在 1877 年、1903 年和 1911 年。

后，他才发现了自己的心之所向。1930 年，在希伯特讲座[①]上，他说到那非凡的一刻：

> 我年方十八时，宗教体验有如一阵忽来的春日和风吹进了我的生命，拂去后，在我的记忆里留下了有关一种精神实质的直接启示。有一天，晨晓刚至，我正站着看到太阳从树林背后发出光彩，突然感到视线中好似有久久不曾散去的迷雾一瞬间破开，那照耀大地的晨光直通内心，带来灿烂的欢喜。遮覆寻常一切的屏障通通从万事万物、芸芸众生身上撤去，它们的终极意义在我心里变得强烈起来，那就是美的含义。在这一体验里，值得我铭记的是关于人的启示，关于我忽然意识飞跃，感到为人而超越人的境界。在我有这惊奇体验的那天写下的诗叫作《瀑布的苏醒》（The Awakening of the Waterfall）。瀑布的灵魂在团团冰雪的孤独里休眠，经过太阳的触碰便洋洋自由地奔流不息，在永远的献祭里，在与大海永恒的融合里，它找到了它的目的。

泰戈尔在 1911 年《我的回忆》一书和其他一些文章里多次谈到这顿悟的一刻，但从未翻译过上述这

约 1878—1879 年，泰戈尔在英国期间。

---

① 希伯特讲座是围绕神学，不分宗教派别的年度讲座活动，由论派的罗伯特·希伯特（Unitarian Robert Hibbert）在 1847 年创立的希伯特基金会赞助。该基金会的宗旨是鼓励"在神学问题上自由形成个人观点"。BBC 对这一系列讲座进行了广播。

首长诗。上文摘自他在希伯特讲座上为期三天的演讲《人的宗教》。印度斯坦音乐制品公司（Hindusthan Musical Products）于 1939 年以诗人原声录制了上述一节内容，"天籁之声"（Akashvani）电台 1999 年重新录制为盒式磁带，取名为《天才的千面》（*Facets of a Genius*）。

泰戈尔的英国之行使他接触到了西方音乐。1930 年他和爱因斯坦说，在去英国之前，他就在家里听过欧洲的音乐，包括肖邦及其他音乐家的作品。在爱因斯坦邀请他去柏林的住所时，泰戈尔告诉他，自己试着体会其中的精神，理解其中的构造，但印度音乐比欧洲音乐更能打动他的心。他认为欧洲音乐的确气势恢宏，铺陈壮阔，结构哥特，但印度音乐中深植的抒情特质更加吸引他。

陷入窘境的歌手

生活在英国的那一段日子（1878年到1879年）里，我陷入过一场滑稽闹剧，且从头至尾未得脱身。我碰巧认识了一位已故印度裔英国高层官员的遗孀。她和我关系尚好，用小名"拉比"叫我。她的一些印度朋友用英文作了一首哀诗来为她丈夫悼亡。说起此诗，诗韵或措辞精妙根本谈不上。我运气很坏，作词人指明这首哀乐要用贝阿伽曲调（Behaga）唱诵，于是有一天这位遗孀请我这么唱给她听听。我当时天真傻气，就弱弱地同意了。好在除了我以外，没有其他人能感觉出贝阿伽曲调配上那些不成样子的诗句是如何糟糕透顶，滑稽可笑。听到一个印度人伴着家乡旋律为丈夫唱挽歌，这位遗孀倒是十分触动的样子。到此，我觉得事情就该结束了，然而并不是这样……

她住在离伦敦有些路程的郊区地段，虽然她经常来信邀请我去那里，但想到那唱挽歌的场面我就害怕得不愿接受邀请。直到有一天，她发来一封非常恳切的电报。收到电报时，我正在去学校的路上，当时我在英国的行程也差不多要结束了。我觉得离开前理应再去看望她一次，因此就答应了她。从学校出来后，我没有回家，而是径直去了火车站。那天天气很差，气温极低，下着雪，四处雾气。我要去的站点是那班车的终点站，所以我心情放松，也不觉得有必要问一下到站时间。

所有的站台都在右手边掠过，在右手边角落的座位上，我舒服地看着书。天色已晚，外面黑得看不见一物。其他的乘客一个个到站下了车，火车到站然后马上又出站。然后，火车再一次停了，但车外不见一个人，站台上没有一盏灯。作为唯一的乘客，我完全想不通为什么火车会错站

错点，于是干脆不想，继续读书。然后火车就往回走了，我无法解释火车的异常动向，就又一次接着读书去了。但当火车又刚好回到上一站后，我再也坐不住了。"火车什么时候到——？"我在站里问道，收到的回复是："你刚从那儿来。""那么火车现在开到哪里去？"我完全慌了张。"到伦敦。"此时，我才知道这是一班区间列车，于是我继续问到我的目的地的下一班车。得知当晚没有其他班次时，我又打听了一下，被告知方圆五英里内都没有旅馆。

上午十点我从家里吃了早餐离开，至此还没有吃东西。既然除了忍着别无选择，我就自然而然接受了禁欲的想法。我把厚大衣扣到脖子上，坐在站台的灯下继续阅读。当时我读的书是斯宾塞的《伦理学的质料》(Data of Ethics)，这本书刚出版没多久。我安慰自己：可能再难找到这样的机会全神贯注地读这个主题了。过了一会儿，门房过来告诉我一班专列正在开来，半小时后到。我高兴起来，一点也读不下去了。本该七点到的，结果我九点才到。"怎么回事，拉比？"那位夫人问道，"你到底干什么去了？"我把这次奇妙的经历讲给她听，但我自己却觉得不太光彩。晚饭已经吃过了，不过，想到我的遭遇并不能算我的过错，我不觉得自己应得什么惩罚，况且施罚者是位女士。但是，那位印裔英国高层官员的遗孀只对我说了句："来，拉比，喝杯茶吧。"

我从来不爱喝茶，但此时我希望茶水能缓解我强烈的饥饿感，所以我就着几块干饼干吞了一杯很浓的茶。终于去到客厅后，我发现一群上了年纪的女士聚在那里，之中一位还颇年轻的美国人和女主人的侄子订了婚，似乎是在忙着准备婚礼。

女主人对我说："一起跳支舞吧。"我既没有心情也没有力气做那项锻炼，但世间最无可能之事总是由顺受者做到的嘛，于是，即使那支舞原是为订婚的一对新人准备的，我还是跟年纪大了许多的女长辈们去跳，那杯茶和那些饼干成了此时唯一为我提供能量的食物。

然而，我的忧愁还未结尾。"你晚上在哪里过夜？"女主人问我。我没想过她会这么一问。我看着她，一时无语，她解释当地旅馆半夜会关门，我最好不要再拖延，马上往那儿赶。不过，她的待客之道也不是全无，因为我倒不用自己去找旅馆。一位佣人提着灯笼给我带路。一开始，我觉得这可能是焉知非福，于是立刻跑去询问有无吃食，鱼肉蔬菜，热也罢凉也罢，哪样都行，但只听说什么样的饮品都有，就是没有吃的了。我只好指望睡下后忘记这些，然而在睡眠女神来者不拒的怀抱里，我也没了立锥之地。房间的砂石地板冷得像冰，老旧的床架以及破烂的盥洗盆就是全部家具。

到了早上，那位印裔遗孀遣仆人来邀我去吃早餐。我发现放着的冷饭冷菜明显是昨晚晚餐所剩。昨晚要是半温不热地给我盛一些，既不会影响到任何人，我的舞也不至于痛苦扭曲得像只蹦到岸上的鲤鱼。

吃过早饭，女主人告诉我，受邀来为她献歌助兴的女主人公现在病倒在床上了。我得在她房门外唱一曲。我被安排站在楼梯过道里。那位遗孀指了指一扇关着的门，说道："她就在那里头。"于是，我对着另一头未谋面的神秘人唱起了那首贝尔伽安灵歌。关于那位病人最后的情况，我没有收到任何消息……

（摘自《我的回忆》，由苏伦德拉纳特·泰戈尔英译）

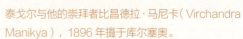

泰戈尔与他的崇拜者比昌德拉·马尼卡（Virchandra Manikya），1896 年摄于库尔塞奥。

归故乡，一位前途无量的作家

从英国回家后，在起先的一阵振奋之情中，泰戈尔写了两部音乐剧，《蚁垤的天才》（*Valmikipratibha*，1881）和《致命的猎捕》（*Kalmrigaya*，1882），一时在加尔各答的文化精英中大受好评。剧作的曲里，他运用了约十首爱尔兰和苏格兰曲调，其他调子部分源于传统印度歌曲，部分则由哥哥乔蒂林德拉纳特谱写。接触英国歌剧必然启发了泰戈尔以《罗摩衍那》为蓝本创作音乐剧作品，但他无法对欧洲音乐保持热情，虽然他在二十岁第一次发表公开讲演时，也曾批评过印度音乐，赞扬过西方音乐。

这时期，泰戈尔作为一名青年诗人声名鹊起。王侯之邦特里普拉邦的王公维钱德拉·马尼卡（Virchandra Manikya，1839—1896）对泰戈尔的诗作印象极佳，甚至派遣使者到乔拉桑戈向诗人表示自己对他的新诗集《破碎的心》（*Bhagnahriday*，1881）深感欣赏。印度第一位小说家，当时孟加拉语文学的权威人物班吉姆钱德拉·查特吉 [①] 当众为二十一岁的泰戈尔授戴花环，赞美他的新诗集《暮歌集》（*Sandhya-Sangit*，1882）。

青年泰戈尔十分多产，其创作发表的一个主要渠道是《婆罗蒂》

---

① 班吉姆钱德拉·查特吉（Bankimchandra Chattopadhyay，1838—1894），印度小说家、诗人、记者。印度前国歌《礼赞母亲》的创作者。他在孟加拉被称为"文学之王"，被视为孟加拉文学复兴的关键人物。

（Bharati）。这本杂志于 1877 年至 1923 年出版，由乔拉桑戈的泰戈尔家一众族人编辑管理。它吸引了同时代的各位名家，他们都和乔拉桑戈文化关联密切。《婆罗蒂》在第一任主编即泰戈尔的大哥德维金德拉纳特·泰戈尔（Dwigendranath Tagore，1840—1926）的经营下，从其先驱杂志——以宗教为导向，聚焦文学、科学和社会话题的《理论家》杂志——中独立出来。泰戈尔对《婆罗蒂》的贡献同样很大，他探讨各个学科（不限文学）的散文作品比他之前所作的诗句更为纯熟，这一点的确令人意外。

在另一本由乔拉桑戈女性主编但存世不久的杂志《弟子》（Balak）上，泰戈尔发表了小说《贤哲王》（Rajarshi，1887）。经过对特里普拉王朝历史的深入研究，泰戈尔完成了这部作品。不过，这并非他的第一部小说作品。此前，《王后市场》（Bauthakuranir Hat，1883）以及《科鲁娜》（Karuna，1887—1878）都已经在《婆罗蒂》上发表。《科鲁娜》是泰戈尔的第一次小说尝试。它的背景是现当代生活，这部作品之所以值得一提，仅因为这是泰戈尔的小说处女作。《王后市场》是基于中世纪后期的孟加拉社会历史，主人公是敢于蔑视莫卧儿王朝王法的大地主——布罗达巴迪多。小说没有着眼于孟加拉政治史，而是讲述主人公一家的悲剧故事。泰戈尔丝毫没有表现出对布罗达巴迪多的同情，但他的侄女萨拉拉·德维[①]却在 1904 年到 1905 年间——孟加拉民族起义的高潮时期——将这个大地主抬高为一名伟大的爱国者，这令泰戈尔甚为恼火。

二十三岁时，泰戈尔和一名十岁的乡村女子成婚。童婚是当时的风俗。他的祖父和父亲分别在十五岁、十七岁就结了婚，结婚时他们的妻子都只有六岁。大哥德维金德拉纳特十八岁时娶了十岁的新娘。

---

① 萨拉拉·德维（Sarala Devi，1872—1945），印度教育家、政治活动家，她创立了印度第一个女性权益组织，为改善印度女性受教育和生存的处境奋斗。

二哥萨蒂安德拉纳特十五岁时和八岁的女子成婚，乔蒂林德拉纳特十九岁时和九岁的女子成婚。代温德拉纳特的各个女儿也是在年龄尚小时就嫁人了，长女在九岁，其他三个分别在十二岁、十一岁和十二岁。尽管新娘的具体年龄并不明确，但其他较少提及的泰戈尔的兄弟同样早婚。

在 1887 年一次名为"印度婚姻文化"的公开演讲中，泰戈尔已对家族中的童婚传统有所思考。虽然他倡导女子不宜在青春期前，而应在育龄已至后结婚，但同时他又为富庶大家族中的童婚现象辩护。他认为，在这样的富庶家庭里，年少的女孩可以受到年长者的照料而健康成长，而健康的

泰戈尔和新娘穆里娜莉妮（Mrinalini）

母亲日后能生育健康的孩子。长大的女子结婚后可能无法适应新家，而年幼女孩就可能没有这个问题。很久以后，1925 年，盖沙令伯爵（Count Keyserling, 1880—1946）因其新作《婚姻之书》（*The Book of Marriage*）请泰戈尔撰文谈谈印度的婚姻体系，此中他说到（由泰戈尔侄子苏伦德拉纳特英译）：

然而"欲望"（两性的相互吸引）是自然中最强大的斗士之

一——印度文化中解决婚姻问题的办法也正是对此宣战，所以，关于如何克制，实难以解答。印度文化认为这种两性的相互吸引会在一个特定的年纪达到最强，因此如果按照社会上的意愿来规制婚姻，嫁娶必须在这一年纪到来前完成。于是，印度也就有了早婚的风俗。

《印度的婚姻理想》（ *The Indian Ideal of Marriage* ）中这一段内容被当时伦敦的《新政治家》（ *The New Statesman* ）杂志的一名编辑摘引，以支持凯瑟琳·梅奥（Catherine Mayo）关于印度社会的骇人说法：印度男人放肆淫乱，到处浪荡，而女人害怕自由活动；印度对童婚似乎习以为常，即使泰戈尔家族也是如此。虽然泰戈尔就其他各方面反驳了梅奥刻意扭曲印度社会文化（英国报刊当时拒绝发表印度人士针对梅奥书籍的多封抗议信，但《卫报》发表了来自泰戈尔的长信），但他对童婚一题却极少抗辩。他本人的女儿也在年纪尚小时嫁人——蕊努卡十岁，迷拉十二岁，迷拉的婚事从她十岁起就开始准备了。玛胡里拉塔的婚嫁年纪是个例外，她在十五岁才结婚。不过在 1927 年，即梅奥出书时，已时过境迁，加尔各答的社会变化极大，童婚在孟加拉中产阶级社会中已经很难想象了。

泰戈尔完婚四个月后，家族中发生了一件惨痛的意外。五哥乔蒂林德拉纳特的妻子卡丹芭里（Kadambari）自杀身亡，年仅二十五岁。泰戈尔在《我的回忆》（ *Jibansmriti* ）和《我的童年》（ *Chhelebela* ）里多次提到她，她大多数时候像是扮演着母亲的角色，尽管母亲去世时，泰戈尔十四岁，卡丹芭里也才十六岁。

卡丹芭里九岁时嫁到泰戈尔家，没有上过学，根本适应不了富庶地主家庭的生活环境。她的丈夫年长她十岁，是那一大家里最英俊、又最有成就的男子（作为公务员的二哥萨蒂安德拉纳特已不在一起生活）。

他既是歌手、作曲家，还是画家、剧作家。

　　卡丹芭里是按照泰戈尔家族传统培养的。在泰戈尔母亲去世后，父亲代温德拉纳特离开乔拉桑戈，由于长子德维金德拉纳特无心于家事，他就把家中事务留给乔蒂林德拉纳特照管。于是，乔蒂林德拉纳特从加尔各答的院长学院（Presidency College）退学，到乔拉桑戈的办公处接手管理农场。卡丹芭里二十一岁就出演《尊贵》（Manmayi）中的重要角色，二十岁就在二婶斯瓦纳库玛丽（Svarnakumari Devi, 1855—1932）的音乐剧中献唱。在由乔蒂林德拉纳特组织的非正式文学俱乐部里，同时代的名诗人例如比哈里拉·查克拉博蒂[①]、热心于文学事务的阿克谢·钱德拉·乔杜里（Akshay Chandra Chaudhuri）和妻子萨拉特库玛丽（Saratkumari）常在晚上举行聚会，卡丹芭里被称誉为俱乐部的女中豪杰。

　　拉比从伦敦回来后为俱乐部增添了新的活力。据说，卡丹芭里是商讨和筹划《婆罗蒂》有关议题的参与者之一。这些都表明卡丹芭里没有受到家族或丈夫的轻视。当然，乔蒂林德拉纳特是大忙人，他既是父亲所创的原初梵志会的干事（直到卡丹芭里去世，共履职十八年），又是为商业剧院创作剧本

卡丹芭里，五哥乔蒂林德拉纳特的妻子，青年泰戈尔的文友

---

　　① 比哈里拉·查克拉博蒂（Biharilal Chakrabarti, 1835—1894），现代孟加拉语抒情诗歌的先驱诗人，也是泰戈尔诗歌艺术方面的导师。

的成功作家——作品有《补卢之力》（*Puruvikram*，1874）、《萨罗基尼》（*Sarojini*，1876）、《眼泪》（*Asrumati*，1880）和《梦幻一般》（*Swapnamayi*，1883）等。除了要照管已然庞大的农场产业，他还试图开拓黄麻、靛青染料和船运业务。他通晓多国语言，翻译了法语戏剧，其一是改编自一部莫里哀戏剧的《阿里巴布》（*Alikbabu*），卡丹芭里在此剧中扮演赫曼吉尼（Hemangini）。

生活在这样大的家庭中，卡丹芭里绝不会感到孤独。她自己没有儿女，但她要照顾斯瓦纳库玛丽的女儿，并将其视为己出，只是女孩五岁时从楼梯上摔下，不幸夭折了。乔蒂林德拉纳特也时常带妻子外出度长假，远离乔拉桑戈的日常琐事，去看水，去赏山，还会去二哥萨蒂安德拉纳特的办公所拜访。乔蒂林德拉纳特骑马带着妻子去加尔各答的麦丹广场（Maidan）时，他成了城中议论纷纷的对象。当时，泰戈尔家族的妇女一直是大众的谈资，就是被人目睹她们走在自家屋顶上，那也会是一大趣闻！

泰戈尔向来习惯为出版的作品题献词（尽管存在少数例外），而所有貌似是献给卡丹芭里的作品却都语焉不详。第一本《破碎的心》上写的是献给"赫儿夫人"。收录短篇散文作品的《随笔杂记》（*Bibidha Prasanga*，1883）全书虽然没有特别题献词，但其中一篇《逃避》（*Samapan*）据说是献给卡丹芭里的。在这两部作品之间，泰戈尔出版过四本书，他将两本献给哥哥乔蒂林德拉纳特，另一本献给大姐索萨米尼

乔蒂林德拉纳特（右），泰戈尔青少年时期在他的光芒下成长。

（Sausamini），一本献给侄女英迪拉。诗集《画与歌集》（*Chhabi O Gaan*，1884）中写道："玉足星目，常于每晨生出花朵之人，去春盛放的花儿又作今岁的花冠。"这再一次被认为是写给卡丹芭里的献词。诗剧《大自然的报复》（*Prakritir Pratisodh*）和另一本诗集《童年之歌》（*Saisab Sangit*）在 1884 年卡丹芭里去世后出版，献词是"你"。同样，1884 年，《瓦努西姆哈·塔库尔之歌》（*Bhanusimha Thakurer Padabali*）的献词是："你曾几番要我出版以瓦努西姆哈之笔名作的诗，我没有听从你的建议。如今我出版了这些诗，而你却不在人世。"

二嫂詹达南迪尼、二哥萨蒂安德拉纳特、卡丹芭里（后排右起）和乔蒂林德拉纳特（前排坐者）

　　这些献词都足以表明泰戈尔对"新嫂嫂"的爱慕和欣赏。但第一次的献词"赫儿夫人"让人尤为好奇。所献之人无疑是一位女士，因为用的是"夫人"两字。但"赫儿"指的是什么？难道是卡丹芭里曾扮演过的《阿里巴布》里的"赫曼吉尼"一角？以研究孟加拉文学闻名并与泰戈尔亲密共事过的萨哈尼卡塔·达斯（Sajanikanta Das，1900—1962）称，泰戈尔晚年时对"赫儿"是否指"赫曼吉尼"一问曾笑着点头承认。第一位重要的泰戈尔传记作者普拉巴特·穆克帕迪耶（Prabhat Kumar Mukhopadhyay，1892—1985）也说，诗人的侄女英

迪拉曾经告诉他"赫儿"是泰戈尔家人对卡丹芭里的绰号"赫卡忒"（Hecate）一名的简写。赫卡忒是有三头三相的希腊女神——在卡丹芭里这里，这三头就是她仰慕的诗人比哈里拉、丈夫乔蒂林德拉纳特、亲密的小叔泰戈尔。另一位传记作者普拉尚库马尔·帕尔（Prasantakumar Pal，1938—2007）的确发现泰戈尔在现存最早的手稿中三次涂写过"赫卡忒·达克伦"。可能是泰戈尔年轻时在一位老师的帮助下翻译过《麦克白》，因此对"赫卡忒"有所了解，因此打趣般地用作家嫂的绰号。然而，泰戈尔最信赖的伙伴马哈拉诺比的一则日记又添迷惑。1928年，他也曾问过泰戈尔"赫儿"指的是什么，诗人想了想，回答说想不起。这很引人好奇，如果"赫儿"指卡丹芭里，他怎么会忘记呢？

同样让人好奇的是诗集《鸿雁集》（*Balaka*，1916）中一首《画》（*Chhabi*）的灵感来源。诗人1914年在阿拉哈巴德一位亲戚家看到了一张画，受其启发而写了这首诗。查鲁钱德拉·班迪奥帕德耶（Charuchandra Bandyopadhyay，1877—1938）和希蒂莫汉·森[1]都认为那是一张泰戈尔妻子的照片，而马哈拉诺比认为是卡丹芭里的照片。这三位可都是研究泰戈尔生平的权威专家！泰戈尔去阿拉哈巴德一程，查鲁钱德拉曾经作伴。然而在泰戈尔诗中一再惊喜发现卡丹芭里的读者恐怕不会接受查鲁钱德拉的说法。

据传卡丹芭里曾留下遗书，但被家族之长代温德拉纳特明令销毁。当时的新闻报刊皆无零星报道，应该是受到了不宜公布这桩事件的劝导。即使到了今天，其轻生还是引来许多无端猜测——有人说她神经过敏、

---

① 希蒂莫汉·森（Kshitimohan Sen，1880—1960），教育家、作家。受到泰戈尔邀请，他于1908年到圣蒂尼克坦梵天修行所（即后来的圣蒂尼克坦学校）任所长。泰戈尔的印度各地之旅和中国之行，他都是同行者。

易受到伤害；有人说她遭丈夫冷落；还有人说她是由于妒忌疑似和丈夫来往亲密的女演员；也有人说她是受到挚爱的泰戈尔成婚的打击。

泰戈尔偏爱私处小室。

深思无限存在

在妻子亡故后，乔蒂林德拉纳特便辞去原初梵志会干事一职（梵志会于 1828 年由拉姆莫汉和德瓦伽纳塔创立，之后陆续分裂为由代温德拉纳特领导的原初梵志会 a、凯沙·森〔Keshab Chandra Sen〕自 1866 年起领导的印度梵志会 b、希夫纳特·沙斯特里〔Sibnath Shastri〕自 1878 年起领导的统一梵志会 ③），泰戈尔于 1884 年受命接任。他对这份工作充满热忱。《人的宗教》中有一章名为"洞察力"，其中他阐明了自己对宗教的看法：

> 在我出生之时，我的家族正日益虔诚地皈依基于《奥义书》哲学思想的一神教信仰。不知为何，我一开始对此只是一副冷淡疏离的心思，完完全全不受任何一种宗教的感应。这是我性情里的一份个性：拒绝任何仅因身边人相信其为真理而接受的宗教宣教……

① 原初梵志会（Adi Brahmo Samaj）已发展为如今的"原初宗教会"（Adi Dharm），且成为印度第九大宗教。其教徒信奉唯一的"无上灵力"，反对多神信仰，不谈救赎思想，反对偶像崇拜，因此也不信特定经文、启示、预言和祭司等；信仰人皆平等，因此自然地反对种姓制度。

② 印度梵志会（Bharatvarshiya Brahmo Samaj）由凯沙·钱德拉·森创立，比起原初梵志会要更激进。凯沙·森试图将基督教神学思想与印度教思想融合，但 1878 年，因为宣扬改革童婚旧俗的凯沙·森为自己的女儿举行童婚，他被信徒抛弃。

③ 统一梵志会（Sadharan Brahmo Samaj）基本思想和原初梵志会相同，但仍存在差别。如其信徒相信救赎；对神的信仰包括保持理智、坚持真理、日举善行，反对宗教中一人过度掌权，认为思想自由有助于抵御腐败和堕落等。

之后便是我正式皈依婆罗门教的入教仪式（时年十二岁左右），我学会了要默念的伽耶德利（*Gayatri*）祷词。根据别人给我的解释，祷词的意思如下：

我今深思创始大地、空气和众星的那神的可敬的光辉，将合一之力贯彻身心。

这样的念诵使我产生一股平静的喜悦之情，使我对将我的意志和外界结合在同一股造化中的"无限存在"（*Infinite Being*）每日沉思。虽然今日我已经能认识到这一"存在"是一种无限的人格，物我完美交融于此，但当时我认为这一概念很含糊。因此，这一股发自内心的情感并未明确，仿佛气流一般——气自需要一个实在世界流通成全，使我欢喜。所以，我的宗教情感是一位诗人的宗教情感，既非同于虔诚信仰的正统信徒，也不类似神学专家。它予我的启迪是通过一种不可见闻不可捉摸的途径，和我作诗的灵感一样。我宗教信仰上的生活和诗歌创作的生活同样经历着神秘难测的成长变化。不知怎样，两者互相结合了，不过定亲典礼曾经耗费了很多时日，此前我将之保守为秘密。

作为忠实的梵志会信徒，泰戈尔和两大异见者——钱德拉纳特·巴苏[①]和班吉姆钱德拉·查特吉成了对头。青年时的拉比曾对两人十分敬重，两人也对年轻的拉比满怀慈爱。钱德拉纳特是喜论宗教和教育问题的散文家，社会观念保守。泰戈尔在一首讽刺诗里将他当成笑柄，诗中的人物查穆·巴苏就是在秘密刻画钱德拉纳特，另一个人物达穆·巴苏则指反梵志会杂志的编辑乔根德拉钱德拉·巴苏（Jogendrachandra Basu，1854—1905）。这首诗收录在1886年出版的诗集《刚与柔集》（*Kadi*

---

① 钱德拉纳特·巴苏（Chandranath Basu，1844—1910），孟加拉文学家，坚定的印度教徒。

1890 年，泰戈尔与印度国大党的领袖在加尔各答，后排左起为：纳里尼比哈里·萨卡尔、曼莫汉·戈什、泰戈尔、赫姆钱德拉·马利克、谢立·班迪帕迪亚伊；前排左起为：W.C.邦纳吉和费罗兹·沙·梅塔。

O Komal）中。但此诗引起了强烈公愤，泰戈尔在后续修订版中将其删掉。钱德拉纳特在《哼叮乔特》（Hing Ting Chhat）一诗（收录在 1894 年诗集《金色船集》中）中再次受到攻击。

泰戈尔此时也和班吉姆钱德拉就如何诠释《摩诃婆罗多》中的黑天（Krishna）发生争执。班吉姆钱德拉坚称所谓"真理"是相对的，"非真理"如果对人有益，应当予以正名。年轻的拉比在取名为"一个古老的小故事"（Ekti Puratan Kahini, 1884）的公开演讲中进行抗议，他说"真理"是绝对的，不可以任何代价折中。这次演讲不仅激怒了虔诚的印度教徒，也激怒了梵志会信徒。班吉姆虽为此伤脑筋，却不能因此对拉比心怀怨恨，因为后者的愤怒主要由于班吉姆钱德拉创建的两本杂志——

《新生活》（*Nabajiban*）和《促进》（*Prachar*）——拥护正统印度教信仰。作为原初梵志会的新任干事，泰戈尔全力抨击这种所谓正统，他写滑稽剧、写诗来嘲弄"雅利亚"（*Arya*），即"纯粹的印度教徒"这一概念。

班吉姆钱德拉曾是拉比在青年时期的偶像，他曾常常热切期待班吉姆钱德拉主编的《孟加拉之境》期刊发行，他也曾每次都把班吉姆在这本杂志上连载的小说《毒树》（*Bishbriksha*）朗读给嫂嫂卡丹芭里听。拉比当时才刚刚步入青年时代，但对班吉姆所作的引发了孟加拉国人爱国狂热的《阿难陀寺》（*Anandamath*），他却不以为然。在致钱德拉纳特·巴苏的信中，年轻的拉比指出了小说中人物虚假造作等不足。《阿难陀寺》在穆斯林中引起激烈讨论，其印本被烧毁。他们认为作者歧视穆斯林，其中遁世者齐唱的会歌《礼赞母亲》（*Vande Mataram*）尤让穆斯林不悦。

不过，泰戈尔后来为这首歌的前两节谱了旋律，小说作者对此很满意。泰戈尔还在加尔各答举行的印度国民大会党（国大党）第六次会议（1890年12月）上献唱。孟加拉分治时期（1904—1908），青年抗议者反抗寇松分治政策时也在高唱这首歌。1937年，国大党工作委员会开始讨论是否将《礼赞母亲》选作印度的国歌，尼赫鲁就此向泰戈尔请教，泰戈尔因此陷入一种两难的境地。大多数孟加拉文化人士要求选这首歌，因为印度上下为自由而战的斗士都曾用它引吭呐喊。泰戈尔则给出了折中的建议——采用歌词前两节，这样就不会联系到印度教信仰。工作委员会采纳了泰戈尔的意见，但制宪大会在1950年决定将泰戈尔创作的《人民的意志》（*Janaganamana*）选为印度国歌，同时以平等地位推崇《礼赞母亲》。

威廉姆·罗森斯坦画的泰戈尔像

《人民的意志》创作于 1911 年，同年，在加尔各答举行的国大党第二十七次会议上首次被奏唱。这首歌在过往也不寻常。泰戈尔受一位亲友邀约，为英王乔治五世的"德里杜尔巴"而创作纪念歌，泰戈尔一口回绝了邀请。但他还是写了一首歌，不是为了祝贺英王，而是致敬"全民思想的统治者"。英印双方的媒体散布了此歌是为赞颂乔治王而作的谣言，并且影响久远——埃兹拉·庞德（Ezna Pound, 1805—1927）1913 年写信给父亲取笑叶芝（W.B.Yeats, 1865—1939）时就提到过，叶芝似乎听信了这番谣言；直到后期，常常有人在质疑泰戈尔的爱国情感时就会提起这首所谓写给乔治五世的颂歌。

画家威廉姆·罗森斯坦（William Rothenstein, 1872—1945）在《人与回忆》（Men and Memories）中讲述过一个引人发噱的故事。1912 年至 1913 年间，在罗森斯坦的伦敦住所举行的某次聚会上，平常的交谈似乎开始冷场，罗森斯坦遂想活跃一下气氛，他提议每个人唱自己的国歌。诗人叶芝，赤诚的爱尔兰民族主义者，他站起身，唱了那么几句，突然坐回去了，原来是忘了歌词。人人文库（Everyman's Library）图书编辑欧内斯特·里斯（Ernest Rhys, 1859-1946）接着站起来唱威尔士族歌，也一样因忘词作罢。然后到了泰戈尔，他站起来唱《礼赞母亲》，歌没唱完也坐下了，还是因为没记住。最后轮到东道主，他从头至尾唱了一遍《天佑吾王》，但也有不少磕巴！

1885 年，统一梵志会举行的创会纪念日（Maghotsava）期间，泰戈尔以原初梵志会干事的身份发表关于拉姆莫汉的演讲。创会纪念日是每年一度的梵志会庆祝活动，于每年孟加拉历 11 月 11 日纪念 1830 年梵志会礼拜堂（Brahmo Mandir）建成。泰戈尔本人对原初梵志会和统一梵志会并无区分。随着历史发展，梵志会的三支派系均渐渐衰落，名存实亡。创会纪念日作为重大的欢庆节会，泰戈尔一生曾为此书写了许多梵

泰戈尔：生命如远渡重洋

原初梵志会的祷告堂

歌、祷词、布道词。

在泰戈尔宗教、哲学以及社会观念的形成过程中，拉姆莫汉·罗伊的影响无人可比，甚至超过泰戈尔的父亲代温德拉纳特。为了宣扬拉姆莫汉对塑造现代印度的贡献，泰戈尔用孟加拉语、英语写文章，在国内外讲座。1921年3月24日，甘地（Mohandas karamchanl Gandhi 1869—1948）在加尔各答发表某些反常言论并发表在《年轻的印度》（Young India）周报上，之后，泰戈尔猛烈的回应集中展现了他素来对拉姆莫汉的崇敬。甘地的原话如下：

拉姆莫汉和提拉克（撇开我的事不谈）是如此渺小，无法引领人民，比不上柴坦尼亚、桑卡尔、卡比尔和那纳克[1]。他俩在这些圣人面前如此渺小。

……

但我相信如果拉姆莫汉和提拉克没有接受这样的教育，而是经过本民族培养，他们会像柴坦尼亚一样有伟大的成就。

---

[1] 柴坦尼亚（Sri Krishna Chaitanya Mahaprabhu, 1486—1534）是15世纪至16世纪的印度圣人；桑卡尔（Srimanta Sankar Dev, 1449—1568）是15世纪至16世纪印度阿萨姆邦的一位圣人，此外他有多重身份，如学者、诗人、舞蹈家等；卡比尔简介请见前言中批注；那纳克古鲁（Guru Nanak, 1469—1539）是锡克教创始人，十代上师里的第一位。

泰戈尔听闻此说，于 1921 年 5 月 10 日在苏黎世附近给安德鲁斯 ①（他后来在《友人书信集》〔*Letters to a Friend*，1928〕中公开了这封信）的信中予以反驳：

> 由于我国知识分子的成就单依赖于外来给养，我们的确只是得鱼而没有学渔。因此，这些成就也大多不结成果，我在教育宣传册上已论说过。然而将这种贫乏怪罪到西方文化本身却是有错的。过错应在我们未能容纳吸收这一文化。学识上的寄生状态使得头脑里学习思想的器官衰退。因而我们要避免的并不是摄取食物，而是寄生赖活。
>
> 同时，我也强烈反对甘地在热切宣称反现代教育时贬低现代印度的伟大人物，好比拉姆莫汉·罗伊。即使时况十分不利，印度还是能够孕育具有伟大人格的子孙，例如拉姆莫汉·罗伊，每一位印度人民应该为此自豪。圣雄曾引那纳克、卡比尔以及其他中世纪印度圣贤人物作为例子。诸位先人的伟大在于生活和传道中能将印度教和伊斯兰教文化有机结合——贯穿表面差异而实现精神上的统合，这才是真正的印度风范。
>
> 到了现代，拉姆莫汉·罗伊便有如此包罗的思想，能够将印度教、伊斯兰教和基督教文化精髓基本融为一体。因此，他可以代表完整真实的印度，而且他所据真理不是基于拒绝，而是完美的容纳。拉姆莫汉·罗伊能完全自然地接受西方知识，全由于他所受熏陶是东方式的——他全然继承了印度智慧。他从未在西方求学读书，因此他保持着与西方称友的尊严。如果现代印度无法理解他，这只表

---

① C. F. 安德鲁斯（Charles Freer Andrews，1871—1940），英国圣公会牧师和基督传教士、教育家、社会改革人士，曾为印度独立运动奔走活动。他和泰戈尔、甘地等人交情深厚，他曾帮助劝说甘地从南非回到印度领导独立运动。

明真理的纯洁光辉一时之间被风暴般的激情所蒙盖了。

甘地用"渺小"一词评价拉姆莫汉，泰戈尔对此非常痛心，无法忍受。1921年5月17日，他再次从德国汉堡写短笺给安德鲁斯，向他解释拉姆莫汉的贡献：

在拉姆莫汉·罗伊所处的时代，西方闯入东方带来的震荡致使印度陷入惶惧。人们自然而然发出排外的叫喊。但那是恐惧的呐喊，软弱的呐喊，卑小者的呐喊。正是通过拉姆莫汉·罗伊的伟大心灵，印度显示出自己真正的精神，接受了西方。且印度并没有失去自身的灵魂，而是融合了西方的灵魂。

1921年8月29日，泰戈尔在一次公开讲座中强烈谴责"不合作运动"，并将题为《真理的召唤》（*The Call of Truth*，由泰戈尔本人翻译）的文章发表在《现代评论》（*The Modern Review*）

亨利·佩罗奈特·布里格斯（H. P. Briggs）所画的拉姆莫汉·罗伊像，藏于布里斯托博物馆。

1921年10月刊上。甘地为解释自己的立场，在1921年10月的《年轻的印度》周报上发表了《伟大的哨兵》①（*The Great Sentinel*）一文，试图澄清这些政见问题。甘地还于 1921 年 9 月 6 日在乔拉桑戈寓所拜访了泰戈尔。在安德鲁斯的陪同下，甘地与泰戈尔花了将近四小时讨论这些问题，同时阐明自己"不合作运动"的目的和策略。甘地对于拉姆莫汉的贬损让泰戈尔耿耿于怀。泰戈尔后来告诉恩厚之（L.K. Elmhirst），自己甚至在会谈中间甘地："为何您同意追随者称您为'圣雄'呢？您是一位圣雄吗？"据说甘地回答，印度普通百姓往往惯于崇拜一位标志性人物，所以他没有拒绝别人叫他"圣雄"。

长久以来，甘地和泰戈尔的传记作者使人错以为是泰戈尔尊称甘地为"圣雄"，是甘地赞美泰戈尔为"灵性导师"②，这一普遍说法并非事实。甘地是在 1914 年 7 月于南非德班的公众欢迎会上被称为"圣雄"的。泰戈尔是被转而参加革命的著名吠檀多学者乌帕迪亚（Brahmabandhab Upadhyay，1861—1907）称为"灵性导师"（这一称号自此伴随泰戈尔一生）的。1901 年，乌帕迪亚受泰戈尔邀请在博尔普尔一起创办学校，这所学校成了日后的圣蒂尼克坦国际大学③。

在思想上，对泰戈尔影响最深的人是拉姆莫汉；在情感上，则是父亲代温德拉纳特。泰戈尔学习古印度经典的方式不同于一般学者，很大程度上，他是受父亲及其他正式或非正式研讨阐释《吠陀经》和《奥义书》的学者的影响。代温德拉纳特从未全盘接受《吠陀经》。在《梵法》（*Brahmodharma*）经卷中，他收集了来自《吠陀经》《摩诃婆罗多》《薄伽梵歌》《摩奴法论》《往世书》的输洛迦律诗（slokas），认为这些诗歌与一神教的梵志会信仰相合。泰戈尔在人生最初阶段所用的输洛迦

---

① 甘地在此文中以"伟大的哨兵"称泰戈尔。

② 英文中写作 Gurudev。

③ 圣蒂尼克坦国际大学，也译为维斯瓦·婆罗蒂大学（Visva-Bharati University），位于距加尔各答不远的小镇圣蒂尼克坦（Santiniketan，意为"和平乡""沉静之乡"），由泰戈尔创于 1921 年。1951 年，官方宣布这所大学为中央大学。

二十一岁的泰戈尔

诗律最开始便取自《梵法》，在他的文章、演讲以及提倡原初梵志会的布道中，这一诗律均有出现。

　　晚年时，泰戈尔曾就他所用输洛迦诗律的问题请教圣蒂尼克坦国际大学的两位梵文学者希蒂莫汉·森和比杜塞卡·沙斯特里（Bidhusekhar Shastri，1878—1957）。1912年，泰戈尔在英国用孟加拉语作的一篇杂文

（收录在文集《沿途拾穗》^①中）里，我们发现他提到一位西方学者，这位学者希望泰戈尔朗诵几句吠陀经文。泰戈尔写道，他把自己知道的所有吠陀经文都诵了出来，而这位学者立马觉察出这就是泰戈尔所用输洛迦诗律的源头。泰戈尔去世前一个月，他告诉拉妮·钱德（Rani Chanda，泰戈尔一任秘书的妻子；拉妮在泰戈尔病榻前服侍左右，常记下诗人当时的零碎言论），世人都以为他是个大梵文学者，其实呢，他不过是发言间穿插吠陀经文里的输洛迦律诗，用一堆乏善可陈的输洛迦律诗给听众留下了这个印象而已！

① 原名 *Pather Sanchay*，英文版名 *Gleanings of the Road*。

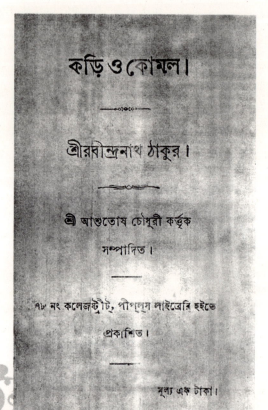

কড়ি ও কোমল।

শ্রীরবীন্দ্রনাথ ঠাকুর।

শ্রী আশুতোষ চৌধুরী কর্তৃক
সম্পাদিত।

৭৮ নং কলেজস্ট্রীট, পীপল্‌স্ লাইব্রেরি হইতে
প্রকাশিত।

মূল্য এক টাকা।

1886 年出版的《刚与柔集》封面

040

行至十字路口

　　二十七岁时，泰戈尔来到了文学生涯的十字路口。《刚与柔集》是一本收录十四行诗和近似十四行诗作品的集子，主题是死亡、爱与国家，这与泰戈尔早年诗中纵情的幻想相去甚远。他在语言和韵律方面不断推陈出新，因此其诗歌逐渐别具一格。他收获了一群青年追随者，他们不仅模仿他的诗作，还模仿他的穿着打扮。一位现代诗人用叹美之词来形容此时的泰戈尔：他可媲美诗人弥尔顿，身材高大颀长，面目白皙清秀，脸呈鹅蛋形，鼻部眉目完美无缺，仿佛画笔之工，略长的卷发轻放肩头。大学时代，同学称弥尔顿作佳人（Lady），拉比言语轻柔似淑女，也可称为一位佳人。

　　但是，《刚与柔集》也受到了严肃的批评。其中的一位批评者卡维亚维沙拉德（Kaliprasanna Kavyavisharad，1861—1907）和泰戈尔有着相爱相杀的关系。这位诗人兼记者无畏挑战文化压迫，因自己办的杂志上印的诗招致过拘捕之祸，在孟加拉分治时期，人们高唱他作的歌曲来鼓舞人心。但他发表了一部戏仿《刚与柔集》的作品。作为学者，卡维亚维沙拉德曾编纂维迪亚帕蒂[①]抒情诗集的权威读本，而泰戈尔也参与其中。拉比曾花费十年研究了中世纪晚期负有盛名的弥萨罗语抒情诗人维迪亚帕蒂，并把成果交给了卡维亚维沙拉德。后者最后也承认此书的完

---

① 维迪亚帕蒂（Vidyapati，1380—1460），弥萨罗语及梵语诗人、作曲家、作家、侍臣、宫廷祭司。他对早期的印度东部语言如弥萨罗语和比哈尔方言的重大影响被人视为可与意大利的但丁及英国的乔叟相提并论，他也被誉为"孟加拉文学之父"。

成有拉比的帮助，但他不喜欢拉比当时正在创作的爱情诗，因为他认为那些诗流于感官，毫不出彩。泰戈尔晚年回忆起卡维亚维沙拉德，便把他当作最早的对头之一。

泰戈尔的父亲遣他去孟加拉东北部管理家族产业，这是他人生中的一件大事。此前他也去过那里，但只为度假而已。1876年，他去那里观摩五哥乔蒂林德拉纳特猎虎；1888年，他和家人一起前去玩乐消遣；1890年，他参加了普雅哈①庆祝会——在新年第一天，地主要会见佃户，佃户这一日交租或多或少，由自己心意，交租金额也并不笔笔入账。泰戈尔作为地主少爷，第一次参加普雅哈节会时便免除了十万卢比的租费。如此大额免租是为了赢得佃户的感恩，还是泰戈尔原把这作为交际手段争取佃户的忠诚，这是一个无从知晓的问题。这位地主少爷的另一番动作则使他在穆斯林佃户（孟加拉东北部人口较多的群体）中大受欢迎——泰戈尔命令将所有佃户，无论是穆斯林还是印度教徒，一律平等视为客人来安排座席。自1891年起，泰戈尔在此定居下来打理产业。

万事开头有几难——记账方法过于复杂、账目记载隐晦难懂、账房上下行事可疑、贫苦佃农性格好斗。1793年，康华里总督颁布执行《永久居留法》，本质上是剥削贫苦农民，变相搜刮勒索。地主只要按期给政府缴款，就可任意自主地征税收租。孟加拉社会的大农场制度存在150年才得以废除，在最后数年中试行的旨在保护佃户权益的《租务法》（Tenancy Act）也不过仅有些无关痛痒的修订。所以，大农场制度本身就意味着剥削，再乐善好施的地主也是如此。

泰戈尔已是大农场主中的乐善好施之最了。拉杰沙希的地方长官奥马利（L.S.S O' Malley）1916年在《孟加拉地区地名录》中写道：

---

① 普雅哈（Punyaha）庆祝会是印度教徒举行的一种净化仪式。"普雅哈"意思是"吉祥的一天"或"神圣的一天"，所以一般在所有节庆之前举行，也可能在生葬大事后举行。

什莱达哈的房产

　　家大业大的地主必定好压迫且无情，这不用想就能知道。但罗宾德拉纳特·泰戈尔的农场交收官讲了一个与此截然相反的例子。泰戈尔作为孟加拉语诗人，世界闻名。显然，除了诗才，他还有务实且互利的管理农场的想法，应当为该地大农场主学习效仿。

　　泰戈尔在管理自家农场上有一个十分令人称许的做法——农场中不许竞争。禁止领地分封，租户不许转租，违者驱逐。农场中设三大支部，每支部由一位副经理管理，其下安排有一位税务人，他们所作的账目会经过严格核查。一半的收据由总部干事核实。雇工则须遵纪与佃户公正交易，不得人心者予以开除。租让登记按固定费用授予，但如果受让人存在债务，则被拒绝。无力支付租金时，准许免租。据说，孟加拉历 1312 年（公元 1905 年），免租额达到 57595 卢比。每个支部设有初中和小学校，在管理总部所在的帕提撒（Patisar）还设有一所高级英文

学校，招收 250 个学生，配有慈善医务室。这些学校均靠农场基金来维持，每年农场捐献 1250 卢比，佃户每人摊 6 派[①]（一派相当于 1/192 卢比）。身有残疾以及眼盲的佃户再减税 240 卢比。农业银行每年可贷百分之十二的款给租户，借贷人主要是诗人在加尔各答地区的朋友，利率是百分之七。银行储有约 9 万卢比供借贷之用。

上述来自于一份位于拉杰沙希地区、总部设在帕提撒的卡利格姆大区（Kaligram Pargana）农场的报告。其中，对于泰戈尔的读者来说，最为耳熟的一些地方则包括什莱达哈——那迪亚（今库什蒂亚）地区比拉罕布大区（Birahimpur Pargana）农场的总部所在地，以及沙加布（Sajadpur）——帕布纳地区沙加布大区农场的总部所在地。这些农场在印巴分治后全部被划分到了今巴基斯坦西部地区。

文雅的诗人也曾用一段时间适应乡村生活。在 1890 年 12 月，他写信给妻子：

> 我今天到了卡利格姆。路上花了三天时间。过来时，我们不得不在复杂地形中取近道。首先是大河阻隔，接着是小河，两岸都是草木，颇悦目，然后河道变窄，几乎成了沟渠，两岸高筑，让我觉得幽闭。接着，一处河水疾速奔流，需要二十至二十五人才能拉纤……我没办法说服自己回比拉罕布时还走这条路。忽然，河流在此中断了，凤眼蓝浮出，某几处有些雨林，村里的河塘总是传来臭气——我担心晚

1890 年，泰戈尔在什莱达哈。

[①] 派：旧时印度、巴基斯坦辅币名。

上会有成群的蚊子。如果真会越发让人无法忍受，我就从这里径直返回加尔各答。

在 1889 年 11 月到 1895 年 12 月间，泰戈尔在大农场写了 250 封信给侄女英迪拉。这些信幽默并且富有抒情色彩，反映了泰戈尔在许多方面的观点。英迪拉和泰戈尔妻子年龄相当。泰戈尔选择写这些信给侄女而不是给妻子，表明在智识上，泰戈尔与英迪拉比与妻子更相近。其中部分书信经过隐私删减后在 1911 年编为《碎叶》（*Chhinnapatra*，1911）出版，后由其侄子，也是他最主要和最信赖的英译译者苏伦德拉纳特·泰戈尔翻译，1921 年更名为《孟加拉掠影》（*Glimpses of Bengal*）出版。

泰戈尔于 1894 年 9 月 22 日写的信显露出这些信的基调，那时他正在阅读歌德的一本传记，他与同在看这本书的英迪拉分享看法。泰戈尔写道：

> 歌德在弥留的病榻上希求"更多光"。若是我至此还有任何欲求，那么我还要加上"更多空间"。因为我热爱光和空间。许多人小看孟加拉，认为这里只有平原，但我却恰恰沉醉于这里的风光。无遮无挡的天空如紫晶杯一般充盈着沉降的暮色和夜晚的平和；清静无声的午后穿上了一席金色衬裙，行云流水般笼罩着整个天空。

这个泊于博多河及其支流的船屋，名叫"博多号"，因在《碎叶》中有所提及而成名迹。

一位小说作家

在《孟加拉掠影》的序言中，泰戈尔写道："这本书里翻译的信件写于我文学生涯中创作力最旺盛的阶段，极为幸运的是，当时我尚且年轻，无声名之累。"当然，泰戈尔也并不每时每刻守在产业园里——乘火车和船去离加尔各答最近一处产业所在的什莱达哈只需半天。都市里的教育、政治、社会情况他都十分了然。他作诗，也写戏剧、散文和歌曲，但这一时期，他最用心度量的体裁是短篇小说。泰戈尔是印度首位赋予短篇小说形式结构的小说家。他的小说创作生涯从 1877 年开始，到 1941 年结束。尽管晚年技艺纯熟，但那时他的小说作品却从未在孟加拉受到赞美。1940 年，一名研究生以他的短篇小说为专题在文学期刊上发表文章，令他感到欣慰。这之前，他惊讶地发现孟加拉的马克思主义者把他看作布尔乔亚作家。在给阿米娅·查克拉博蒂（Amiya Chakrabarti, 1901—1986，诗人，曾担任泰戈尔秘书）的信中，他几乎暴怒，辩说这类批评并不应埋没他的小说作品，况且书中围绕的是乡村的质朴平民。马克思主义者之后则反斥说，泰戈尔虽然了解平民百姓，但也是从那艘叫作"博多号"的豪华船屋，皇帝一般高高在上地了解，虽然他也许没有看不起那群叫作佃农的人，但也只能与他们保持距离；佃农也绝不敢和农场主走得近，也不能坦诚他们内心的想法。

令泰戈尔十分震惊的是，以他为文学主编的一本杂志的管理层某次竟要求他写些比以往更为轻松的作品。这本周刊《印塔瓦迪》（*Hitabadi*）

二十五岁的泰戈尔

是由加尔各答一众文学、社会和政治界名人集资进行的商业投资，泰戈尔也在其中。1891 年，泰戈尔在此发表了六篇小说（由于文件缺失，相关的刊物期号无法确定），之后他就和《印塔瓦迪》解除了关系。按《碎叶》中所说的，其中一篇小说《邮政局长》（*The Postmaster*）是以沙加布地区的真实人物为框架而写成。故事后来经翻译发表在《现代评论》（*The Modern Review*，1911 年 1 月刊）上，引起了画家威廉姆·罗森斯坦的注意。罗森斯坦对印度文化感兴趣，当时正在印度游览。他想要阅读更多的泰戈尔的小说，但泰戈尔既没有时间，也没有打算翻译自己的短篇或长篇小说。在罗森斯坦看来，其他人的翻译"文字功夫一塌糊涂"，由拉吉尼兰詹·森（Rajaniranjan Sen）1913 年 6 月翻译出版的短篇小说集《孟加拉生活掠影》（*Glimpses of Bengal Life*）则是"坏到不忍荐读"。《邮政局长》——泰戈尔最佳短篇小说之一——1918 年才收录在麦克米伦公司出版的第二本泰戈尔短篇小说集里，第一本已于 1916 年出版。

泰戈尔 1913 年获诺贝尔文学奖后，麦克米伦出版社发现他是座名副其实的宝矿，于是接连出版泰戈尔的作品。因此，包括13 篇故事的《饥饿的石头及其他故事》（*Hungary Stones and Other Stories*）得以出版。书的前言极易使人误解：

　　这一卷本中的短篇故事由不同译者翻译。《胜利》的英译版由泰戈尔本人着手。接下来的七篇故事由 C.F. 安德鲁斯先生在作者协助下翻译。尊敬的 E.J. 汤普森先生、帕那·拉尔·巴苏先生、普拉巴特·库马尔·穆克帕迪耶先生和修女尼维蒂达女士也给予了我们帮助。

在提供帮助的人里，安德鲁斯根本不识孟加拉文。常常是泰戈尔随心自如地口述故事和其译文，而安德鲁斯在一旁整理出打字稿。以泰戈尔的教养，他不会否定安德鲁斯作为译者的功劳。

1918 年，泰戈尔和安德鲁斯在圣蒂尼克坦。

尼维蒂达修女不需要泰戈尔的帮助，事实上，直到 1911 年修女去世，人们在她的文件里找到译文手稿，泰戈尔才知道她翻译了自己的《喀布尔人》（*Kabuliwala*）。还有三本经过麦克米伦的编辑，早前在《现代评论》上已经发表过，这位编辑可能也一并编辑了汤普森的译本。汤普森也不需要泰戈尔帮助，他精通孟加拉语。不过看到如此轻狂的书籍出版行为，他对麦克米伦极为不满，对泰戈尔也心怀芥蒂。他拒绝翻译泰戈尔的其他故事，不过《快乐》（*Subha*）除外——因为他已经译完了。第二本短篇小说集《姨母及其他故事》（*Mashi and Other Stories*）则很荒谬。它共收入十四篇故事，但从头至尾未说明故事都是翻译而来，且有多位译者。麦克米伦出版的第三本（1918）和第四本（1925）小说集同样看不出任何编审功夫（没有序言、没有注释、没有原故事的创作年表，更不用说任何有关选文标准的说明）。

虽然翻译质量参差不齐，但因国别上的细节在译文里经过了删减，以免非孟加拉语读者不好理解。欧内斯特·里斯对泰戈尔的短篇小说入了迷。在《泰戈尔：传记研究》中，他用整整一章论说泰戈尔的短篇小说，虽然他的鉴赏对象也仅限于《孟加拉生活掠影》。泰戈尔在 1909 年曾经允许拉吉尼兰詹翻译自己的短篇小说作品，后来尝试收回许可，然而失败了。仅基于拉吉尼兰詹十三篇差强人意的翻译作品，里斯就将泰戈尔置于世界前沿短篇小说家之列。他说道，在氛围营造上，唯有福楼拜可与泰戈尔匹敌，而屠格涅夫和乔治·桑则远逊于。里斯坚信，"帕利吉的宫殿"（来自《饥饿的石头》）可齐名于维利耶·德·利勒－亚当《阿克塞尔》里的"古堡"、巴尔扎克作品里的"佛兰芒屋"、瓦尔特·司各特的"拉美莫尔府"、爱伦坡的"厄舍府"，以及罗兰少爷的"暗塔"。据里斯说，泰戈尔的别具一格之处在于"好似将民间故事的套式用文学技艺精雕细琢了一番，倾于展现凡常生活可想象的那一面，亲切地细描书中出现的普通百姓"。

泰戈尔正进行《追求》杂志的编辑工作。

　　脱离《印塔瓦迪》杂志后，从 1891 年 12 月至 1893 年 12 月，泰戈尔每期都给侄子编辑的杂志《追求》（Sadhana）提供短篇小说。停稿七个月后，在 1894 年 8 月至 1895 年 9 月，他本人成为《追求》的编辑，继续为每一期杂志供稿。1898 年 5 月，他接手家族主办杂志《婆罗蒂》

的编辑工作，一年内就贡献了七篇短篇小说，此后辞了职。这些年是泰戈尔小说创造力最旺盛的时期，他写了三十多部短篇小说，但早期和晚期的作品确有悬殊。1936年2月23日，在受英文日报《前进报》（Forward）的采访中，他说道：

> 既是地主，我不得不去到乡村，因此和乡民及他们简单的生活模式有了接触。一开始我对农村生活相当无知，因为我出生于加尔各答，所以乡村于我有一种神秘的性质……我早先的小说以此为背景，展现了我和乡村百姓的交往。这些故事有着青年期的灵气。在我写成这些故事之前，孟加拉语文学里还没有任何类似的作品……我后来的小说都不复这种灵气，尽管它们更有精神内涵，更能面向问题。乐在尚年轻时我的思想没有社会和政治问题的妨碍……在我年少时，不论什么事物都能吸引我，都使我产生强烈的悲悯之心，所以，我早年的小说更有文学价值，恰在发乎自然。但如今已不同了。我的小说有了必要的技巧，但我希望可以重返一次往昔的生活。

《追求》杂志封面

作为编辑，泰戈尔的成就并不那么斐然。成功的编辑必须能在自己周围聚集许多好作家，按时出刊，保证刊物有稳定的收益，并且要有毅力使刊物长久办下去。泰戈尔编辑的所有杂志无一是由他创办，但是，除一本外，这些全由乔拉桑戈的泰戈尔家族创刊的杂志都是在较难以为继之时才请泰戈尔来接手编辑。简单罗列泰戈尔负责编辑过的杂志：《追求》（1894 年 12 月至1895 年 11 月）、《婆罗蒂》（1898 年 5月至 1899 年 4 月）、复刊后的《孟加拉之境》（1901 年 5 月至 1905 年 4 月）、《宝藏》（Bhandar，1905 年 5 月至 1907 年 7 月）、《理论家》（1911 年 5 月至 1912 年 4 月）。对于极为讲究准确付印的文字内行泰戈尔来说，编辑和审校工作很快使他大为不安。要与作家往来交际，要按时收稿，且要监督印刷机的工作，这些都成了他的负担。于是他决定自己写作来填充杂志的内容，因为这样比校正他人的稿件要简单得多。他编辑别人的手稿总会大幅删减、增补和订正。即使极负盛名者如拉门德拉桑德·特里维迪[①] 的稿件也逃不过他的修改。泰戈尔苦心孤诣编辑过的杂志的确为孟加拉刊物设下了基准，尤其是《追求》。

《理论家》，泰戈尔 1911 年 5 月至 1912 年 4 月编辑的刊物之一

----

① 拉门德拉桑德·特里维迪（Ramendrasundar Trivedi，1864—1919），散文家、教育家、科学家。他最先主动倡导创立文学团体"孟加拉文学学会"（Vangiya Sahitya Parishad），并于 1919 年当选会长。特里维迪才艺诸多，且不论是自然科学还是哲学的复杂问题，他都善于明了地解析。

歌德和泰戈尔

德国诗人歌德

早慧的泰戈尔十七岁便为家族刊物《娑罗蒂》写文章谈论歌德的恋情，他并不全然赞成这位伟大诗人善变的心思，也不会知道将来自己会成为与歌德反复相提并论的人——当然，不是关于爱情或浪漫，而是诗才和其他相似的特点。第一位在文中谈论泰戈尔诗歌而提及歌德的人是魏尔纳·海顿斯坦姆[1]，也正是他力荐泰戈尔，使这位声名未远的孟加拉语诗人赢得诺贝尔文学奖。他给瑞典学院的诺贝尔委员会秘书长写信道：

"正如歌德的一本诗集足以令我们钦信他的伟大，无须再读他的其他作品，我们也可以如此说泰戈尔的诗歌，那是今夏我们读过的作品。从这些诗作中，我们无疑发现了同时代最为伟大的一位诗人。"

在诺贝尔文学奖设立的头十年中，歌德是判定候选人作品价值的基石。1928年，在圣蒂尼克坦，一位德国物理学家在认识泰戈尔后不由想

① 魏尔纳·海顿斯坦姆（1859—1940），瑞典诗人、小说家，1912年成为瑞典学院院士，1916年"欲以表扬他在戏剧艺术领域中丰硕、多样而又出色的成就"获诺贝尔文学奖。其作品主要描述瑞典人的生活，富有爱国热情，主要作品有诗集《朝圣年代》（*Vallfartochvandringsår, 1888*）。

起歌德。阿诺德·索末菲（Arnold Sommerfeld, 1868—1951）是慕尼黑大学的物理学教授，他在世界巡回演讲时来到圣蒂尼克坦。杜塔（Krishna Dutta）和罗宾逊（Andrew Robinson）在泰戈尔传记作品中引用了索末菲对泰戈尔的印象：

"他之于印度很可能和老年的歌德之于那个时代的德国一般。他像歌德一样勤奋，从清早工作到夜晚。连他对手工艺品的兴趣也和歌德一致。他的照片谁都见过，但真实的仪表远胜肖像所描。作为典型的雅利安人种，他肤色较为白皙，如象牙一般。他留着看似威严的络腮胡，比实际年龄68岁更显老成。他运用英文有如乐声。我在他书房旁的寓所楼上度过的一晚至今难忘。"

1924年，泰戈尔在中国与学者文人们共进晚餐，他坦白说自己曾尝试用德语读歌德，可是德语不精是个阻碍：

"我过去想学德语。在读翻译的海涅作品时，我觉得自己领会到了个中些许美感。很幸运，我遇见了德国来的女传教士，恳请她帮忙。我努力学了几个月，但我不太有毅力，尽管我机敏有余，但这也不是好品质，因为我有点反受其害的技巧，让我过于轻松地猜到德语词汇意思。我的老师觉得我大体掌握了这门语言，当然事实并非如此。不过，我成功读通了海涅，就像一个梦游的人不费力地穿过了看不见的路，我为此十分欢欣。然后我就尝试读歌德。但我的野心果然太大。靠着我学到的那一点德语，我读了《浮士德》。我感到自己找到了宫殿的入口。但我不是宫内的居住者，没有钥匙开所有的门，我只不过是一个偶然的来客，暂许留在某间普通客房，我感觉还算舒适，但不熟悉。应当说，我并不了解我的歌德。"

বৌ-ঠাকুরাণীর হাট।

(রাজা বসন্ত রায়।)

উপন্যাস।

শ্রীরবীন্দ্রনাথ ঠাকুর প্রণীত

তৃতীয় সংস্করণ

কলিকাতা

আদি ব্রাহ্মসমাজ যন্ত্রে
শ্রীকালিদাস চক্রবর্তী দ্বারা মুদ্রিত ও
প্রকাশিত।
৫৫নং চিৎপুর রোড।
১২ই আষাঢ় ১৭০১ সাল।

মূল্য ১.০

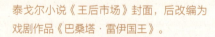

泰戈尔小说《王后市场》封面，后改编为
戏剧作品《巴桑塔·雷伊国王》。

一位剧作家和演员

　　泰戈尔安心定居孟加拉东北部之前，在孟买管辖区（公务员二哥的任职地）的索拉普市生活过一个月，期间创作了戏剧《国王与王后》（*Raja O Rani*，1889）。资深学者、后为孟加拉图书馆馆长的哈拉普拉斯德·沙斯渠（Haraprasad Sastri，1853—1931）以研究这部戏剧作品为主题，在孟加拉各大出版物上发表了官方年度报告。钱德拉纳特·巴苏从前任这一职务发表类似报告时，则称赞过泰戈尔的《蚁垤的天才》《鲁德拉·钱达》（*Rudrachanda*，1881）和《破碎的心》。沙斯渠写道：

> 　　他的戏剧在家族内一群特邀观众面前演出后常产生热烈的回响，但一般也只关系着少数的知识分子。这些作品从不在大众戏院上演，再者，大众也可能欣赏不来。

　　沙斯渠是有先见之明的。泰戈尔的戏剧作品在加尔各答的大众剧院里并不受欢迎。据说，加尔各答的第一家公共剧院于1872年开张，以前孟加拉戏剧都是在私人

泰戈尔和侄子阿巴尼德拉纳特，摄于约1888年到1889年。

戏院演出，只有受邀者可以入内观看。五哥乔蒂林德拉纳特创作了一些商业戏剧，且小有成就。没有任何关于泰戈尔的作品在大众戏院上演的记载，据推测是泰戈尔有意回避商业舞台带来的光芒和诱惑。但《国王和王后》是个例外。这部剧在翡翠剧院（Emerald Theatre）上演后一炮而红，1890年前后演了十九晚，1891年十晚，1892年五晚，1900年也有几晚。有意思的是，1929年泰戈尔开始修改《国王和王后》，他觉得原剧太长，细枝末节太多，重新定稿为《塔帕提》（Tapati），并授权孟加拉商业剧院的圈中元老巴杜里（Sisir Kumar Bhaduri，1889—1959）将其搬上舞台，然而反响平平。

《国王和王后》是泰戈尔首次尝试写五幕戏剧，当时人们把这看作莎士比亚风格的结构。很快，泰戈尔就弃用这种结构，创造自己的戏剧构式，但他之后的作品并没有公开上演过。在这之前，1886年改编自《王后市场》的商业剧作《巴桑塔·雷伊国王》（Raja Basanta Ray）轰动一时，只是和泰戈尔并无关系。1895年，借小说《姑息》（Manbhanjan）中一篇诙谐的状词，他表达过对孟加拉商业戏剧舞台的态度，1923年这部小说被制作成默片电影，1930年重拍，前者彻底失败，后者大获成功。

乔拉桑戈的泰戈尔家族里有几位不错的演员，当然，他们都是经泰戈尔亲自挑选的。然而，他们只在族人面前演出，演出时也会邀请城内的精英。阿巴尼德拉纳特（Abanindranath Tagore，

五幕剧《国王和王后》，1890年至1900年在翡翠剧院上演。

侄子加根德拉纳特·泰戈尔，他与泰戈尔在许多戏剧表演活动上具有关联。

1871—1951）是泰戈尔的侄子，他是一位大画家，也是一位好演员。在他回忆里，公共剧场的几位演员有一次溜进来看《国王与王后》的私人演出，观察泰戈尔一家如何表演，再分毫不差地在公共戏台上模仿出来。1897 年，当红的剧作家兼演员吉里什钱德拉·戈什（Girischandra Ghosh, 1844—1912）在看过一场由泰戈尔编导、由私人排演的笑剧《拜贡特的巨著》（Baikunther Khata）之后，虽不喜欢泰戈尔一家，但也不情愿地承认这一家族真是天生的演员。

当上农场主的早期，泰戈尔创作过一部重要的戏剧《牺牲》（Bisarjan, 1890）。他运用和小说《贤哲王》（Rajarshi）里相同的素材完成了剧本初稿，但这部戏直到 1923 年才首次在自家以外公演。或许由于其中传达出了反迦梨女神的情绪，公共剧院没有将它搬上舞台。沙斯渠在 1890 的年度官方研究报告里说，这部剧作是传播梵志会信仰的一出妙计。泰戈尔在《我的回忆》里回忆《贤哲王》，说这部小说是受到梦境的启发。梦中一个年轻女孩大喊："为什么庙宇的台阶上这么多鲜血？"泰戈尔曾向罗曼·罗兰（1866—1944）强烈地表达过反对信奉迦梨女神的情绪。罗兰做了笔记后写进日记，收入法文日记选集《印度日记》（Inde）。泰戈尔很清楚罗兰深为崇敬帕拉曼斯 [1] 和维韦卡南达 [2]，二者都是迦梨女神的虔诚信徒，所以他是有意严辞反对迦梨崇拜。罗兰在此前也从未见过泰戈尔有如此强烈的憎恶情绪。泰戈尔解释道，儿时曾路过加尔各答一座偌大的迦梨庙宇（很可能指加尔各答迦梨女神庙），他注意到一股血流猛冲出庙堂门槛，一位过路的妇女用手蘸了血，抹在她孩子的前额上。泰戈尔讲述这些荼毒人心的做法，描述可鄙的祭司在血祭迦梨前摇晃小羊羔时，常因愤怒和反感而颤抖。在泰戈尔心里，这些血腥的祭祀活动使暴力和战

---

① 帕拉曼斯（Ramakrishna Paramahamsa, 1836—1986），19 世纪孟加拉印度教神秘主义派宗教领袖。

② 维韦卡南达（Swami Vivekananda, 1863—1902），帕拉曼斯的主要弟子，印度僧人、哲学家，同时是将古印度哲学中的吠檀多理论和瑜伽派传到西方的关键人物。

争迭起不绝，诱发好杀之众的激情，即嗜血的冲动。他不能接受这些行为，即使是形而上地接受。他相信迦梨的信奉者缺少良好或者真诚的思想，并且想抹去迦梨女神残暴的这一面。他欢迎西方崇尚理智的无神论者来洗刷这种在他的祖国植根数百年的丑陋行径。

1930 年 8 月，罗兰在笔记中写道，他并没有和泰戈尔争吵，因为他更在乎如何引导泰戈尔说出自己的想法。然而，他也不禁指出，这类嗜血的例子在西方宗教里屡见不鲜，罗兰儿时对《圣经》有过同样的反应。1913 年，泰戈尔本人向伦敦的采访者表达过对《旧约》里暴力场景的反感。

泰戈尔曾饰演过正统婆罗门祭司拉果拍第这一重要角色，他与禁止在迦梨女神庙进行血祭的国王歌汶达针锋相对。在最后一幕里，年轻的信徒加依辛因曾起誓要将王室之血祭给神灵，于是在迦梨女神像前献祭了自己，拉果拍第震惊之余，对迦梨失去信仰，不再崇拜这位神。据在

泰戈尔扮演《牺牲》里的拉果拍第，1893 年摄于乔拉桑戈。

场者说，舞台上的泰戈尔过分投入，竟然真抬起台上沉重的泥塑像，要不是他渐渐镇定下来，他几乎就要把它扔到观众席了。同台演员见到泰戈尔举起塑像也很震惊，不过原本就有把塑像拖下舞台一侧的安排，因此他们并未阻止。作者兼演员的泰戈尔因为想用力毁坏塑像扭伤了自己，结果不得不休息一个月。这是 1890 年演出时的事。到了 1923 年，这部戏在加尔各答的帝国大剧院连演四场，大为风行。这一次，泰戈尔扮演了加依辛。观众都很诧异，这位六十二岁的诗人竟演一个年轻信徒。这次意外再起。一场演出中，扮演拉果拍第的演员惊慌地发现扮演加依辛的泰戈尔绝望而不适地倒在地上，一直没按接下来的剧情站起来。这位

六十二岁的泰戈尔扮演《牺牲》中年轻的加依辛，1923 年摄于加尔各答。

演员即兴发挥了几句台词，拖着加依辛的腿下台了。泰戈尔在台下谢了这位演员，原来他跌倒时肌肉再次扭伤，怎么也站不起来了。

曾在孟加拉戏剧圈叱咤一时的演员兼剧作家阿姆利塔·巴苏（Amritalal Basu，1853—1929）就此给《印度每日新闻报》的书信专栏投了一封长信。在 1923 年 8 月 25 日看过《牺牲》后，他评价泰戈尔的舞台表演达到了百分之百的成功。他如此评论泰戈尔的演技：

> 这位伟大诗人也是位伟大演员，他几乎是舞台技艺方面的大师。但是，想要成为名演员的有志青年可要当心这位大师的影响！因为在作诗中，诗人应饮泰戈尔的思想之泉，而不是简单地学辞用典；同理，在舞台上，演员要汲取他表演的精髓，而不仅仅是模仿动作、语气、手势、姿势。这些都为他自己所有，版权不容侵犯。

泰戈尔在什莱达哈家族聚餐，侄女英迪拉正招待家人。

泰戈尔与贾加迪什、洛肯德拉纳特（前排从左至右），儿子拉辛德拉纳特、马欣·德瓦玛（Mahim Devvarma）及侄子苏伦德拉纳特（后排从左至右）相会于什莱达哈。

泰戈尔对这高度赞美不甚满意——毕竟巴苏称赞的所有演员以及他建议不要模仿泰戈尔的演员都是经泰戈尔本人指导的。

在写自什莱达哈的某封信中，孤独的泰戈尔提起歌德从本性上可能也是一位内向的人，还有赫尔德、施莱格尔、洪堡、席勒、坎塔尔（Kantall），这些伟人创造了一股渗透深广的思想风潮，志于创作的作家，如他本人都可以从中获取灵感。然而，孟加拉的文学氛围却是如此沉闷！尽管泰戈尔将心灵沉醉在博多河上高天广阔、明光照耀的景象中，他有时也会怀念有人陪伴，恳请友人来和他见一面。

德维金德拉尔·雷伊[①]和贾加迪什·钱德拉·博斯[②]便是两位常客。雷伊在英国学习的是农业发展，他热衷于研究什莱达哈的土豆种植，然而这位剧作家（雷伊日后成为剧作家）与诗人都对土豆播种后不能结果感到很沮丧。贾加迪什则坚持，只要他晚上来博多河，泰戈尔就必须说个新故事给他听。许多泰戈尔的短篇小说作品都因这位科学家而正式创作出来。要是这些朋友没来，泰戈尔就转投在孟加拉东北部任公职的朋友洛肯德拉纳特·帕里（Lokendranath Palit, 1865—1915）。公务员和诗人之间的文学讨论在《五元素》（Panchabhuut, 1897）中占据了几个章节，据猜测，五元素中有一个是"洛肯"（Loken，即 Lokendranath），其余元素是侄女英迪拉、萨拉拉、帕玛塔纳特·乔杜里（Pramathanath Chaudhuri, 1868—1946），还有诗人自己。帕玛塔纳特是英迪拉的丈夫，他热爱法国文化，创作孟加拉语散文，创作短篇小说和美文作品，同时又是虽发行不久但被高度认可的文学杂志《绿叶》（Sabuj Patra, 1914）的编辑，因此也很有名。《五元素》题献给了诺多尔县的王公贾加丁德拉纳特·雷伊（Jagadindranath Ray），泰戈尔曾拜访过他。王公

---

① 德维金德拉尔·雷伊（Dwijendralal Ray, 1863—1913），孟加拉语诗人、剧作家及音乐家，以印度语神话和民族历史剧作和歌曲闻名。

② 贾加迪什·钱德拉·博斯（Jagadis Chandra Bose, 1858—1937），印度生物学家、物理学家、植物学家，以及科幻小说先驱作家。

泰戈尔和友人洛肯德拉纳特

和泰戈尔保持着亲近的友谊，后来甚至亲自编辑了《心声》（*Manasi*）和

《心声和玛尔玛巴尼》（*Manasi O Marmabani*）。由拉马南达·查特吉

（Ramananda Chattpadhyay, 1865—1943）主编的《普拉巴西》（*Prabasi*）

是影响最大的孟加拉月刊，该刊包括多种主题，泰戈尔是其主要供稿人。《心声》也受到了泰戈尔极大的赞助，别人都说他有两个美人——那就是《普拉巴西》和《心声》！

在什莱达哈、沙加布和帕提撒各地的日子里，泰戈尔出版了好几部作品：《心声集》（*Manasi*，1890）、《花钏女》（*Chitrangada*，1892）、《金色船集》（*Sonar Tari*，1894）、《吉德拉星集》（*Chitra*，1896）、《尘埃集》（*Kanika*，1899）、《叙事诗集》（*Katha*，1900）、《故事诗集》（*Kahini*，1900）、《幻想集》（*Kalpana*，1900）以及《瞬息集》（*Kshanika*，1900）。泰戈尔自认为《心声集》是自己第一本堪称卓越的诗集，它作于泰戈尔定居大农场之前。相对于《刚与柔集》，这本诗集里的作品是个突破，从流于幻想突破为富有想象，从诗情激荡地表达爱和美突破为凝练的艺术，从爱恋突破为置之绝望而坦然，从限于十四行诗突破为多样的诗体。

圣蒂尼克坦学校内的旭日园

一位难解的诗人

　　泰戈尔的第一首题名诗是《金色船》（*Sonar Tari*），后又出版了同名诗集。这首诗发表后备受关注，掀起了翻涌将近十年的风雨。读者和批评家也许并非出于恶意，但他们不停发问：船代表什么？为什么是金色的？船夫（或船妇）是谁？丰收到底隐含着什么？泰戈尔本人不得不作出解释。发表后的一个多世纪里，《金色船》成为孟加拉地区最广为吟诵的诗歌之一，教习诗歌的学者对这首诗反复琢磨。原诗有六节，每节五句，韵律为AABAA，加上连绵的元音，整首诗传达出无垠的孤寂感，而尽然的空无里又掺着希冀，因此极难翻译。

　　有意思的是，明知一切翻译均不过原诗的暗影，泰戈尔还是亲自将这首诗翻译成了英文，并收录到《游思集》（*The Fugitive*，1921），即由麦克米伦公司出版的第七卷诗集中。

　　　　雨势迅猛。小河翻腾嘶鸣，在舔食和吞并着小岛。在越来越窄的岸上，我守着一堆稻谷，独自等候。

　　　　一条船从河对岸的迷蒙里划出，在船梢掌舵的是一个妇女。

　　　　我向她高喊："汹涌的饥水围困着我的小岛，划过来吧，把我一年的收成都载走。"

　　　　她来了，把我的谷子拿得一粒不剩，我恳求她把我载走。

　　　　但她说"不"——小船载满了我的馈赠，再也没有我的立锥

之地。①

翻译完成的具体时间尚不确定，但应不早于 1911 年到 1912 年间，因为此时泰戈尔才开始全身心投入到自译诗作的工作中。1906 年，德维金德拉尔·雷伊戏仿《金色船》作诗一首：《老船夫的歌》（*A Song by an Old Boatman*），由此引来前文所述的风雨。在他看来，《金色船》不只是晦涩难懂，简直是不知所云，自相矛盾。作为农学专家，雷伊质问道，雨季怎么会收稻？小岛又何来丰收？但他的批评也招来著名历史学教授贾杜纳斯·萨卡尔②以及其他人的反驳。泰戈尔和雷伊同时就许多问题往来书信，笔下苦战，《金色船》就是笔战话题之一。值得细想的是，泰戈尔在英译文中抛却了"金色"这一重要特征，并且明确地说出了船上掌舵的是一个女人。他在往后的大小场合阐释过、拓展过该诗的主旨，且不禁感叹读诗的人往往不能纯粹地体会到雨季阴天所具有的意境。

希蒂莫汉·森的女儿阿米塔③曾说到一个有趣的事。1928 年，阿米塔正是圣蒂尼克坦国际大学九班的学生，一晚，她和几个同学被泰戈尔叫去。到了当时泰戈尔寓居的旭日园（Udayan）④的底楼，他们发现几位贵宾正和泰戈尔交谈着。泰戈尔叫他们坐在身旁，立马问道："读过我的那首《金色船》吗？"学生们高呼读过。"读懂了吗？"学生们又高呼读懂了。"懂了些什么？" 此时，其中最伶牙俐齿的学生，也是泰戈尔最喜爱的歌者阿米塔（泰戈尔叫她 Khuku，以区别同

---

① 译文选自魏得时译《游思集》。

② 贾杜纳斯·萨卡尔（Jadunath Sarkar, 1870—1958），印度著名史学家，尤长于研究莫卧儿帝国。

③ 阿米塔·森（Amita Sen），歌唱家，泰戈尔最喜爱的学生，20 世纪 30 年代，她在圣蒂尼克坦的知识分子和艺术家群体中家喻户晓，但于 26 岁早亡。

④ 旭日园（Udayan，意为"升起的太阳"），位于圣蒂尼克坦国际大学内，是泰戈尔所建五间寓所中寓居时间最久的一所。

名者）回答："诗写的是在一个雨天。耕种者收割自己种的玉米，然后在河岸等船。耕者看到了船并喊着船夫，恳请把收成放到船上去，船夫于是抛锚泊船，收取了割来的玉米。耕种者接着说：'请把我也带走吧。'然而船夫收容不了这个耕者，把他单独留下了。"泰戈尔笑了，告诉各位先生："看，我的学生能轻易理解这首诗，为什么博学的人反而觉得很难？"学生们得意洋洋地坐着。泰戈尔跟他们说："走吧走吧，不然等下你们就迷糊了。"学生们从旭日园里出来，凯旋而归。

印度斯坦音乐制品公司在 1936 年录制了泰戈尔本人朗读《金色船》的黑胶唱片。此前，在 1906 年，赫门德拉莫汉·巴苏（Hemendramohan Basu）已为法国百代唱机公司录制过一次《金色船》。泰戈尔这之后的声音显然已经不如年轻时高亢悦耳。在百代唱片的反面，还录制有泰戈尔用古典的爱国拉格曲调（Des raga）唱的《礼赞母亲》。在加尔各答参加泰戈尔讲座的听众常常不太顾场合地请泰戈尔给他们唱歌。1893 年，泰戈尔发表一个半小时长的演讲《英国人和印度人》时，连班吉姆钱德拉也混在人群里听，泰戈尔讲完又唱歌，然后才筋疲力尽地归位。尽管不情愿唱，泰戈尔还是不会拒绝听众的请求。1894 年，在班吉姆钱德拉的纪念讲座上，听众又请求他献歌。但这一次，加尔各答大学的首位印度裔校长，也是这次会议的主持人古鲁达斯·班纳吉（Gurudas Benerji, 1844—1918）严辞拒绝了公众如此不合时宜的

时年三十岁的泰戈尔

泰戈尔和侄女英迪拉及侄子苏伦德拉纳特，约摄于 1886 年。

要求。

　　那么泰戈尔的声音到底如何呢？同时代人给出了各种不同的说法，难以成一论。在萨蒂亚吉特·雷伊（Satyajit Ray, 1921—1992）于 1961年制作的泰戈尔音频传记中，我们可听到，1930 年时十三岁的莫斯科"儿童公社"（Children's Commune）的尤利安娜·施瓦茨（Yuliana Schwartz）于三十年后回忆泰戈尔："接着我们请泰戈尔朗诵几首他的诗，他欣然同意。他有浑厚的男中音，念诗并不像我们一样，他是唱诵出来。我记得，他唱了几首儿童诗歌，还有一首《前进》（Forward）。我的一位女友艾拉把从她自己花园采来的一束鲜花献给他。她本来想感谢他分享的优美乐诗，但因沉浸在感触里，她一句话都说不出来，然后就开始哭了。"

男中音？侄女英迪拉记得叔叔用男高音唱英文歌，常使听众印象深刻，但那是在 1879 年到 1880 年间。迪内夏兰·巴苏（Dineshcharan Basu）则写道，拉比先生有柔和温婉的声音。历史学家卡利达斯·纳格（Kalidas Nag，1891—1966）从前会边和诗人谈话边做笔记，他写道，诗人告诉他，自己在 1896 年加尔各答国会会议上唱歌时非常使劲。那个年代还没有麦克风，且与会者多达 790 人但在雅顿广场（Beadon Square）最远位置的观众也听到了诗人唱的《礼赞母亲》。他说，过分使劲后的嗓音再也恢复不到从前的音色和音高。不仅是唱歌，泰戈尔诵诗也同样打动听众，尽管他们不懂孟加拉语或英语。这是诗人兼翻译家德兹克·科斯托拉尼（Dezco Kosztolanyi，1885—1936）有关泰戈尔朗诵的文字记录。泰戈尔 1926 年曾访问匈牙利，科斯托拉尼听到泰戈尔的东西方观并不以为意，但他接下来说道（由久洛·沃伊提拉英译）：

> 我不再去细想这些事。我很专心，又很吃惊。泰戈尔正用母语朗诵自己的一首诗……我听到孟加拉语言，源自那被称为"神灵之言"的梵语，这种新梵语衍生自帕拉克里语（Prakrit）——旋律婉转，节奏深邃，温润动人，一度可谓人世的摇篮曲。这种陌生的语言蕴含着多少感情的魅力！在台上，诗人面带笑容、精神喜悦地和两只小鸟儿说话。他和自由飞着的鸟儿还有笼中的鸟儿聊天，如此温柔亲善，两只小鸟都栖在他肩膀上……我曾经说他的诗句先是使人愉悦，然后我们就恰在这愉悦的情绪里懂了这些诗。这些诗已经使我快乐，只是我还不理解它们的意思。但突然，我的感觉胜过了我的了解，它暗示着我：一个人多伟大，一位诗人多伟大。

　　显然，泰戈尔当时朗诵的是《金色船》中的《两只鸟》（Dui Pakhi），这令原本心疑的科斯托拉尼心悦诚服。这也使我们了解到泰戈尔早年生活中颇为有趣的一部分。

克拉拉·巴特评泰戈尔的歌声

克拉拉·巴特女爵（1873—1936），英国歌唱家，因多次捐出演唱会收入，被授予大不列颠王国的女爵爵位。她在1927年访问了圣蒂尼克坦。在《歌艺人生》（*My Life of Song*）中，她记述了一段经历：

在印度，我会见了那个美丽国度里最为绝妙的三位人物：安妮·贝赞特夫人、甘地先生、罗宾德拉纳特·泰戈尔先生。我借住在泰戈尔先生的别墅里，他在此写了许多优美诗歌，立于所有伟大的经典文学作品之列。

我听说他有时候会唱歌，于是有一次在他听我唱完恭维我时，我说："但您也是位歌手，我也很想听听您唱。"他说着托辞，坚决否定他有副好嗓子，但他最后还是说："我享受您美妙的歌声，既然您希望听，我唱给您听吧。"

我作为唯一的听众，身边没有任何听伴，他唱了自己作的两三首歌曲。几乎从没有比这位肃穆可敬的诗人的歌唱更能打动我的，他唱时情感细腻，他的嗓音，虽然缺少训练，却清越悦耳。

阿娜·图尔胡德像，她的任务是为年
轻的拉比筹备 1878 年至 1879 年的
第一次欧洲之行。

记忆中的女孩

1939 年，萨哈尼卡塔·达斯（Sajanikanta Das）在一本书中发现一封夹着的信。这本书是萨蒂安德拉纳特·泰戈尔给父亲代温德拉纳特所作传记的英文版。于是，萨哈尼卡塔从旧书店买下这本书。信是由一位叫阿娜·图尔胡德（Ana Turkhud）的人写给乔蒂林德拉纳特的。信的原文如下：

> 孟买，坎德瓦迪巷 65 号
> 11 月 26 日 [1878]
>
> 尊敬的先生：
>
> 没能及时回复您本月 11 日的亲切来信，也没能及时答谢您同信寄来的《诗人的故事》，我得说抱歉。外部原因很多，加上我身体又患病，因此现在才能回信，虽然正在写信，我身上还感到发烫。
>
> 十分感谢您送来整本《诗人的故事》的集子，不过我也有首发在每期《婆罗蒂》上的这些诗。泰戈尔先生非常耐心，他离开前送给我这些本《婆罗蒂》，又给我朗读翻译，直到我几乎由心而知这些诗意。您以为我"学过"孟加拉语，其实您误会了，我还不过是初学者，且由于身体欠安妨碍了学习，不得不放弃。请您相信这是实情。
>
> 您真诚的阿娜·图尔胡德

萨哈尼卡塔把信拿给泰戈尔。萨哈尼卡塔回忆说，在那个昏暗的晚上，这封信像给泰戈尔的脸上平添了一抹晨光。泰戈尔叫来儿子拉辛德拉纳特（Rathindranath），告诉他如果泰戈尔家族今后准备建立纪念馆，这封信得放在最重要的位置。

阿娜是从前孟买市名誉市长阿特玛拉姆·潘杜朗博士（Dr. Atmaram Pangdurang）①三个女儿中的一个。泰戈尔的二哥萨蒂安德拉纳特在阿默达巴德和孟买停留时结识了这一家人。潘杜朗家族在马拉地地区扮演着社会和宗教革新的领袖角色。阿娜和她的姐妹则在英国受教育。1879年，阿娜（1855—1891）和巴罗达高等中学学院（Baroda High School and College）的副校长哈罗德·利特代尔（Harold Littledale）结婚。阿娜和这位苏格兰裔教授就是在国外求学时认识的。他们在孟买完婚，婚后两人去了爱丁堡，在此阿娜患结核病去世。阿娜曾常以笔名"娜里妮（Nalini）"在英国和印度杂志上发表英文散文和英文诗歌作品。

泰戈尔于1878年的8月、9月和潘杜朗一家在一起生活，9月20日，他前往英国。在《我的回忆》里，他丝毫未提到阿娜。但在《我的童年》里，泰戈尔深情且恭敬地追忆过阿娜。在这册童年记忆的倒数第二章里，泰戈尔写道，是二哥萨蒂安德拉纳特安排他住进这个过英式生活的马拉地家庭，以便年少的他在西方生活方式上有一定训练：

> 这家有一个女孩在国外读过书。见识超群是她的闪光点。我自己没上过多少学，所以倘若她注意不到我，也不能怪她。但她没有。在学问见识上，我自然不敢夸耀什么，但在十分碰巧的情况下，她知道了我会写诗。写诗是我唯一可以使人另眼相看的本事。她将我

---

① 阿特玛拉姆·潘杜朗（Atmaram Pangdurang，1823—1898），印度医师、社会改革人士，是孟买自然历史协会（Bombay Natural History Society）的创始人之一。1879年，他曾当选孟买的名誉市长。

的诗歌才能看在眼里，但从不尝试评价其价值。她问我小名叫什么，我取了一个，她很喜欢。我还想把这个名字写进我的诗里，于是我把名字穿插在诗中，她伴着巴莱拉维式（Bhairabi）拉格曲调听了这首诗。她说："诗人啊，要是死时在病床上听到你的歌，我也会死而复生的。"这说明：一位想要取悦人的女子喜欢用夸张的方法，好使人更加愉快。

我记得她是第一个欣赏我外貌的人。而且她的欣赏包括一些细节。例如，她特别说道："你得答应我，千万不要留胡子，不要遮住了脸的轮廓。"众所周知，我未能信守她的请求。不过我不从其愿，在脸上蓄起胡子，已是在她过世之后。

在我们一起种的榕树上，有远处地方的鸟儿飞来筑巢。在我们观察到翅膀的张合律动之前，它们又已经飞走。这些鸟带来了远土深林的陌生旋律。同样如此地，我们每个人的信使从无闻的世界来到我们人生中，给我们的心灵送达它的指示。它毫无预兆地来，悄无声息地走。到来时，它们在包裹生活的外装上编织一圈花纹，永远地将岁月中日日夜夜的分量加重。

也许有人以为，直到重见来信时泰戈尔才想起阿娜，但在 1927 年 1 月 1 日，他在和当时的大作曲家兼歌唱家阿图尔普拉萨德·森（Atulprasad Sen，1871—1934）和迪利普·雷伊（Dilip Kumar Ray，1897—1980）谈话时回忆过阿娜。他记得她那时十六岁，自己也是十六岁，在他的记忆里，她有学养，聪慧且和善。他想起女孩曾经的一些举动极可能在主动袒露怀春的心思，但他还是个年轻羞涩的少年，从未想过回报以同样的感情。

泰戈尔是否持续关注阿娜的生活与写作，是否清楚阿娜在 1891 年去世，这些都无从知晓。他在三十岁前其实就蓄了胡子。但泰戈尔从不

泰戈尔与妻子穆里娜莉妮和长女玛胡里拉塔

确记生平之事的日期，他的传记作者也就常在这方面遇到麻烦。不过比起日期的事来说，他如何看待阿娜才是关键。他从来没有像谈论阿娜一样那么坦诚地提过其他爱慕他的女子。他给阿娜取的昵称想必就是"娜里妮"，这个名字反复出现在他早年的诗歌里。

《吉德拉星集》诗集，作于1894年至1896年间，被许多孟加拉语批评家认为是泰戈尔诗才的最美结晶。这些诗都提及"生命之神"（Jibandevata）。对于"生命之神"，诗人自己和批评者都有过多样的解释；它有时指他生命的女神，有时指缪斯。E. J. 汤普森认为：

……对教义没有一点了解的话，这一时期的许多诗读起来一定佶屈聱牙。部分原因还在于这些诗是经过西方翻译和出版的，完全没有相对应的词汇，所以突然流行起一种看法：泰戈尔只是在搬弄漂亮辞藻，他的诗句和想象都毫无内涵……但这本诗集并非徒取了一个简单、宽泛的书名。在其他任何书里，他都不似这样一心地爱美和宣扬美……其中最伟大的诗作《优哩婆湿》（Urbasi）也许是孟加拉文学里最伟大的抒情作品，也很可能是世界文学作品中最纯粹、最完美的赞颂美的作品。

1898年，泰戈尔把妻子和孩子接到什莱达哈，开启稳定的家庭生活。

泰戈尔和女儿玛胡里拉塔以及儿子拉辛，摄于 1889 年。

泰戈尔的两个侄子：苏伦德拉纳特（右）和巴伦德拉纳特（左）

之前，家人来看他都是在此暂时停留而已。乔拉桑戈几世同堂的大家庭导致这对夫妻的私人空间有限。1888 年，他带穆里娜莉妮到属于联合省的加济布尔地区，穆里娜莉妮才有机会和泰戈尔独处。《心声集》的大部分作品是在那里完成的，这本诗集献给了妻子，且不是以题献的方式，其中一首诗是为她而作。在经济方面，把小家留在乔拉桑戈的大家能让泰戈尔更舒心，他照管产业可以获得津贴，家庭的花销也由农场支出。但是，泰戈尔决定承担部分损失，把妻子和五个孩子（玛胡里拉塔十二岁、拉辛德拉纳特十岁、蕊努卡七岁、迷拉四岁、萨米两岁）接到什莱达哈。

博多河和船屋"博多号"是诗人在什莱达哈生活中的重要部分。他本人很擅长游泳。拉辛记得父亲有一次跳进涨潮的河里去追自己的拖鞋，鞋虽追回来了，但已经不能再穿。还有一次，泰戈尔看见一个妇女溺水，他喊船夫们立马把她拉上来。湍急的河水却吓倒了那些游泳高手，他们犹豫着不去。反而是泰戈尔跳下船，游过激流，抓到了女人的头发，而这个妇女拒绝被救。原来她是佃户的妻子，备受冷落来寻短见。泰戈尔强行把她带上船。他喊来佃户，拉辛说没再听说和好后的夫妻俩有过争吵。博多河上单纯的风情——赤身的小男孩蹲在地上，无精打采的女孩神情茫然地望着，水牛在浅水里打滚——这些构成了《收获集》（Chaitali）的主要内容。《收获集》后来收录到他的第一本诗选《诗之书》（Kabyagranthabali, 1896）里，于1912年出版。

就连非孟加拉民族的泰戈尔读者都同样熟悉《收获集》里的一首诗，有人将其英译为"Karma"（因果）。泰戈尔自己的译本如下：

> 早晨到了，我的仆人却不知哪里
>
> 门大敞着，没有从井里汲来的清水，看来这个人整夜没有回来
>
> 时间过去，我愈加恼怒，想着要罚他一顿
>
> 终于他来了，合着两手向我施礼
>
> 我生气地大喝："出去！今后不要再来！"
>
> 他表情空洞，足有一分钟一言不发！然后低声说道："我的小女儿昨夜死了"。再无一句话，手里拿着掸帚，接着去做家务活儿。[1]
>
> 《泰戈尔英文作品选》第四卷

然而，河上河畔的平静生活也因经商之累受到搅扰。泰戈尔的两个侄子苏伦德拉纳特和巴伦德拉纳特（Balendranath, 1870—1899）一起开设了一家叫作"泰戈尔公司"的商贸公司，地址在距什莱达哈不远的库什蒂亚（Kushthia）镇。公司主要经营乡村产业，如储粮、黄麻打捆、甘蔗榨汁，且运作良好。但苏伦德拉纳特不想单朝着一个目标发展，于

---

[1] 中文译本有《泰戈尔全集》第二卷《收获集》里白开元译《家务活儿》。

泰戈尔像，时年三十五岁

是他考虑办商业合作社以及开展保险业务，为此他常常不在库什蒂亚当地。而巴伦德拉纳特的性格像他的叔叔，更倾心文学，对商业不那么感兴趣。泰戈尔主动对侄子的生意表示了关心，成为股东之一，然而公司的经理挪用了一大笔钱款，使得泰戈尔负债累累。历史学家梅特雷耶（Akshay Kumar Maitreya, 1861—1930）是什莱达哈住处的常客。他曾决心重振孟加拉垂死的丝织业。泰戈尔投资了梅特雷耶在拉杰沙希建的丝织工坊,以鼓舞这位学历史的实业家。梅特雷耶在自己的地里用蚕做试验,这可常让他这个外行创业者头疼不已。但是,不到一年,他就成功生产出大量的原丝,甚至多得不知如何处理。

圣蒂尼克坦国际大学的露天课堂

取法自然的课堂

  穆里娜莉妮虽然出身农村，但成长于乔拉桑戈，所以她有些适应不了大农场冷清单调的生活。另外，她也担心孩子的教育。于是泰戈尔向父亲请示在圣蒂尼克坦建一所学校。1863 年，代温德拉纳特曾在博尔普尔附近一带置地。过了些时日，那里就建了房屋，取名"圣蒂尼克坦"。

  这一带后来就随了这些建筑的名字。1891 年，这里建了一座梵志会庙堂，泰戈尔家族成员时常到访当地。但泰戈尔使圣蒂尼克坦变得非同寻常起来，因为 1901 年，他在这里创办了一所寄宿制学校。1930 年，在莫斯科的讲座上，泰戈尔谈到自己曾想为圣蒂尼克坦做但没有做成的事情。这次讲座内容发表在了 1931 年 1 月刊的《现代评论》上，题目是《我办的学校》：

  我选址在一处风景优美的地方，远离城市生活的喧扰污浊……我知道人总渴望大自然母亲的抚助，所以我选了这个地方，天空一望无际，无尽无阻，在此地，可任心灵自由做梦，四季轮转中，颜色变幻，动静交替，美会成为这处栖居之所的核心。

  在那里，我招收了几个孩子，给他们上课，陪伴他们，给他们唱歌。我自己创作了几首曲子，几部歌剧和戏剧，他们参与排演。当时我只有五六个学生。

  大家对诗人办学没有任何信心，他们也怀疑我个人没有信心培

养好他们的孩子，不能用传统的方式切实教育他们，这是自然的。因此开始时我带的学生很少。

我的想法是，教育应当是生活本身的一部分，不应与生活脱节，从而变成某种不切实际的样子。于是，这些学生来到我身边以后，我放手让他们体验完整的生活。他们完全有自由做自己想做的事，我能给予他们最多的自由。不管他们做什么，我总会在之前拿出一些使他感兴趣的东西。除了通过课堂讲解，我还通过排练戏剧、放松自在地听音乐，努力启发他们对万事万物、对自然之美、对周围乡村、当然还有对文学的兴趣。

我的学生知道我受雇写某部戏剧，随着作品不断创作和发展，他们逐渐有了兴趣，在排练过程中，他们进行的大量文学阅读比语法学习和课堂讲授获得的要多得多。这就是我的教学方法。我懂得青年人怎么想的。他们的潜意识要比意识更为活跃，所以，重要的

泰戈尔最小的儿子萨敏德拉纳特（Samindranath）是圣蒂尼克坦学校的第一批学生之一。图为泰戈尔与萨米同各位学生合影。

是使他们周围充满丰富多彩的活动,以激发他们的思维并逐渐引起他们的兴趣。

我会组织音乐之夜——那不只是上音乐课而已。有些男生一开始对音乐没什么特别的爱好,但出于好奇,他们会在房间外听歌,慢慢地,他们也被吸引到房间里,提升音乐品位。我请来当地最杰出的一些艺术家,他们持续创作,这些男生可以每天观察他们如何创作出那些作品。

于是这里就有了一种风气,且这种风气逐渐内化为这些学生身体的一部分。开始时,这种风气的存在十分明显,因为我只有少数几个学生;我几乎是他们唯一的伙伴、老师,那是我们学校的黄金时代。我知道那时能有机会入学的学生回首当年总满怀爱意与怀念。但随着学生越来越多,要想我行我素地继续办学变得越发不易。首先,在我们国家,传统上老师有责任教育前来求学的人,在我们的祖国,学生往往不用交学费,老师还要免费提供住宿。这是老师要主动承担的责任。老师本身享受过受教育的特权,所以他们有社会义务,应去帮助他们的学生,且不可收取任何费用作为回报。

这是我们旧时的习俗,我也是按此开始办学的。除了免除学费,寄宿、膳宿以及各种生活必需品,我都尽自己匮乏的资源提供给学生。但可想而知,现代的生活条件是不允许学校按此继续下去的,因为我需要其他教师支持,他们的薪水不低,每日的花销也在增长。至此,我发现自己无法坚持创办这所学校的核心理念之一——教育应是老师向学生传输知识,不应沾染商铺里那种用钱买卖的俗气。于是,我被迫放弃了这一理念,将其逐渐转型为普通的学校。

不过我依然尽己所能在校园里保留了一些平常学校没有的样子。老师们和学生过着正常的团体生活。在体育运动和节庆中,教

师和学生充分合作。校园不是一只笼子，笼中鸟要接受外来投食，而应像一方鸟巢，学生凭着热爱，凭着每日的学习和剧目创作，通过个人或与他人合作建立自己的生活。

我相信很大程度上我们依旧真诚。但困难之处还在于我必须共事的同事和我有着不同的成长经历，他们年少时没有我那样的机缘逃学旷课，放弃学业。于是他们对教育持自己的看法，并很难全然摆脱。因此，与上述那种核心理念格格不入的东西也就随着在我身边一起办学的人渗入校园。开始时，我艰难挣扎于老师中间，而不是学生之间，这也是其他学校的常见现象。但是，当错在老师不在学生，而学生受罚时，我必须站在孩子们一边。我必须坚定地维护学生，这样就冒犯了老师。我记得有一天来了一位新老师，他发现有些孩子正坐在树上听课，气得不得了，因为作为老师，他们想要的是纪律。那时我还不得不在校长面前袒护孩子们。我劝解他，这些孩子长到他的年纪时，已不能再有如此可贵的机会爬上树去学习了。他们到时都正派又体面，远离自然之趣。

但我相信风气已经形成，并且还在保持。如今学校变得更大。学生人数逐年增长，虽不尽然是好事，但我无力扭转。

近期，学校在另一方面的变化是女学生人数在增长。男女同校的制度在印度还是相当新的事物，但在这里非常完美地运作着。我们没有招人埋怨，男生女生亦时常一起外出，短期旅行。男生帮女生捡煤打水，女生为

圣蒂尼克坦校园里学在自然的一景

泰戈尔在圣蒂尼克坦著名的婆罗双树道旁。

男生下厨烧饭，一切凭互帮互助进行。这本身就是一种极好的教育。

还有一个因素我认为很重要。我一直以来想办法从印度之外，从欧洲、中东等地引进老师，请他们来学校教书育人，同时和学生

1905年时的泰戈尔，苏库玛·雷伊所摄。

共同感受校园里简单的生活。这也是形成此地风气的因素之一。学生和这些外乡人、客人、到访者相处起来非常自在。我的看法是，人的思想在各方面都应该是自由的，而且我确定我们的孩子经过早年如此的锻炼，能从国家、种族、信条、偏见所筑的壁垒中解放出来。长大后再去摆脱这些成见总是很困难，纵然课本里不懈地教育包容，但同时教书的人又希望学生骄傲于己国的功绩，看低别国。这种做法实在是关系着某些偏见，而这偏见据称是民族主义。在这些外来访客的帮助下，我尽力使学生以更友好开放的思想对待异乡来客，我认为我成功做到了。

不止于此，还有其他活动。在邻村，有些乡民寻求我们的帮助，于是我们开办了一些夜校，学生们去那里教书。这样，学校将乡村工作与学校教育以及学生联结起来，这些学生有机会去研究我国农村生活的现况，去了解如何利用科学先进的种植技术和医药技术有效帮助村民。在我来看，教育的目的不只是传授学问知识，而是教授如何充实地度过人生。

我唯一未能给予学生的一点是科学教育，科学研究必免不了巨额的资费，而在印度这样贫穷的国家，实难补足。我还未能为此做什么安排。学生和我都希望有一天我们能弥补这一缺憾……

从泰戈尔这段娓娓道来之辞，我们能看出他其实不是在演讲，而是在回答莫斯科一位学生提出的问题——这名学生想知道学校如何借周围环境整合生活和教育。这段回答没署日期也不提名字，但它道出了圣蒂尼克坦学校的办学根本。

泰戈尔在这次莫斯科访谈中所言"几首曲子，几部歌剧和戏剧"，其中第一部作品是《杜尔迦节》（*Saradotsav*，1908），泰戈尔于1912年至1913年间将其翻译为《秋天的节日》（*Autumn Festival*）。这部散文剧中的诸多歌曲由泰戈尔专门为归心似箭、准备回家过杜尔迦节的学生而作。师生共同参与了舞台演出——至1907年圣蒂尼克坦已有12名教师和80名学生。演出时，泰戈尔就在舞台一侧做提词员。在第二次演出时，泰戈尔出演苦行者一角。有一幕，他差点无端退场，一个机灵的小男演员拉住他说道："苦行者，您上哪儿去？我有些话要和您说呢！"

泰戈尔为学校的男女学生写的其他戏剧包括：《王冠》（*Mukut*，1908，改编自同名小说）、《马丽妮》（*Malini*，1909，初稿于1896年完成，但未演出）、《赎罪》（*Prayaschitta*，1910，改编自《王后市场》）、《测试》（*Lakshmir Pariksha*，1910）、《国王》（*Raja*，1910，1913年译为《暗室里的国王》〔*The King of the Dark Chamber*〕，并经过泰戈尔全文校订；1919年又删节成《阿鲁普拉坦》〔*Arupratan*〕）一书、《坚定寺院》（*Achalayatan*，1911，1918年删节为《古鲁》〔*Guru*〕）、《邮局》（*Dakghar*，1911）、《法尔古妮》（*Falguni*，1915，1917年泰戈尔英译成《春之轮回》〔*The Cycle of Spring*〕）、《迎雨节》（*Varshamangal*，1921，由《最后一场雨》〔*Seshvarshan*〕、《旧歌会》〔*Sravangatha*〕和《歌词会》〔*Gitotsava*〕组成）、《摩克多塔拉》（*Muktadhara*①，1922，泰戈尔1922年翻译为《瀑布》〔*The Waterfall*〕）、《春》（*Vasanta*，1923），及其另一版《纳文》（*Navin*，1931）、《舞女的膜拜》（*Natir Puja*，1926，1927年泰戈尔英译为 *The Dancing Girl's Worship*）、《舞王像》（*Nataraj*，1927）、《太阳女》

---

① 原字的意义是"自由的瀑布"。

（*Tapati*，1929）、《萨普莫坎》（*Sapmochan*，1931）、《昌达尔姑娘》（*Chandalika*，1933）、《纸牌王国》（*Tasher Des*，1933），《花钏女舞剧》（*Chitragada*，1936）、《脱离苦海之路》（*Muktir Upay*，1938）、《黑天神女》（*Syama*，1939）。泰戈尔生前从未在圣蒂尼克坦演出过的戏剧作品仅有三部：《摩克多塔拉》、《红夹竹桃》[①]（*Raktakarrabi*，1924）以及《独身者协会》（*Chirakumar Sabha*，1925）。《独身者协会》是一部取笑坚持单身的年轻人的喜剧作品，本身可能不是为学生创作。

创始人泰戈尔逝世时，圣蒂尼克坦学校已有四十年历史，它曾有过一些大大小小的风波，有些风过则止，有些连泰戈尔也一直无法释怀。1905年，孟加拉分裂后，国货运动随之而起，这一方"静修处"——师生如此称呼圣蒂尼克坦学校——曾被怀疑包藏了其中的恐怖主义分子。泰戈尔本人一度被认为有嫌疑，而他对此只以失笑回应。1911年，报纸上印发了匿名传单，要求禁止在圣蒂尼克坦办学，守卫校园的众人，尤其是政府职员，都受到了恐吓。在泰戈尔的请求下，孟加拉副总督出手干涉，这才将传单撤回。但当泰戈尔素来敬重的贾加迪什·博斯及其夫人暗示他奥罗宾多（Aurobindo Mohan Bose，1892—1977，泰戈尔诗歌的主要译介者之一，一生推崇泰戈尔，他是贾加迪什的侄子，曾在圣蒂尼克坦求学）成长得不尽如人意，并且不愿意看到侄子荒废大学学业、频频来往圣蒂尼克坦时，泰戈尔着实震惊。这意味着博斯夫妇对泰戈尔的教育方法和理想没有信心。而博斯夫妇并没有意识到这伤了泰戈尔的心，而且他从此都耿耿于怀。即使在贾加迪什的讣文里，泰戈尔对这位科学家的评价还带着挖苦。他并不是质疑科学家的杰出成就，而是当科学家说由于缺少资金要放弃在欧洲的实验时，泰戈尔从特里普拉邦王公那里为他争取到一万五千卢比的资助——那个时期，泰戈尔还正

---

① 又译为《南迪妮》。

092

卷在"泰戈尔公司"的负债中，正想办法创立圣蒂尼克坦学校。终其一生，泰戈尔无不是在向他人求助、借款，并到世界各地巡回演讲来支持圣蒂尼克坦的事业，然而贾加迪什 1917 年在加尔各答创建自己的实验室"巴苏科学圣院"（Basu Vignan Mandir）时，他的资金根本不成问题。

泰戈尔需要不断筹资去给学生们修教室、建宿舍，为教师建住房，为访客修招待处，以及修建和维修各种设施——道路、沟渠、管道，各类土木工程等。他会带着学生到印度各地，甚至国外进行戏剧、音乐会、舞蹈演出筹集资金。1916 年 1 月在乔拉桑戈演出的《法尔古妮》是在圣蒂尼克坦之外的第一次演出。演出首夜筹到的资金是为了救济班库纳（Bankuna）地区遭受饥荒的灾民。这出剧连演了三晚。泰戈尔最后一次带着学生筹资是在 1939 年 1 月到 2 月，学生们在加尔各答的先生影院共排演了三部舞剧——《纸牌王国》《昌达尔姑娘》和《黑天神女》。1936 年，泰戈尔带学生前往巴特那、阿拉哈巴德、拉合尔和德里几个城市，完成了最繁重的筹资表演任务。在德里，3 月 25 日，甘地与当年已 75 岁的泰戈尔见面，请他不要再这样疲苦奔波。泰戈尔答说他身不由己，因为国际大学债台高筑。甘地想了解债额数目。泰戈尔回答说六万卢比。到了 3 月 27 日，泰戈尔就收到了一张数额为六万卢比的汇票，汇款人是"阁下诸位同胞"，随笺写道，诗人年事已高还不得不四处奔波从艺，为学校筹资，

贾加迪什·钱德拉·博斯，杰出科学家，早在 1901 年就尝试在西方推介泰戈尔的作品。

1925 年，安德鲁斯随甘地到访圣蒂尼克坦。

令他们感愧。据说这笔捐助是由甘地亲自恳请甘夏姆·达斯·贝拉[①]而来的。

　　1915 年 2 月 17 日，甘地带着凤凰学校[②]的学生第一次到访圣蒂尼克坦。甘地离开南非后，曾经苦恼于如何在印度安置这些学生。仔细考虑后，安德鲁斯安排这些学生在圣蒂尼克坦待了五个月。甘地最后一次去圣蒂尼克坦是在 1940 年 3 月。1939 年，《普拉巴西》杂志报道了日本和平主义者及河流环保活动家贺川丰彦[③]与甘地的对

---

　　① 甘夏姆·达斯·贝拉（Ghanshyam Das Birla，1894—1983），印度商业家，是印度赫赫有名的富族贝拉家族一员。

　　② 凤凰学校（Phoenix School）原是甘地在南非德班的凤凰镇创立的静修院，甘地办学秉持着轻视应试而发展思想和心智的理念。

　　③ 贺川丰彦（Kagawa Toyohiko，1888—1960），日本社会改革者、基督教传道者、小说家。

话。贺川丰彦告诉甘地，自己将访问孟加拉地区苏达班^①自然区的戈萨巴^②。"他不去圣蒂尼克坦吗？"甘地问道，贺川丰彦回答不去，甘地便说："是这样的，到戈萨巴见戈萨巴，但到圣蒂尼克坦才见印度。"

---

① 苏达班（Sundarbans）地区跨今印度和孟加拉国，是世界最大的单块潮汐嗜盐红树林，已被列为联合国教科文组织世界遗产。

② 戈萨巴（Gosaba），印度西孟加拉邦下的一个村落，是苏达班自然区深林改造前最后一个有人定居的地方。

泰戈尔和爱因斯坦，1930 年摄于柏林。

印度之静，欧洲之动

有一种潜藏心底且激烈拉扯的矛盾情绪贯穿泰戈尔的一生——在从沙加布地区写给帕玛塔纳特·乔杜里的信中，他风趣地分析自己这一性格特征（为与此呼应，信的落款日期混用了西历和孟加拉历：1891年11月17日，实则应是孟加拉历1297年11月17日或公元1891年1月29日）：

> 有时我想，这两股对立的力量正彼此冲撞。一股不断招引我赋闲休生，另一股从不许我歇止。根于印度的那种潜静总是和欧洲情结里的躁动相碰撞——因此一面痛苦，一面超脱；一手诗歌，一手哲学；一副心思爱着祖国印度，一副心思反感爱国主义；一边热衷行动，一边冥思万千。两处纷纷乱乱，于是没有结果，反至于分离。你怎么看呢？请回复你的看法——望借你的眼光客观地看待我自己。

1900年至1901年的这一时期便反映出泰戈尔的这种矛盾心理，它促使了多元作品的产生：诗集《祭品集》（*Naivedya*）、戏剧《独身者协会》（*Chirakumar Sabha*）、短篇小说《捣毁的巢》（*Nashtanir*）、长篇小说《眼中沙》（*Chokher Bali*），而此时的泰戈尔也身兼数职——既是农场主，无望地陷入"泰戈尔公司"的负债里；又是父亲，操心孩子的教育和梵行院学校[1]这个想法的实施；还是《孟加拉之境》的编辑，思考"民族"

---

[1] 梵行院学校（Brahmacharyasram School）是圣蒂尼克坦国际大学的前身。

的内涵。同时，他还为在西方缺少资金的受挫科学家筹资，和各学者辩论孟加拉文法的独立问题，为两个女儿的婚事奔忙。

从早年诗集《瞬息集》里抒发欢快放任的宣言到《祭品集》里全然皈依神明的心境，这也许是由于泰戈尔对《奥义书》重新产生了的兴趣。《祭品集》里的精华诗作正如乌帕迪亚在用笔名写的《二十世纪》（*The Twentieth Century*）中所说：

> 只要是具有信仰崇拜的人，不管是基督徒、穆斯林，还是印度教徒，都能没有禁忌地朗诵或吟唱这上百首十四行诗作品……诗人用新的笔调再次唱起《奥义书》的古老歌曲，让它成为人们向着天界的放声高喊，以作圣洁光辉的纪念。

传记作者普拉巴特·穆克帕迪耶引用了这段文字，并评论到，这是诗人第一次用如此简要的诗句表达自己，若人们不能理解、不能欣赏这些诗歌，他亦不会在意。泰戈尔将这本诗集题献给了父亲代温德拉纳特。听到泰戈尔向他读手稿上这些虔诚的诗歌，父亲很欣慰，于是给了泰戈尔一笔丰厚的资助。1938 年，全心信奉神明的诗人听到《印度之友》（*Friend of India*）杂志的文学爱好者约翰·拉特雷（John W. Rattray）的问题时简直吃惊不已——他问："Day after day, O Lord of my Life, Shall I stand before thee face to face?"[1] 里的问号是否原来就有呢？这是《祭品集》里的第一首诗，泰戈尔本人的英译版收录为《吉檀迦利》的第七十六首。泰戈尔读

从欧洲回国后，泰戈尔受孟加拉文学学会礼待，摄于 1913 年。

---

① 冰心从英文版《吉檀迦利》将此句译为："过了一天又一天，啊，我生命的主，我能够和你对面站立吗？"这一译文显然也受到问号的误导。《祭品集》中由孟加拉版本译出则是："生命之主，我每天 / 将站在你面前。"

泰戈尔的儿女（从左至右）：萨米、蕊努卡、玛胡里、迷拉；次子拉辛没有合影。

了一遍又一遍，被这个问号弄得烦心不已，以至于拉特雷有点担心。泰戈尔说，1913年后，几百万本《吉檀迦利》被印出来了，而这个印刷

错误居然无人指出，简直无法可想。他澄清说原本是没有问号的。他说："我说的是'我能否和你面对面站立：我将和你面对面站立。'"于是他亲手删了拉特雷《吉檀迦利》里的三个问号，并签上姓名的首字母。泰戈尔的秘书阿米娅·查克拉博蒂和拉特雷在场，泰戈尔提醒她记下这次订正。

然而不幸一直延续到今天，诗中原本应是句号的地方在许多印本里还是问号。

每日献诗给神明的作家泰戈尔并不是在与世隔绝中写作，他在家里家外俗事缠身时作诗，同时也开始创作印度文学史上第一部心理小说《眼中沙》，并于1901年4月到1903年3月连载于《孟加拉之境》。这本小说描绘了一个年轻美丽的寡妇的渴望和抑郁，她闷闷不乐，因为她不再是之前无忧无虑的妻子。除了《眼中沙》，他还在写《捣毁的巢》，于1901年4月到12月在《婆罗蒂》上连载。大家难免从《捣毁的巢》的主人公，一名挪用公款的报社编辑，联想到"泰戈尔公司"挟巨款潜逃后杳无音信的那个经理。这名编辑虽是受过英式教育的富有人士、顾家的丈夫，但因报社事业繁忙，无法给年轻的妻子足够多陪伴，于是他的妻子筑起自己的"巢穴"

时年三十六岁的泰戈尔，摄于乔拉桑戈。

并逐渐操控起丈夫的表弟。在这样微妙的境况里，这位想当作家、曾辅导过编辑妻子写作又反因她出色的文笔而被瞧不起的表弟，恐惧于编辑妻子的操控，逃到英国去了。妻子发现她的"巢"被捣毁了，丈夫发现他的"巢穴"也毁了，因为妻子已不再对他用心，报社也被妻子的兄弟骗去。在泰戈尔此次探究女性深层心理之前，他已经对立志坚持独身主义的肤浅男子们有过研究，那是在《独身者协会》中。

泰戈尔是一位爱家的丈夫、用心的父亲，可他却在家庭生活中屡遭不幸。他的妻子在 1902 年就早早去世。她嫁到乔拉桑戈时还是个出身农村的柔弱少女，在加尔各答成长为大家庭中的一个支柱。在生命最后四年，她每日照料五个孩子，而泰戈尔忙于各项工作。1903 年，泰戈尔又不幸失去聪慧的次女蕊努卡，她因结核病去世，年仅十二岁。蕊努卡的丈夫被送到美国去学习顺势疗法——此前他已是会采用对抗疗法的医师，但在学业完成前就回到印度，就读于圣蒂尼克坦学校。蕊努卡去世后，泰戈尔又为他安排了一桩婚事。1908 年，再婚后的四个月，他也英年早逝。

泰戈尔的次子萨米本是个有光明前途的十一岁男孩，1907 年却死于霍乱——那时他正在朋友家过节。长女玛胡里嫁给了诗人比哈里拉·查克拉博蒂的儿子萨拉特，他是一名律师。在比哈尔，萨拉特是事业繁忙的执业律师，他在泰戈尔资助下去了国外当讼务律师，1909 年回到加尔各答，住在乔拉桑戈。然而，1915 年，他突然带着妻子离开了乔拉桑戈，原因不明，从此再未回来，也和泰戈尔没有任何联系。玛胡里在 1918 年因结核病去世，去世时和父亲遥遥相隔。泰戈尔曾不顾女婿刻意针对他的失礼行为去看望女儿，这总算给了生命边缘十分需要家人的女儿了一点陪伴。

迷拉是泰戈尔第三个女儿。她嫁给了有志青年纳根德拉纳特·甘戈帕迪耶（Nagendranath Gangopadhyay, 1889—1954），泰戈尔同样送这个女婿出国学农。1911 年，迷拉的丈夫取得必要的文凭后便回到印度。

纳根德拉纳特有独立的思想，但和岳父的关系有些许紧张，因为泰

戈尔想要自己指导和照顾迷拉。所以，纳根德拉纳特的婚姻从不如意。迷拉心里也十分苦恼他的存在，但他们的两个孩子尼丁德拉纳特和南迪塔却很爱他。

泰戈尔的几位传记作家提到纳根德拉纳特时，都对他的为人不以为然，他们指出，他这个人傲慢、浮躁无常、大手大脚，但从不说明他为了什么花钱。话虽如此，泰戈尔却十分信任纳根德拉纳特，曾委托他在1912年至1913年间自己外出英美时帮忙管理农场、帕提撒的农业银行以及家族事务。他甚至被原初梵志会理事任命为干事。但莫名其妙地，他选择放弃所有与泰戈尔有关系的工作，去了一家商业公司。在"非暴力不合作"运动中，他遭受牢狱之灾，出狱后成为加尔各答大学的农学教授，并被派遣到英国继续深造。于是，他和妻子本身已勉强的关系进一步恶化，双方开始考虑办离婚手续。虽然这段婚姻起伏周折，但泰戈尔一直宽纵富有才华的女婿那变化无常的举动，同时在圣蒂尼克坦保护着女儿。

1926年，持有博士学位的纳根德拉纳特回到加尔各答，入职加尔各答大学。他是皇家农学委员会（Royal Agricultural Commission，1926年）和帝国农业研究委员会（Imperial Council of Agricultural Research，1929年至1930年）成员。他在《国际大学季刊》（Visva-Bharati Quarterly）和其他刊物上发表过文章。1932年后，他便定居在了英国。当儿子尼丁德拉纳特（1911—1932）在德国去世后，纳根德拉纳特出版了一本探讨死亡的文集《不朽的遗嘱》（The Testament of Immortality），由T.S.艾略特作序，由费伯书局出版。他还有另一本署名作品《沉思之思》（Thoughts of Meditation）。1936年，迷拉女儿南迪塔与克里希那·奎帕拉尼（Krishna Kripalani，1907—1992）结婚，这位青年于1933年到1946年任教于国际大学，让人吃惊的是，他在泰戈尔传记中一点也没提到岳父纳根德拉纳特。泰戈尔能够劝服自己接受蕊努卡和萨米早逝，但却不得不长期忍耐玛胡里和迷拉波折不快的生活遭遇。

　　穆里娜莉妮究竟死于什么疾病并不明确，有人
说见过泰戈尔日夜在病床前照顾妻子，在她身边
不合眼地陪护，在乔拉桑戈湿热交加的病房里，
他用棕叶蒲扇想办法使疼痛中的妻子平静。妻子死
时他上到天台，要别人留他静一静。《采果集》
（Fruit-gathering）里的第四十五首诗就描
绘了丧亲之人的模样：

> 　　我的黑夜已在悲伤的床上逝
> 去，我的双眼也已感到倦怠。我
> 的沉重的心却还没有准备好去迎
> 接那充满喜悦的黎明。
>
> 　　给这赤露的光明盖上一袭轻

穆里娜莉妮，于 1902 年逝世，享年二十九岁，留下五个孩子给泰戈尔照管。

> 纱吧，把这耀眼的闪光和生命的舞蹈从我身边唤走吧。
>
> 　　让你那轻柔的黑暗的斗篷把我盖在它层层的折皱里，也把我的
> 痛苦暂时盖起来，别让它承受这世界的压力。①

　　这首诗的英译版是泰戈尔自己从悼念亡妻的诗集《怀念集》
（Smaran）的第一首译出，写的是他内心深处的意愿。然而泰戈尔时年
十四岁的儿子写到母亲的去世时说："父亲一整天镇定地接待了一众亲
友，大家都走了之后，他拿着母亲穿的便鞋给我，告诉我好好收着，自
己回他房间去了。"

　　泰戈尔曾千方百计使二女儿蕊努卡恢复健康。他只身去了哈扎里巴

---

① 译文引用江西人民出版社 1981 年出版汤永宽译《采果集》33–34 页。

格①，然后又去了阿尔莫拉（Almorah），女婿却总在关键时刻缺席。他要从阿尔莫拉迅速回到需要他在场的圣蒂尼克坦，又必须尽快返回阿尔莫拉。然而，蕊努卡的身体每况愈下，什么治疗也起不了作用。于是他又带着病痛的蕊努卡回家，他们在山路中艰难行走着，某些地段因为滑坡挡住了交通。虚弱的蕊努卡无法支撑下去了，垂危之时，她让父亲吟唱《耶柔吠陀》里的输洛迦律诗，那句"您是我们的父亲，父的教诲使我们得悟"（Pita nohsi pita no bodhi）似乎给亡魂带去了解脱。

小萨米在外形上酷似泰戈尔，但更为英俊。他歌喉优美，在圣蒂尼克坦的宿舍里总热心帮助同学（虽然他没有继承父亲的健壮体质），父亲去邻近村庄为贫穷村民看病时，他就帮忙提药箱，但去了蒙格埃尔过节以后，他就再没回来。医师尽心为萨米治疗，但无济于事，因为萨米不幸患上了急性传染病——霍乱。听到儿子生病的消息，泰戈尔马上从圣蒂尼克坦到了蒙格埃尔。萨米去世时，亲友哭得不停，而泰戈尔枯坐如石。泰戈尔想起孙子尼丁德在德国去世那天，他写信给女儿迷拉：

孟加拉语版的《心无所畏处》，展示了泰戈尔本人的笔迹和插画。

---

① 印度的疗养胜地。

萨米去世那晚，我发现天空沐着月色，我正在火车车厢里坐着。没有一丝迹象表明有什么东西已经消失。我告诉自己，没有任何东西消失，万事融于万物，也包括我。我还有为人所托的、未竟的事业要完成。只要我还在，我的工作就要一直继续。我必须鼓起勇气，必须不被哀郁压倒，任何方面都不能出现撕裂——我必须循着自然之法，适应一切发生的事，简单接受所有尚且留存的东西，不该有一点闪失。

在《祭品集》中，爱神之心和爱国之情相互强化。泰戈尔最著名的一首诗《心无所畏处》（*Where the Mind is Without Fear*，《吉檀迦利》第三十五首）的源语版本就收录在这本诗集中。这本诗集还收录了《民族主义：世纪的夕阳》（*Nationalism: The Sunset of the Century*，1917）最后一章中的五首原诗。

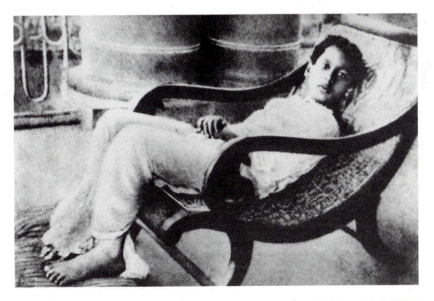

萨敏德拉纳特，于 1907 年去世，年仅十一岁。据说在 1906 年，为庆祝一年四季的节日中已参与演出歌曲和舞蹈。

泰戈尔和"圣雄"甘地会面，1940 年摄于圣蒂尼克坦。

政治思想

　　泰戈尔的政治思想里存在几个特点。其一源于他相信英国人有着一种双重特性——既卑劣又伟大。1890 年，泰戈尔首次发表政见演讲，以抗议英国政府不承认印度人民具有选择议会上院议员的权利。此时，印度国大党已建党 15 年。自政党成立伊始，国大党一直要求在议会上院中派任代表，该议会上院由坎宁总督（Lord Canning）于 1857 年印度兵变 ① 后设立。印度事务大臣克罗斯勋爵（Lord Cross）之前在上议院提出一项法案，这一法案丝毫不容国大党的诉求。于是抗议会议在比雅顿大街的翡翠剧院里组织起来，泰戈尔的大哥德维金德拉纳特主持会议（对于这位诗人兼哲学家来说，这个身份非同寻常）。在众多发言人里就有泰戈尔和卡维亚维沙拉德，往后许多政治活动中都能看到二人同台的身影。泰戈尔攻击的目标指向各英文报社的编辑，尤其是《先锋报》（The Pioneer）的编辑，该报声称东方人不够成熟，因此不能自主进行代表选举，印度人将此任务留给英国人将会好得多。由此，泰戈尔在他后来称为"伟大"（great）和"卑劣"（small）的英国人之间划上了界限。或许让人觉得有意思的是，泰戈尔在 1890 年的演讲《受封的部长》（Mantri Abhishek）中认为"伟大"的那些人包括：艾

---

　　①　印度兵变，指的是 1857 年至 1859 年印度为反对英国统治的一次重要起义。起因是为英国服役的印度士兵相信英方用动物油来代替子弹壳上的润滑剂，这为印度教徒和穆斯林深恶痛绝。这次事件成为后来印度民族主义者汲取鼓舞力量的源泉，但 1858 年英国重新控制了局势，直接后果是行政管辖权在 1858 年由东印度公司移交英国政府。

伦·屋大维·休姆（A.O.Hume，提出创建国大党的国大党退休官员）；
乔治·尤尔（George Yule，孟加拉商务部官员，1888 年曾为国大党第四
任主席）；威廉·韦德伯恩（1889 年为国大党第五任主席）托马斯·卡
莱尔和马修·阿诺德和约翰·罗斯金（均为英国著名的思想家）；诺思
布鲁克总督、里彭侯爵、达费林伯爵和查理·坦普尔（Richard Temple）
（均曾任印度总督或代理总督）。而"卑劣"的英国人虽未指名道姓，
但明显是指克罗斯以及为克罗斯的提议背书的时任英国首相索尔兹伯里
（Lord Salisbury），当然，英文报刊中那些反印度民族的编辑也在此分
类中。

1893 年，在第二次发表的政见演讲《英国人和印度人》中，泰戈
尔提到埃德温·阿诺德（因其为《亚洲之光》[①]作者）和诗人丁尼生
（因其书写阿克巴[②]的诗）是"伟大"的英国人，并嘲讽鲁德亚德·吉
卜林（Rudyard Kipling）[③]以及欣赏吉卜林的埃德蒙·戈斯（Edmund
Gosse）。在吉卜林的长短篇小说里，他将印度描绘为一片不毛之地，唯
一的绿洲是驻兵的兵营。在此或可一提的是在 1912 年，叶芝提名泰戈
尔为英国学术委员会皇家文学学会成员时，埃德蒙·戈斯予以了否决。

泰戈尔一面认可开明的英国思想家为伟大的英国人，一面蔑视缺乏
领袖应有远见的官员，这类观点伴随他的一生。在 1941 年的最后一次
演讲《文明的危机》（*The Crisis in Civilisation*）中，泰戈尔毫不含糊
地公开谴责了英国在印度的统治。在 1890 年批评英国立法委员时，他
还没有反斥许多不公正之事，但随着时间推移，刻意执政不公的例子已

---

① 《亚洲之光》（*The Light of Asia*，1879）是英国诗人和记者埃德温·阿诺德所作，
是展现佛祖释迦牟尼生活时代的叙事史诗。

② 阿克巴是印度莫卧儿帝国第三代皇帝，伊斯兰世界著名的政治家、军事家和宗
教改革家；丁尼生曾作《阿克巴之梦》（*Akbar's Dream*）。

③ 鲁德亚德·吉卜林（Rudyard Kipling），英国作家、诗人，出生于印度孟买，
1907 年获得诺贝尔文学奖。他 1887 年曾在《先锋报》工作。

经成堆成片，因此到了 1917 年《卫报》请他就印度当前的情况写篇文章时，他将满腹怒气在讲稿《卑劣与伟大》（*Chhoto O Baro*，英译版由苏伦德拉纳特为 *The Small and the Great*）中喷吐而出。这篇文章虽长，但层次分明。他在第一部分说到印度教徒和穆斯林的纷争，指责印度人进行自残式内斗，同时又指出正是在背后撑腰的统治者挑拨穆斯林反对印度教徒。文章第二部分则面向各位印度领袖们，他们翘首以盼印度事务大臣蒙塔古（Edwin Montagu）即将到来的访问。而开明的蒙塔古提出的所有办法一定会被可鄙的印度地方官搞糟。文章的第三部分则提及因 1915 年颁布的《印度国防法》[1] 无辜入狱或被拘禁的孟加拉人，泰戈尔表达了自己因他们的苦难而感到痛苦。他警告英国，当局越是不公地对待这些国民，他们在印度存在的根基将越被削弱。泰戈尔不只发表演讲。他经常介入一些毋庸置疑的不公事件里——当时他已蜚声国际，所以他的告诚有了分量。1917 年，他写信给孟加拉总督，要求细查虐待教授一事，这名教授被单独关在一间牢房里，被逼至精神失常。这封信迫使政府采取了补救措施。

泰戈尔早年已对孟加拉的政府官员持批评态度，这些人无所作为，只知道发表讲话（且是用英文）。国大党成立时，泰戈尔不太信任煽动性的政治主张能够发挥作用，但也没有和国大党为敌。1889年，他在乔拉桑戈和一众泰戈尔家族青年子弟一同致贺第四任国大党

泰戈尔担任孟加拉省部大会主席，1908 年摄于帕布纳。

---

[1]　印度国防法（*Defence of India Act*），1915 年由时任印度总督紧急颁布，目的是遏制"一战"中及战后的印度民族主义分子及革命者的活动。

主席尤尔和英国大律师 E. 诺顿，这位律师对印度人民的权利和诉求表示同情。在加尔各答举行的 1890 年度国大党大会上，泰戈尔献唱了《礼赞母亲》。不过，关于年份，传记作者之间存在分歧——有些人认为他是在 1896 年国大党会议上献唱了《礼赞母亲》。1897 年，他还去诺多尔参加了孟加拉省部大会（附属于国大党的省部），1898 年又去达卡与会。然而，泰戈尔对国会政治越来越失望，在阿什维尼·库马尔·杜塔[①] 口中，国会是稳不过三日的笑话。阿什维尼是巴里萨尔的圣师，和泰戈尔一样，他更相信社会体系，而不是煽动和请愿。泰戈尔的确曾参与孟加拉 1904 年至 1906 年抗议孟加拉分治的国货运动，这次运动并非由国大党指挥，而是自发组织起来的。但到了 1906 年，泰戈尔选择退出。他认为抵制行动对于解决问题存在消极影响，更重要的是做到自主复兴。即使那时，他还是答应主持 1908 年在帕布纳举行的又一届孟加拉省部大会，作为折中的选择，泰戈尔受命成为主席，给产生分歧的代表团帮了大忙。同样，在 1917 年，孟加拉的各领袖在选举加尔各答国大党会议的接待委员会主席一事上无法达成共识，泰戈尔再次应许担当主席一职，协力组织者平稳纷乱的局面；但他本不必如此。

国大党煽动性的政治主张逐渐受到泰戈尔的批评，1904 年，他发表了那篇有名的演讲——《自治的社会》（*Swadesi Samaj*），文中提出了建设性纲领的蓝图，他指出，对于国家来说，自立才是关键，而不是乞求行政改革的零星变化。从此，他的所有政见演讲全部紧紧围绕自立——建立一个平等的，能管理所有重大事业如教育、医疗、卫生，通过自主委任的仲裁法院处理法律诉讼，经济发展的文明社会。这是泰戈尔政治思想中第二个也是最重要的一个特点。

然而，第三个特点在国内外都招来公愤，那就是泰戈尔在爱国主义

---

① 阿什维尼·库马尔·杜塔（Ashwini Kumar Dutta, 1856—1923），印度教育家、慈善家、社会改革者和爱国主义者。

和民族主义上作的区分。他在前述莫斯科访谈《我的学校》中向提问学生解释到，他要培养一个人对祖国的爱，但并不愿以怨恨别国为代价。

1901 年，在早期编辑《孟加拉之境》时发表的论文中，泰戈尔试图循着法国历史学家厄内斯特·勒南①定义"民族"的思路讨论并定义这个词。泰戈尔写道，在孟加拉语或印度各方言中，并没有与"民族"（nation）同等的表达，因为这本质上是一个来自欧洲的概念；在印度，最类似的词是"samaj"，或者说"community"（团体）。欧洲的民族充满活动，印度民族却被盲目的习惯麻木了精神。因此，十分有必要去振兴那已被唤醒的印度民族古而有之的精神里共同的意识。

泰戈尔眼中对"充满活动"的欧洲民族的美好看法被南非布尔战争（1899—1902）无情敲碎，在这次战争中，英国人的残暴被展露出来，英国人膨胀的欲望促使泰戈尔写了《祭品集》里的四首诗。泰戈尔向来对日本直面西方入侵后的自立自强感到钦佩。当因《东方的理想》（Ideals of the East）在印度闻名的冈仓觉三伯爵（1862—1913）于 1901 年至 1902 年间访问印度时，泰戈尔邀请这位日本艺术家去圣蒂尼克坦。两人的友谊又因冈仓觉三和泰戈尔侄子苏伦德拉纳特以及侄女萨拉拉交好更深了一层。冈仓觉三主张"亚洲一体论"，泰戈尔颇为赏识。但当日本政府利用冈仓觉三提出的文化泛亚洲主义作军政之谋时，1916 年，泰戈尔在日本国土上谴责了这一点。第一次世界大战的爆发使泰戈尔强烈反对激进的民族主义，他在这一话题上发表的演说足以使他在美国（1916）、中国（1924）、意大利（1926）以及匈牙利（1926）各国的友人中树敌。第二次世界大战则使他对最后一次演讲《文明的危机》中所言希望西方能够变通的想法彻底破灭。

---

① 厄内斯特·勒南（Ernest Renan，1823—1892），法国东方学家。他对"民族/国籍"的定义独树一帜且影响深刻，著有《何为民族？》等书，他认为一个民族的人不能以人种或族群等划分，而应以聚居意愿。

泰戈尔和知识界的友人：阿舒托什·乔杜里、拉马南达·查特吉、泰戈尔、特洛亚那特·桑亚尔、西莱什·钱德拉·马朱姆达尔，摄于 1911 年。

　　泰戈尔政治思想中的第四个特点由他对印度历史的看法形成。因为他从不是专业的历史学家，他眼中的印度史不是关联着各大事件、日期、王朝沉浮，而是衍生自各部印度史诗、往世书、佛教禅歌（dohas）和故事、古典戏剧和诗歌，以及诸多往世印度圣贤的语录。

　　他寻找着印度多元文化里的一致性，他认为印度在吠陀时期达到过精神的统一，而这种统一性的丧失，与其说是因外国入侵，倒不如说是因团体之间的争斗。有趣的是，贾杜纳斯·萨卡尔将泰戈尔 1912 年的论文 "Bharatbarsher Itihaser Dhara"（《印度史进程》）翻译为了 "My Interpretation of Indian History"（《印度历史之我见》）。贾杜纳斯仰慕泰戈尔。他也是 1904 年参观菩提伽耶①的浩大队伍中的一员，同行者包括泰戈尔、尼维蒂达修女、贾加迪什·博斯等。贾杜纳斯也偶尔去圣蒂尼克坦教书，他还翻译过四篇泰戈尔的短篇小说，并发表在《现代评论》上。然而，泰戈尔邀请贾杜纳斯成为 1922 年成立的国际大学的主管时，两人的友谊出现了裂痕。贾杜纳斯拒绝成为学校内部的一员。在一封长信里，他表明自己很欣赏圣蒂尼克坦学校，但说这所计划中的大学缺少高等教育必不可少的设施，而且心智训练和学术钻研在圣蒂尼克坦也可悲的不足。泰戈尔被这封过分坦白的来信刺痛，于是回了一封同等严肃的信予以驳斥。之后，在给拉马南达·查特吉的一封信里，泰戈尔讥讽被视为最杰出印度史学家之一的贾杜纳斯，说他也许擅长于挖掘既往僵死的史实和数字，但缺少直面当下生动历史进程的经验。此前几年，贾杜纳斯也曾挖苦泰戈尔，暗指泰戈尔 1916 年的小说《家庭与世界》（*Ghare-Baire*，1919 年苏伦德拉纳特英译为 *The Home and the World*）中那个不被人看好的革命分子松迪博，影射了 1904 年到 1909 年期间孟加拉革命理论家奥罗宾多·戈什②的政治事业。贾杜纳斯曾目睹那一时期的政局，因此他作为历史学家的判断举足轻重。泰戈尔则断然否认他在其中嘲讽了他非常尊重的革命家奥罗宾多，之后泰戈尔更敬其为一位智者。

不过，泰戈尔推崇作为革命家的奥罗宾多之言，可信度稍且存疑。奥罗宾多是英文报《礼赞母亲》（*Bande Mataram*）非公开的编辑和主要供稿人，该报和两份孟加拉报刊：《晚报》（*Sandhya*）和《划时代报》

---

① 菩提伽耶（Bodh Gaya），又称菩提道场，释迦牟尼悟道成佛处。1904 年在尼维蒂达修女的组织下，共有 20 人前去菩提伽耶进行为期四天的参访。

② 奥罗宾多·戈什（Aurobindo Ghosh, 1872—1950），印度哲学家、瑜伽大师、诗人、印度民族主义者，他参与了印度独立运动，至 1910 年是重要领导人之一，但之后开始转向提倡精神改革。

泰戈尔像，约 1915 年摄于加尔各答约翰逊＆霍夫曼公司。

（*Yugantar*）① 都创办自 1905 年寇松任性妄为决定分治孟加拉之后，即孟加拉激进民族主义思想兴起的时候。

───────────────

① 当时这几份报纸上的言论多为鼓动对抗英国的战争和暴力行为，支持起义。

因发表煽动性文章，《划时代报》年轻的编辑布彭德拉纳特·杜塔（Bhupendranath Datta, 1880—1961）被捕入狱。而奥罗宾多翻译了两篇布彭德拉纳特被指具有煽动性的文章，又在《礼赞母亲》上发表社论来抗议政府的判决。他本人也于 1907 年 8 月 16 日被捕，随后被保释。在 1907 年 8 月 24 日，泰戈尔作了一首长诗致敬奥罗宾多。然而，奥罗宾多曾写过一系列文章批评泰戈尔公开自绝于政治斗争，只强调自立，不肯支持政坛煽动者发起的抵制外货运动。

布彭德拉纳特是维韦卡南达的弟兄，他曾主动向泰戈尔请教对抗政府分而治之政策的活动建议。泰戈尔告诉他自己将来会谈；他一直在观察报纸披露孟加拉分治计划以来激起的暴动。

1904 年 7 月 22 日于密涅瓦剧院，泰戈尔发表题为《自治的社会》的演讲。由于空间有限，许多人错过了这次演讲，于是 7 月 31 日，他在寇松剧院加讲一场，只有持票听众可以入内。门票被一抢而空，许多人又被迫错过。泰戈尔在这篇演讲中详细阐述了自立的理念，这一点受到推崇，但他对政治斗争的反对也遭到广泛的攻击，其中就包括奥罗宾多后来对他的驳斥。

不管泰戈尔多么反对政治请愿，他都被卷入了 1905 年风起云涌的公众抗议、向印度事务大臣写联合请愿书以及街头游行活动。1905 年 9 月至 10 月间，23 首爱国歌曲先后被创作出来，所用的旋律都来自泰戈尔在友人处教给几位学生的调子，经人选中后在街头游行中予以演唱。1905 年 10 月 16 日，孟加拉分治政策正式生效，泰戈尔本人参加了当天著名的游行活动。此次游行以恒河水岸为终点。游行者彼此交换了"rakhis"（保护绳）①——象征友爱团结。所以，保护绳的象征性使用

---

① rakhis，一种彩绳，是印度传统的节日饰物。在每年八月间有系绳保护节，由妇女系在自己兄弟的手腕上，表示请求他们的帮助、保护和友情。泰戈尔提出使用传统的保护绳来象征抗议活动中孟加拉民族团结一致，互助互爱。

一般归功于泰戈尔。但是，在 1905 年 9 月 27 日由泰戈尔主持的一次会议上，许多政治和文化领袖对此争议不决。

泰戈尔从积极参与争取自治的运动到抽身而退，其原因引人猜测。满怀激情活跃其中的政坛领袖比品·钱德拉·帕尔（Bipin Chandra Pal, 1858—1932）评价泰戈尔是"后天培养的民主人士，而最高意义上的先天贵族"。也许泰戈尔忍受不了那些政治争辩和妥协。他不断倡导当下就采取建设性的举措，而不是呼吁政府行动。他同时坚决反对强制执行抵制英货的做法。泰戈尔曾退出 1905 年至 1906 年间的抗议活动，对这一事件，人们有这样一种刻薄的看法：泰戈尔害怕自由斗士们在徒劳的公众抗议后转而投弹、抢劫，所以与此隔绝。恩厚之[①]曾来到斯里尼克坦[②]为圣蒂尼克坦学校建设农业设施，他在 1922 年 3 月 15 日那天的日记中写道（见恩厚之《诗人和农夫》[③]）："我的父亲"，拉辛告诉恩厚之，"遭到英国政府警告，让他不要再创作任何歌曲来鼓舞爱国狂热。"在《孟加拉国货运动》（*The Swadeshi Movement in Bengal*, 1903—1908）一书中，萨米特·萨卡尔引用了以下官方报告："作为奥罗宾多·戈什的朋友，罗宾德拉纳特·泰戈尔先生属于捍卫那方（《划时代报》）的贵族阶级。他是个独善其身的变节者，公开摒弃自己从前的革命理想和原则，只为成功保全自己。"然而，这是在胡说，泰戈尔根本不必摒弃，因为他从未心怀任何革命理念或原则——这里的"革命"当然是指暴动，他也没有鼓励过他人进行暴动。他从始至终都在解释到底是什么刺激了孟加拉青年采取暴力的方式反抗无情的英国统治。

从活跃的政坛抽身带来了诗歌和戏剧创作的累累硕果，且这些作品

---

① 恩厚之，或莱奥纳多·埃尔姆赫斯特（Leonard Elmhirst, 1893—1974），英国农学家、慈善家，致力于先进教育和农业改造，后任泰戈尔秘书，陪同他访问中国。

② 斯里尼克坦（Sriniketan）与圣蒂尼克坦邻近，是国际大学的第二个校区，这里主要有与农学相关的机构。

③ *Poet and Plowman.*

1912 年，泰戈尔与文学学生。

与泰戈尔从前的作品大不相同。这种迥异并不是偶然。《祭品集》到《渡口集》（*Kheya*，1906），再到《献歌集》（*Gitanjali*，1910①），反映了泰戈尔的精神发展——不是一条明线式的变化，而是通过展现臣服、皈依和离间在塑造他诗人生涯"力量"的主题上的各自呈现。臣服时的安详，皈依时的喜悦，离间时的哀愁和发现这一"力量"（可谓神明、指引之灵、自我的超验、人的内灵、天地间的梵）源泉时的欣然复杂地交织了起来。这时期的戏剧作品，即《赎罪》《国王》《坚定寺院》《邮局》和《杜尔迦节》，尤为明显地体现着这一点。这些作品和从前模仿莎士比亚作品结构而来的没有力量的作品相比，增添了别样的个性。这些新作品采用了印度传统的独特戏剧形式，它们不仅令西方批评者和读者感到困惑，也让受过英语教育的孟加拉读者感到困惑。

船和船夫的意象反复出现在泰戈尔的诗作和歌曲里。《渡口集》②或那艘船，在他的众多诗集与意象使用中都并不新鲜，但《渡口集》的第一首和最后一首是一年中前后55首诗歌的起始之作，它们奠定了这些诗歌的基调。所有的写作定有外部的因由，虽然作品的内涵也许超越这些外在。据圣蒂尼克坦的教师说，诗集里的第一首和最后一首是在"赤赭园"（Gairik）写出的。当时，在圣蒂尼克坦学校的南边有一道比如今宽阔的运河，岸边泊着分别取名为"吉德拉星号③"和"金色船"的两艘船，供学生和老师学习如何掌船。这两艘船给诗人提供了《渡口集》里的意象原型。

普拉巴特·穆克帕迪耶在其泰戈尔传记以及完整作品介绍中已简明地阐释了从《祭品集》到《渡口集》，再到《献歌集》的变化。普

---

① 1910 年出版的《献歌集》为 1912 年出版的《吉檀迦利》的孟加拉源语版本，但内容不尽相同。"吉檀迦利"本意为"献歌"。

② "Kheya"字面意思为"渡船"，此处中文名按照《泰戈尔全集》第三卷中黄志坤译《渡口集》；该诗集第一首为《最后的渡口》，最后一首为《渡口》。

③ 吉德拉星是印度历书中二十七星宿的第十四宿。

拉巴特本人是圣蒂尼克坦的教师兼图书馆馆长，从 1909 年起，除其中两年以外，他都和泰戈尔有较近的接触。作为圣蒂尼克坦的教员，他的传记出人意料地不是那种给圣徒作传的风格。实际上，在这本分为四部分的传记里，头两卷都于泰戈尔在世时出版，而泰戈尔对其中有些批评言论不是太满意。不过，普拉巴特作为评论人不断修改这本传记，除借助拉辛德拉纳特在圣蒂尼克坦用心设立的泰戈尔档案馆外，遇到信件、回忆录、新闻报道里的新材料时，他便扩充内容。据他所说，泰戈尔成为原初梵志会的干事只是服从父亲命令，而他本人对这份工作并不经心。他早期的《梵歌》（Brahmasangit）——赞美歌曲——或多或少关系着父亲对梵志会信仰的阐述和指导。随着泰戈尔越发对制式宗教失去兴趣，原初梵志会逐渐衰落。普拉巴特写道，《祭品集》里的神灵是远远地受着信者的敬仰；《渡口集》里的诗人关于神灵的表述则飘忽不定，带有些许神秘莫测；《献歌集》（1910）里的神灵和信者则互相接近；在《歌之花环集》（Gitimalya，1914）和《妙曲集》（Gitali，1914）中，这种亲密感逐渐加强。

泰戈尔照片，1910 年摄于加尔各答。

《邮局》里的一幕，1917年该剧在圣蒂尼克坦和加尔各答两地多次演出，泰戈尔在其中扮演了老大爷和哨兵。

另一类戏剧

泰戈尔的戏剧从早期到这一时期也发生了转变，且这种转变绝非偶然。《赎罪》改编自冗长无章的小说《王后市场》，经过必要删减才浓缩为一部五幕戏剧（之后再次删减为四幕戏剧《救赎》〔*Paritran*，1929〕）。在戏剧版中，小说里对臣民的困苦和诉求冷酷无情的暴君布罗达巴迪多一角变得更为温和，更为通情理。这本小说和戏剧的首要区别在于新添了托侬久伊这个角色，他是臣民中"非暴力不合作"运动的倡导者，想以此消磨那个顽固的国王的意志。托侬久伊预示着甘地的非暴力运动，但在不合作上的形式上他和甘地有所不同。这个角色也是泰戈尔后续许多剧作中祖父式人物"爷爷"（Thakurdada）的最初形象。在圣蒂尼克坦上演时，泰戈尔便常常在这些戏剧中扮演"爷爷"的角色。《杜尔迦节》《国王》《坚定寺院》和《邮局》从不太严格的意义上可被视为象征主义戏剧作品，在泰戈尔生前，这些戏剧没有在圣蒂尼克坦之外表演过。唯一的例外是《邮局》，其在加尔各答及其他地区的表演都很成功。

然而，象征主义难免招来"一千个人眼中有一千个哈姆雷特"的问题。比如，甘地对《邮局》的理解有些超出剧作家本人的想象。1917年12月31日，为了慰劳到加尔各答参加国大党会议的代表团，《邮局》在乔拉桑戈的比奇特拉大会堂（Bichitra Hall）上演。观众席里有当年的国

大党主席安妮·贝赞特夫人[①]、提拉克、乔治·伍德罗夫（加尔各答高等法院的首席法官）、斯里尼瓦萨·沙斯渠[②]、甘地、比品·钱德拉·帕尔、萨罗吉尼·奈杜[③]以及 G.S. 阿伦代尔[④]（地方自治运动的参与者）。乌帕迪亚的侄子阿伦普拉卡什（Arunprakas Bandyopadyay）就读于圣蒂尼克坦，他受泰戈尔之命在表演中给甘地介绍故事内容。英文版《邮局》（1913 年由德瓦布拉达·穆克帕迪耶译出，并经过泰戈尔大幅改动）在都柏林（1913 年 5 月 17 日）、伦敦（1913 年 7 月 10 日）、柏林（德语版 1921 年 6 月）和纽约（1921 年 12 月 10 日）相继被成功搬上舞台。在乔拉桑戈的表演则是源语版本。阿伦普拉卡什记录了这些演出的反响。贝赞特夫人满眼含泪，奈杜时不时拉起头巾掩饰情绪，阿伦代尔看了之后乐得把阿斯穆库尔·达斯（圣蒂尼克坦学员，剧中主人公阿马尔的出色扮演者）抬起来跳舞庆祝。马拉维亚[⑤]对于这部剧的主题和意义给出了准确的解读，但甘地的阐释让阿伦普拉卡什有些困惑。他说阿马尔象征印度，他的病痛就是指英国人给印度造成的苦难，阿马尔的各个看守人和村长象征英国人；愉快的酸奶小贩象征英联邦下有自治权的澳大利亚和加拿大；而阿马尔期盼来自国王的信就是指英国议会要写的那封信！

　　泰戈尔对柏林上演的德语版《邮局》感到满意，虽然其中的阐释和他自己的构思有些许不同。1940 年 6 月，法国电台播放了由纪德于

　　① 安妮·贝赞特（Annie Besant, 1847—1933），英国神智学家、社会改革家。1893 年去印度，积极从事教育和慈善事业，帮助推进民族独立运动。

　　② 斯里尼瓦萨·沙斯渠（Srinivas Sastri, 1869—1946），印度政治家，"印度自由联盟"（Indian Liberal Federation）创始人。

　　③ 萨罗吉尼·奈杜（Sarojini Naidu, 1879—1949），印度女性政治活动家、诗人。

　　④ G.S. 阿伦代尔（George Sydney Arundale, 1878—1945），英国神智学家、教育家，在印度曾从事教学工作，并在政治活动中辅佐安妮·贝赞特夫人。

　　⑤ 马丹·莫汉·马拉维亚（Madan Mohan Malavya, 1861—1946），印度学者、教育改革家、政治家，三任国大党主席。

1924 年翻译的《邮局》，那是巴黎沦陷前一夜。泰戈尔当时正在靠近大吉岭的金鸡纳树产业小镇芒埔，他听到消息时非常激动。1942 年，波兰导演雅努什·科扎克（Janusz Korczak）在华沙的贫民窟里排演了《邮局》，贫民窟里的人后来全部死于德国集中营，泰戈尔那时已经去世，因此他不必因这个不幸的消息而心痛。

对于 1921 年德语版《暗室里的国王》（即原《国王》，由克什蒂什·钱德拉·森〔Kshitis Chadra Sen〕翻译），德国的大哲学家维特根斯坦（1889—1951）的反应饶为有趣。维特根斯坦的传记作者雷·蒙克（Ray Monk）

《邮局》里的一幕

也用了相当的篇幅来展开这个话题。在写给友人的信中，维特根斯坦说这部剧没给人留下什么印象：

> 在我看来，那些智慧之词都是在卖弄才学；我比较肯定这些都是从所阅所听里来的二手写作（正跟我们这里许多人学习基督教智慧以增长知识似的），而不是他由心而来的抒发。也许是我没有领会他的语气，我觉得那听起来不像真情实感之中的人会有的口吻。

几个月后，维特根斯坦给另一位朋友写信说自己正在读这部剧，这次比之前读得有滋有味得多，因为他开始相信这部作品里确实有某种宏旨。这部剧成为他最钟爱的作品之一，以至于他后来把书或赠给或借给了许多朋友。大概 17 年后，在英国，维特根斯坦再读泰戈尔的英文版《邮

局》。他错以为是泰戈尔本人翻译的，不过这也不是他的失误。1914年，不知泰戈尔知情与否，麦克米伦公司把这个译本假充为他亲手翻译，并在之后的宣传里把他标注为译者。于是因为翻译问题，维特根斯坦又一次觉得自己欣赏不了这部戏剧，然后他和朋友一道对最喜欢的段落进行了翻译。

雷·蒙克解释了为什么维特根斯坦会对这部剧百般纠结。剧中宗教觉醒的寓意应当是引起了维特根斯坦许多思想上的共鸣。那位臣民无法见到的国王正可比喻维特根斯坦对不可说的宗教真理的态度。小姑娘苏塔相信国王的存在，但她并不期待着见到他。维特根斯坦正是立志做苏塔，不过他也像王后淑达莎娜，想在赤天白日而不是昏暗中看到真相。

至1908年，梵天修行所，即圣蒂尼克坦寄宿学校里已有大约一百名学生和十五位教师，这让创校人泰戈尔喜忧参半。喜在学校的发展，忧在设施简陋和教师水平。有些教师延续传统的教学方法，在教育理念上和泰戈尔的追求不太契合。由于当时孟加拉民族革命风潮四起，学校同时还引起了警方的注意。圣蒂尼克坦的不少教师都有革命背景。火上浇油的是，西孟加拉邦一名叫希拉尔·森[①]的老师，在泰戈尔不知情也未同意的情况下，把自己的诗集《大声恐吓》（Hunkar）题献给泰戈尔。之后，希拉尔被捕，出庭受审时，泰戈尔也被传唤到西孟加拉邦的库尔纳镇出庭作证。出庭前，他写信给希拉尔说自己得知了题献的事，并建议他多做社会工作，不能恣意写煽动性诗歌。不过，泰戈尔拒绝对这本诗集作任何判断，他说自己并不清楚是什么构成了煽动行为。最终，希拉尔获罪入狱。希拉尔被释放后，泰戈尔邀请他去圣蒂尼克坦当老师。然而告密者时刻跟踪希拉尔，他不得不从学校转移出去，被派遣到什莱

---

① 希拉尔·森（Hiralal Sen，1866—1917），印度导演、摄影家，被视为印度导演的先驱人物之一。

泰戈尔与普拉提玛·德维（Pratima Devi），摄于 1926 年。

1910 年，泰戈尔与新婚的拉辛和普拉提玛、迷拉（最左）及玛胡里（最右），苏库马尔·雷伊摄。

1910 年圣蒂尼克坦的芒果园里，学校师生第一次为泰戈尔庆祝寿辰。

达哈，协助农场管理工作。

1910 年，泰戈尔令儿子娶了一位寡妇。若代温德拉纳特在世（他于 1905 年去世），这简直不可能发生。原初梵志会并不倡导寡妇再婚，代温德拉纳特本人也反对通过立法进行社会改革。家族中曾有一名寡妇在她母亲的安排下再婚，代温德拉纳特便出手干预。这名寡妇是泰戈尔侄子巴伦德拉纳特的遗孀，巴伦德拉纳特是一位诗人、散文家，在泰戈尔编辑《追求》杂志、创办位于库什蒂亚的"泰戈尔公司"时，巴伦德拉纳特曾协助他。

巴伦德拉纳特也是泰戈尔之前第一个提出在圣蒂尼克坦创建梵天修行所的人。在他英年早逝后，他的妻子被送回在阿拉哈巴德的娘家，并

朋友和仰慕者众多的泰戈尔，过着寂寥的家庭生活。

准备再婚，此时，代温德拉纳特就命泰戈尔去阻止这桩婚姻。泰戈尔成
功把她带回了家。这个故事不过是年至八十三岁仍威然立于大家族之主

的代温德拉纳特的众多事例之一。

1910 年至 1911 年间，泰戈尔事务繁忙，一边创作一边经营农场，但他的家庭生活却很寂寥。妻子和两个孩子都去世了，女儿们已经出嫁，儿子最近也娶妻了。年已五十，他变得无人照料。《孟加拉人》[①] 里有篇奇怪的报道，说他准备再婚。他严正要求该报的文字编辑对这一毫无根据的消息予以澄清。据传，泰戈尔妻子去世后，代温德拉纳特曾希望他再婚。但如果父亲真的这么要求，泰戈尔不可能会不遵从。泰戈尔否认了所有有关他再婚计划的家族传闻。凯沙·森的女儿苏巧汝（1874—？）以及小有成就但已丧偶的诗人普里扬巴达（Priyambada，1871—1935）都曾是人们猜测的泰戈尔再婚对象。1927 年，《随感集》（Lekhan）出版，普里扬巴达的五首小诗被错收在这本短诗集里——而这并非大诗人有心垂青这位青年诗人。

拉辛德拉纳特（1888—1961）在美国取得农学学士学位后回到了印度，并被派到农场上实践现代农业技术。在他的回忆录《时光之缘》（On the Edges of Time，书名来自《园丁集》中的诗句）中，他写道：

> 我刚一到家，父亲就领着我去农场上巡游了一圈，让我和当地人认识认识，又教我一些经营细节。只有我和父亲的乘船出行对我来说是新的体验。接连遭遇丧亲之痛，尤其是萨米去世后，他一个人很孤单，于是我一回家，他自然想要在我身上倾注所有关爱。我们在两人都很熟悉的纵横河道里随波而行，每晚在甲板上坐着，聊各种各样的话题。我从前没有机会和父亲这样自在地说话，因此我必须很努力地打破隔阂。我觉得父亲那时肯定非常高兴听我喋喋不休，听我流利地背诵书本上有关农学、遗传、演化等类似话题的名

[①] 《孟加拉人》（The Bengalee），英属印度时期设于加尔各答的英文报刊。

言，那时我对这些所学仍记忆犹新。大多时候，他耐心地听我说，但当他开口，他就告诉我祖国农村人民的社会和经济状况，他们生活上的困难，以及他自己的办法和经验。他很少谈文学，可能认为我的科学教育阻碍了我欣赏文艺。我们父子对彼此的交心和理解再也没有比 1910 年这个冬天更深的。

诺贝尔奖勋章

亲笔译诗和诺奖前后

在全世界的大文豪中，泰戈尔即使不是唯一，也是极少数几个大力英译自己诗作、戏剧和散文的大作家。然而这并不是自愿，不仅开始翻译时如此，直到人生至终也是如此。追溯起来，两位英国艺术家兼艺术鉴赏家可被视为主要的推动者：阿南达·库马拉斯瓦米[①]和威廉·罗森斯坦。库马拉斯瓦米是一位在英国长大的锡兰裔泰米尔族基督徒。1911年2月他在圣蒂尼克坦，于是请正在来访印度的罗森斯坦南下到博尔普尔，这样就可以与诗人泰戈尔进一步交流。罗森斯坦后悔自己当时没有时间。而库马拉斯瓦米有翻译泰戈尔作品的想法，泰戈尔也曾为他释译过部分自己的诗。在《艺术与国货运动》（*Art and Swadesi*，1912）中，库马拉斯瓦米用整整一章谈论泰戈尔的诗歌，其中引用了十一首诗，有些是和圣蒂尼克坦的教师阿吉特·查克拉博蒂（Ajit Kumar Chakrabarti，1886—1918）合作译出，有些是和泰戈尔本人一起译出。有两首此前已发表在《现代评论》上。

旨在弘扬印度文化的印度学社（Indian Society）于1910年6月15日在伦敦成立，罗森斯坦便是背后的主力。他到印度亲身接触印度的绘画和雕塑艺术，当然他也免不了要去乔拉桑戈见识阿巴尼德拉纳特·泰戈尔和加根德拉纳特·泰戈尔（Gagendranath Tagore，1867—1938）两兄

[①] 阿南达·库马拉斯瓦米（Ananda Coomaraswamy，1877—1947），旧锡兰玄学家、先驱历史学家、哲学家，最早将古印度文化艺术介绍到西方的理论家之一。

弟的藏品，这两人都是杰出的孟加拉艺术家。缘此，他碰巧见到了两人的叔叔泰戈尔，但未能很快和泰戈尔熟稔起来。但他知道泰戈尔是个诗人，他在《现代评论》上读过泰戈尔的短诗。回到英国后，他恳请泰戈尔将新发表在杂志上的诗作和小说寄送给他。此外他还请求孟加拉传道者普马塔拉·森（Pramathalal Sen）和当时寓居伦敦的著名印度哲学家布拉金德拉·内斯·希尔（Brajendra Nath Seal）力劝泰戈尔一并寄去译文。

泰戈尔之前读过加尔各答大学教授罗比·杜特（Roby Datta）翻译的自己的诗作。罗比的《东西方的回响》（*Echoes from East and West*）1909 年于剑桥出版，其中包含十一首泰戈尔的诗和歌曲作品。罗比的译本着重押韵和直译，这并不被泰戈尔看好。泰戈尔自己的译文往往呈散文风格，且避免直译。在海外友人的驱策下，他要求阿吉特翻译自己的诗歌，并把译作寄给罗森斯坦。

1913 年 11 月 17 日致拉门德拉桑德·特里维迪的信中，泰戈尔写到自己着手翻译《吉檀迦利》，以《我不再高谈阔论了》[①]一诗作为开始，这是《吉檀迦利》中第八十九首。巧合的是，这也是泰戈尔 1921 年到伦敦转交给罗森斯坦的亲笔手稿里的第二首诗——这份手稿现由哈佛大学的霍顿图书馆收藏于有关罗森斯坦的资料集中。

诗人所谓"高谈阔论"指的是什么呢？是否来自仰慕者在加尔各答的大会堂为泰戈尔庆贺五十岁寿辰时文学对头的刻薄评论？是否来自正统印度教徒对《坚定寺院》的狠言攻击以及诗人自己的辩护？抑或有关 1911 年 1 月至 3 月间的多场演讲？他在宗教和印度历史问题上的演讲虽然严肃，却引来了许多听众，不过观众们似乎更像慕名来看泰戈尔本人，而不是被演讲主题吸引。粗鲁的听众为了进到会场甚至攀窗破门。大概

---

① 原诗句为 "No more noisy, loud words from me"，该处中译文引自河北教育出版社《泰戈尔全集》第四卷中冰心译《吉檀迦利》。

1912 年泰戈尔在伦敦汉普斯特德。

有一年时间，泰戈尔总觉得焦虑不安，于是写信给朋友熟人诉说自己窒息的生活境况，他必须冲破樊篱，到国外寻求一种新生活。1912 年到访过加尔各答后与泰戈尔结识的库马拉斯瓦米、罗森斯坦和盖沙令伯爵很可能就此劝他去会见西方的自由派作家和思想家。他计划好好休整一段时间，因此买了 1912 年 3 月 19 日前往伦敦的船票，但旅程未能成行，因为泰戈尔突然生病，未能到达码头。他回到什莱达哈，直到当年 5 月 24 日才从孟买启航。

泰戈尔用这之间的两个月翻译自己的诗歌。大约一年以后，于 1913 年 5 月 6 日，英国一众诗人和批评家出乎他意料地对诗歌译作给予了热烈的回应。之后他写信给侄女英迪拉，自己是为了重历写诗时的心情，借此消磨时间，才去翻译这些的。然而这不完全属实。在包含《吉檀迦

利》中大多数作品的手稿里，开头三首和其他十三首诗全是用孟加拉语作成并当即译出的。孟加拉语原作收录在 1914 年版的《吉檀迦利》中。泰戈尔翻译这些刚刚写成的诗歌，显然是考虑到了英国的读者。

泰戈尔到达伦敦之前，印度学社就策划了迎接泰戈尔的宴会。宴会最终在 1912 年 7 月 10 日举行。泰戈尔在伦敦吟咏自己的英文诗歌前，学社的宴会已经早早安排妥当。而在 1912 年 7 月 7 日罗森斯坦寓所那场有名的聚会之前，伦敦上下早已对泰戈尔有所耳闻。

6 月 16 日，泰戈尔偕儿子和儿媳抵达伦敦，第二天就将诗歌手稿交给了罗森斯坦。6 月 19 日，1907 年起在加尔各答伦敦教会学院（London Missionary College）当植物学教授的皮尔逊（W.W.Pearson，1881—1923）邀请了少数英文作家和孟加拉贵宾给泰戈尔接风。这是皮尔逊和泰戈尔第一次会面，前者用躬身触足的孟加拉传统礼仪予以接待，令泰戈尔略显局促。

在这次接风宴上，后成为最有名的孟加拉语喜剧风格儿童诗歌和小说作家的苏库马尔·雷伊（Sukumar Ray，1887—1923）朗诵了一篇关于孟加拉文学的文章，其中包含他自己翻译的泰戈尔诗歌作品。宴会来宾中还有"东方的智慧"系列书籍的编辑克莱默·宾（Cranmore Byng），他邀雷伊再多翻译些泰戈尔的诗，因为他有想法拿去出版。但在场的罗森斯坦有其他打算。他已经读过了泰戈尔自己的译文，并认为"这些别具一格的诗在我看来达到了与那些伟大的觉悟者同等的造诣"。他已经将手稿打印完成，寄送给斯托福德·布鲁克①、A.C.布兰得利②和威廉·叶芝。这些评论家反响热烈，叶芝甚至为之狂喜。同时，罗森斯坦又于 7 月 7 日在寓所组织了一场诗歌讨论会，会中不同平常又紧张不已的泰戈

---

① 斯托福德·布鲁克（Stopford Brooke，1832—1916），爱尔兰教士、王宫教堂牧师、作家。

② A.C.布兰得利（Andrew Cecil Bradley，1851—1935），英国著名文学学者，莎士比亚研究专家。

尔听到叶芝朗读了诸多自己翻译的诗歌。他与平日不同源于长期不接触英语，而那段时间又不得不讲英语。来宾听完诗均无置评就离开了，包括叶芝、欧内斯特·里斯、托马斯·斯特奇·摩尔、罗伯特·特里维廉、梅·辛克莱、亨利·内文森、安德鲁斯和伊芙琳·恩德晓等。泰戈尔眼见毫无回响，感到很苦闷，直到第二天，赞扬之词如潮涌来——前夜的缄默是因为大家都太激动了，一时无法用言语表明。

叶芝接着主持了印度学社的晚宴，70多位来宾中较为重要的几位包括 E.B. 海维尔 ①、J.D. 安德逊 ② 和 H.G. 威尔斯 ③。印度学社的几位赞助者——社长大卫斯（T.W.Rhys Davids，1843—1922）、财务主管罗尔斯顿（T.W.Rolleston，1857—1920）、秘书长斯特兰韦斯（Arthur H. Fox Strangways，1859—1948）也都出席了宴会。

《吉檀迦利》出版（1912年11月）一年之后，《园丁集》（1913年10月）的问世在伦敦掀起一阵泰戈尔崇拜。但是，笃信宗教的诗人布鲁克读了泰戈尔的手稿后写信给罗森斯坦："恐怕我无福领会。"他全然不赞同泰戈尔在伦敦四处参加活动，诸如读剧本和诗朗诵，忙得团团转——圣洁的诗人形象和这些世俗事务不相融洽。D.H. 劳伦斯（1885—1930）1916年5月反应强烈："这种（对西方文化与东方文化面对面）仰首吹捧的诡计——这种崇拜泰戈尔的可悲态度真是恶心。"福斯特（E.M.Forster，1879—1970）在1914年再读《花钏女》时更为详细地评价了这场泰戈尔狂热：

---

① E.B. 海维尔（Ernest Binfield Havell，1861—1934），英国著名艺术管理家、艺术史学家，著有大量关于印度艺术和建筑的作品。

② J.D. 安德逊（J.D.Anderson，1852—1920），剑桥大学的孟加拉语教授。

③ H.G. 威尔斯（Herbert George Wells，1864—1922），英国著名小说家，因科幻小说出名。

谛听胜于公羊的脂油[①]，只是甚少同样广为多得。谛听必有静默的氛围，然后，有声发如阿波罗者，而后便有用心听美的耳。然这举世难遇，在文雅的伦敦城则几乎无处见闻，此地外无喧嚣，却内里失聪。

福斯特进一步说明：

伦敦人，或不如说伦敦风气，偏好崇尚一时名望。已有证明，长期奉此会使人乐此不疲，甚至带来阵阵悦人光鲜。它必须有激情存在，激情当然都是我们必不可少的。它还意味着高尚和宽广。

他总结道：

因此，伦敦是一座爱轰动的城市，爱好转瞬狂热中激情的昂扬，尔后即逝，留下些微的安宁。每次轰动之间都没有关联。公羊被急急地赶着到一个又一个圣坛，献给埃米尔·赖希的热血尚未冷却，复又空前充沛地倾泄给泰戈尔先生。

至此，他分析道：

评论者自身虽假装在这狂热之外，实则也陷入其中，很难从最近两年的喧嚣和无谓里谛听，而寻到远处泰戈尔真正的声音。他是个好作家，但好从何来？

---

① 来自《撒母耳记上》，常见中译本里作"顺从胜于公羊的脂油"。

泰戈尔像，摄于 1910 年创作《吉檀迦利》期间。

不过，福斯特对这个问题没有确定的回答：

> 不到这阵崇拜以及崇拜引起的所有波澜褪去，不到献祭的残局得到清理，从而美之音能穿越下落的尘埃，这个问题不会有答案。

顺便可一提，福斯特对《花钏女》的评价是积极肯定的，但后来评论1919年的《家庭与世界》时，给人傲慢之感。

1912年10月，泰戈尔乘船去美国。他收到罗森斯坦写于同年12月7日的信，信中充斥着欣喜之情，罗森斯坦告知泰戈尔《泰晤士报文学增刊》（Times Literary Supplement，TLS）上出现了评论《吉檀迦利》的第一篇文章。出版一周内就在TLS上的新闻版受到评论，这的确使人惊喜。文章为该刊乐评人斯特兰韦斯亲笔所撰，还是评论人只是收到文稿清样，或是评论人本身已经很熟悉这些诗歌（那么可能是布鲁克或布兰得利）？这都只能猜测，因为这位评论人没有署名。但刊登的这篇评论为后续评论奠定了基调，文章里把《吉檀迦利》称为"当代大卫的诗篇"。

印度学社只印刷了750份《吉檀迦利》，其中500份分赠给社内成员，其余出售。TLS上、《国家》（Nation）上伊芙琳·恩德晓于1912年11月6日发表的极力赞美之词，连同罗森斯坦的努力使得四个月后麦克米兰公司决定重印此诗集。1913年诺贝尔文学奖的揭晓使这本诗集销量飞升，《曼彻斯特快报》（The Manchester Despatch）在1917年2月19日报道："《吉檀迦利》销量已达到37000本。"至1914年2月3日，《吉檀迦利》售出19320本，《新月集》4200本，《园丁集》6080本，《人生的亲证》（Sadhana）3500本。

到了1912年11月，罗森斯坦将诗歌、戏剧、散文和短篇小说的诸多份手稿寄给麦克米兰公司。通过可靠的编辑查尔斯·惠布利（Charles

Whibley，1859—1930）的建议，麦克米兰公司于 1913 年出版了一本平价版《吉檀迦利》，并且在看到销量可观之后又于同年出版了《园丁集》和《新月集》。惠布利对英译版小说和戏剧不太看好，所以让麦克米兰公司推迟出版计划。梅斯·菲尔德[①] 对英译本戏剧《花钏女》《马丽妮》和《邮局》作出了以下著名的评价：植物不喜移植（The plant won't transplant）。前两本戏剧由泰戈尔本人在旅居英国期间翻译。罗伯特·特里维廉被《马丽妮》的经典风格所打动，但麦克米兰公司那时还不敢冒险出版。泰戈尔 1913 年在伦敦演读了《花钏女》和《暗室里的国王》之后，麦克米兰公司才在 1914 年将这两本和《邮局》一起出版。事实上，从 1913 年诺贝尔文学奖公布之后，麦克米兰公司就开始任意大印泰戈尔的作品，因为泰戈尔显然成了出版社的一座金矿，以致损害了泰戈尔的权益。

说起 1913 年的诺贝尔文学奖，从头至尾都耐人寻味。斯特奇·摩尔（Sturge Moore）推荐泰戈尔时措辞便有些奇怪：

1913 年，泰戈尔在芝加哥。

---

① 梅斯·菲尔德（John Masefield，1878—1967），英国诗人、作家，1930 年至 1967 年间的桂冠诗人。

作为大英帝国皇家文学学会一员，我以自身名誉推举罗宾德拉纳特·泰戈尔先生，依我见，他有资格被授予诺贝尔文学奖之荣誉。

奇怪的是，这封推荐笺没有落款日期。根据受诺贝尔文学奖理事会所托的瑞典学院所作计划，推荐应是在 1913 年 2 月 1 日前完成。但截至 2 月 1 日，泰戈尔只有一本已出版的英译文作品——印度学社版《吉檀迦利》，书上说明了这些诗是从孟加拉语诗歌翻译而来。诺贝尔文学奖并不接收翻译创作——如果这样推荐，一定会被直接否决。是否正因如此，摩尔用如此措辞写了这封推荐笺？他既没有费力说泰戈尔是谁、他来自哪个国家，也不说他据什么语言写作以及为何自己认为泰戈尔有资格。再多些细微的阐述恐怕就透露出他给诺贝尔文学奖推荐的是译文版创作了。这写得像电报似的荐言似乎给人一种摩尔的身份足够说明一切之感，然而诗人摩尔在英国之外并不出名。从他后续写的信来看，他显然对诺贝尔文学奖的历史知之甚少。他以为托马斯·哈代获过诺贝尔文学奖，但没有注意自己所属的皇家学会那年正是推举的哈代。

不过，似乎瑞典学院只把推荐信看作一项程序而已，于是对这一推荐也热忱对待。一定程度上，学院的后续处理是得当的。学院委托诺贝尔委员会的成员佩尔·霍尔斯道姆（Per Hallstrom, 1866—1960）作为特派专家评审泰戈尔的作品。而霍尔斯道姆能着手之处只有《吉檀迦利》。为能评估这部作品，他需要了解英文批评界如何看待《吉檀迦利》。于是他向斯德哥尔摩的诺贝尔图书馆请求收集《吉檀迦利》的英文评论。图书馆找到泰晤士图书俱乐部（Times Book Club），俱乐部又找到麦克米兰公司，麦克米兰公司找到斯特兰韦斯，斯特兰韦斯找到泰戈尔，终于要来了评论赏析的文章，霍尔斯道姆手头这才有了相关书评，包括在 *TLS*（1912 年 11 月 7 日）、《双周评论》（*Fortnightly Review*, 1913 年 3 月）和《十九世纪》（*The Nineteenth Century*, 1913 年 4 月）上的刊文。他很高兴自己的判断有英文评论界的支持。拥有 18 名成员的瑞典学院中由 4 位（或 5 位）成员组成的诺贝尔委员会注意到了霍尔斯道姆的评审意见，并决定进一步了解泰戈尔，如泰戈尔在祖国的评价如何，于是派遣了法国文学史专家埃米尔·法格（Emil Faguet）前去探究。按照惯例，诺贝尔委员会在当年 6 月将推荐作品转发至学院 18 名成员中流传以供评审。出人意料的是，来自学院而不是诺贝尔委员会的一员卡尔·海顿斯坦（Carl Heidenstam, 1859—1940）大力举荐泰戈尔。他强烈抗议诺贝尔文学奖完全以欧洲为中心，并主张学院应当打破自设的藩篱。同时，他提醒其他成员，诺贝尔当年意在发现和鼓舞新作家才设此奖项。泰戈尔本身出类拔萃，令人崇敬。他又让霍尔斯道姆为 1913 年 10 月底才出版的《园丁集》作一番赏析，诺贝尔文学奖公布就近在 11 月。学院有权拒绝委员会的举荐。投票结果为 12 票对 1 票，学院最终宣布泰戈尔获得诺贝尔文学奖。但"翻译"一事上的阻碍是怎么越过的呢？是通过巧妙用词——获奖的不是泰戈尔的孟加拉语作品而是将这部英文译作视为原创。此次颁奖词如下：

> 罗宾德拉纳特·泰戈尔先生文笔细腻、清新而优美的诗，出之于高超的技巧，运之以英文语言，以此，他充满诗情的思想已成为西方文学的一部分。

诺贝尔委员会主席哈罗德·雅尔尼（Harold Hjarne）在 1913 年 12 月 10 日的颁奖典礼致辞中提到了《吉檀迦利》《园丁集》和《新月集》（均为诗集），以及《人生的亲证》（收录于 1912 年至 1913 年间八篇泰戈尔于美国和英国的演讲，其主题是信仰和思想的关系）。

泰戈尔长期受痔疮困扰。从美国回到英国后，他利用这次国外久居的机会做了手术。他一生害怕手术，在美国尝试了顺势疗法但出血

现象仍持续。幸亏他回到伦敦时，侄子苏伦德拉纳特也到了伦敦，他劝说泰戈尔做手术。手术虽很成功，但 1913 年整个七月，泰戈尔都被困在公爵夫人疗养院（Duchess Nursing Home），忍受术后一系列痛苦。他给罗森斯坦的信中谈道："每日看着我可怜的身体以科学治疗为名受辱，而我无能为力，真是苦闷，好似身体只不过一堆肉骨之物。"泰戈尔对自己的身体很敏感，朋友很少见过他赤膊露膀的样子，病中除外。

这次海外之行帮助泰戈尔克服了运用英文的心理障碍，之前他认为那是属于外国人的语言。但小范围的争论必然会出现。他作为英文写作者的名声在友人中引起一片惊诧，更不用说他的对头们反应如何。德维金德拉尔·雷伊批评他的诗毫无意义不说，且难以理解，并且指责他在例如《花钏女》中写的情诗有伤风化，详述了他早年的戏剧作品《阿曼达比达》（Amandabiday），提出自己怀疑是安德鲁斯顶替泰戈尔写了那些英文作品。安德鲁斯的文章必定会引起雷伊的注意，因为他在 1912 年 8 月刊的《时代评论》上发表了一篇满含兴奋之情的文章：《与泰戈尔共度的一晚》（An Evening with Rabindranath）。1912 年 11 月 16 日，雷伊的喜剧作品在加尔各答群星剧院上演，被泰戈尔的爱慕者们暴力叫停，雷伊甚至不得不逃命。人在海外的泰戈尔只能为这种小人的善妒之心感到遗憾。瓦伦廷·吉尔乐（Valentine Chirol）有着不同的见解。

吉尔乐是一名英国记者，《印度起义》（Indian Unrest）因他而臭名昭著，他把《吉檀迦利》归功于叶芝。安德鲁斯写信告诉泰戈尔时，泰戈尔对此一笑而过，叶芝却没有轻松地置之不理，因为这种主张也不是毫无道理。叶芝编辑过《吉檀迦利》和《园丁集》，摩尔编辑过《新月集》，里斯编辑过《人生的亲证》。本身这不是不寻常之事，任何一家大出版社都有自己的编辑或指定编辑审读、选择和编辑有意出版的手稿。但问题在于：润色的程度如何？叶芝对此含糊其词，罗森斯坦不太参与，泰戈尔则对叶芝大幅修改过他诗作的说法义愤填膺。

最初的草稿（罗森斯坦给出的手稿）尚存，印出的成品也在，本应容易找到润色之处。但泰戈尔申明润色时自己就和叶芝在一起，润色出的作品是共同努力的结果，这使事情复杂难辨。叶芝用铅笔润色的修订稿已经失落，所以叶芝或泰戈尔的主张都没有证据。虽然交战只在书信里私下发生，但激烈程度不减。吉尔乐宣称《吉檀迦利》属于叶芝的亲手创作后，这纷争也就变得公开了。1914年2月17日，在给摩尔的长信里，泰戈尔写道：

> 有一件事会使你了解诺贝尔奖如何激起某些人对我的抵触和质疑。一位律师朋友给我发来一则消息，他在名为瓦伦廷·吉尔乐的孟加拉伊斯兰教领袖组织的会议现场听到他声称英文版《吉檀迦利》实际上是叶芝所作。很可能他自己也不相信这种说法，这只是他的政治计谋，意在尽量削弱获得诺奖的重大意义，因为我的祖国人民自然将获奖视为可举国欢庆的大事。他不可能欣然接受伊斯兰教徒与印度教徒都可以享有这份荣誉。不幸的是，我感到英国也有反对情绪的迹象，也许部分原因在于一致赞美《吉檀迦利》所激发的自然反应，另一部分正如你信中所说，源于诺奖候选人拥戛心中的失望痛苦之情吧。

最后一句是回应摩尔1914年1月22日的来信，内容如下：

泰戈尔像摄于泰戈尔在伦敦进行《人生的亲证》讲座期间。

143

每当我注意到如今报刊上说到你的地方，我总感到愤怒，因为这些人竟忍心对你不公，正如对你赞扬时至于谄媚。你得了诺贝尔文学奖，而哈代是皇家文学学会的官方候选人（他也是唯一经过向投票人拉票的候选人），这使你成了众矢之的，他们的恶意并非仅因一时之气。

在诺贝尔文学奖公布时，摩尔向泰戈尔道贺，并告诉泰戈尔只有吉卜林和哈代获过此奖。泰戈尔也把吉尔乐的事写信告诉罗森斯坦，但罗森斯坦说只有吉尔乐公开发表言论时，他的英国朋友才好予以驳斥。

事态变得紧张则始于桂冠诗人罗伯特·布里奇斯（Robert Bridges，1844—1930）想要修改《吉檀迦利》里的一首诗，并将其收录在自己正在准备的选集《人之灵》（The Spirit of Man，后于 1916 年出版）中。泰戈尔坚定拒绝自己的诗再次被修改。后来还是叶芝劝泰戈尔同意这次修改，叶芝辩护说布里奇斯是同时代最伟大的修辞学家，如果泰戈尔能与这位老诗人达成一致也是一种风范。

泰戈尔此前在牛津《人生的亲证》讲座上邂逅过布里奇斯。他还去了这位桂冠诗人的寓所致意。最终，他同意布里奇斯修改《吉檀迦利》里第六十七首诗：《你是天空，你也是窝巢》。

泰戈尔对更多英国友人的修改要求谨慎起来，因为瑞典学院是为他"英文语言"而颁的奖。吉尔乐讨论泰戈尔的英文时，愤怒的泰戈尔写信给罗森斯坦（还有摩尔）："别人竟不断怀疑我无耻到可以享受欺诈得来的声誉，这实在是种令人愤懑的羞辱。"

在长达五个月的围绕《人之灵》，涉及叶芝、罗森斯坦和麦克米兰公司的万般纠葛中，泰戈尔于 1915 年 4 月 4 日写信给罗森斯坦：

倘若真是叶芝的手笔才使《吉檀迦利》获得现在的地位，那么就必须澄清。至少在我后来的作品中，我真实的水平应当有所反映，哪怕再小的谎言也该从我现在享有的声名里除去。人们怎么看我并不要紧，要紧的是我无论如何要忠于我自己。

1915 年泰戈尔将《采果集》和《爱者之赠》（*Lover's Gift*）[1] 的手稿寄给罗森斯坦时，他表明不接受任何修改，麦克米兰公司应当原样出版。但这两本诗集同样经叶芝之手润色，没有遵从泰戈尔的要求。《采果集》于 1916 年出版，《爱者之赠与歧路》（*Love's Gift and Crossing*）[2] 于 1918 年出版。

泰戈尔尚在海外期间，皮尔逊和安德鲁斯到访了圣蒂尼克坦。两人都住在德里，安德鲁斯入职圣史蒂芬斯学院（St. Stephens College）做教授，而皮尔逊做家庭教师。皮尔逊从前曾回到英国，那是因为他不想在加尔各答教会学院继续教书。他对圣蒂尼克坦的校风印象深刻，所以希望加入学校教师队伍，在海外的泰戈尔欣然接受他的请求。1913 年 5 月 26 日，安德鲁斯受哈丁总督（Lord Hardinge）之邀，前往位于西姆拉的总督府向大家介绍泰戈尔，即使泰戈

泰戈尔像，1914 年摄于加尔各答。

---

① 也译为《情人的礼物》。

② 诗集《情人的礼物》别名，中译本的译名还包括《爱者之贻》等。

尔在伦敦造成如此轰动，当时他在印度还鲜为人知。主持宴会的总督本人将泰戈尔誉为亚洲的桂冠诗人。哈丁总督早已注意到那时还是英国国会议员的蒙塔古参加了1913年5月9日泰戈尔在伦敦举行的《花钏女》演读会。次日，《泰晤士报》引述了蒙塔古的致谢辞。但蒙塔古的这次致辞经常被作传者错引。他所言的内容在报纸上其实已经刊明：

> 他①说自己在印度旅行途中曾听到一个旅人的故事。这个人去过靠近大吉岭的一个小村子，看到一群人围着篝火席地而坐，朗诵这片土地上的古老诗歌。结束时，在那群全国各地四处漫游的年轻旅人中，一位不懂读书写字的十二岁男孩却朗诵出那晚最动人的诗句，那是这个男孩从前听别人读的一首诗。这首媲美古代古典主义创作的诗之作者，就是泰戈尔先生。如果他想要知道人们对泰戈尔先生那样一位传教虔诚信仰、爱国忠心和爱与美之师怀有何种情感，这群乡村读诗人足以明证；他也不需要有任何更好的理由，证明他自己不仅钦佩泰戈尔的诗歌，而且钦佩他对印度人民伟大的，几乎无法估量的贡献。

欧内斯特·里斯和奎师那·奎帕拉尼在一个问题上持相同意见，他们都认为实际是蒙塔古自己听到了那个男孩朗读泰戈尔的诗。

虽受到盛赞，圣蒂尼克坦学校仍陷于资金极度匮乏的困境里。教师需要住所，学生需要吃饭，此外还有教师和工作人员的薪水（即使相当微薄）需要发放。博尔普尔当地的供货商甚至已拒绝赊账供应。泰戈尔收到的版税和演讲、朗诵会的门票费都汇到学校，然而只能减少旧债而已。所以，从各个方面来说，诺贝尔文学奖对教师们而言都是意外收获，

---

① 指蒙塔古。

1913 年 11 月 23 日，由泰戈尔仰慕者组成的 500 人代表团包乘专列齐聚圣蒂尼克坦。

财政就是其中重要的一个方面。

但是，学校以及后来的大学仍一直困于资金匮乏中。教师们的遭遇能够说明这个问题。他们住在砖房里，屋顶打着补丁。一到雨季，一些老师晚上就难以入睡，因为雨水会从漏缝里滴下来。他们悻悻然地誓要修缮房子，于是找到泰戈尔，结果那天早上的泰戈尔看起来也是凌乱不堪，非常烦闷。原来他自己的房间里也找不到一块干爽的地方，他也整夜失眠了。这些老师羞愧难当地回去，认为自己不该抱怨。

1912 年至 1913 年，圣蒂尼克坦共有 189 名学生、25 位老师和行政人员、47 名杂役。而学费换算成现金只有 3100 卢比。修教室、宿舍、教师公寓、接待处都需要花销。况且泰戈尔获得诺贝尔文学奖后，校

园的访客逐渐增多。难怪安德鲁斯说："拉辛写的诗都变成了校园里的实际存在。"因为拉辛在学校基础设施建设筹资中担任了关键角色。这些成本低廉的楼房是由圣蒂尼克坦的艺术家兼建筑师苏伦德拉纳特·加（Surendranath Kar，1892—1970）设计，大家曾一致称许其为圣蒂尼克坦特色建筑。

泰戈尔必须为学校筹钱。在1912年去英国之前，泰戈尔在《普拉巴西》主编拉马南达·查特吉的坚持下将散文作品集《沿途拾穗》寄到加尔各答大学，并自荐将其用作入学考试的学生参考用书。泰戈尔还亲自将其中一本交予该校副校长阿苏托什·穆克吉（Asutosh Mookerji，1864—1924）。但该校教科书委员会不予批准。奇怪的是，阿苏托什作为泰戈尔的仰慕者之一，没有对委员会略施影响。不过，到了次年诺贝尔文学奖公布之前，他提议授予泰戈尔文学博士学位——这一提议很快被哈丁总督应允，尽管刑事情报部门已经发表反对意见。最终，1913年12月26日于加尔各答州长府邸举行的特别典礼上，校长哈丁总督授予泰戈尔学位。

诺贝尔文学奖得主的消息一到，路透社首先进行了广播，随之加尔各答的一家新闻晚报《帝国报》（Empire）在1913年11月14日予以报道。可想而知，这则消息使印度上下欢欣鼓舞，所有孟加拉民族的同胞都为之振奋。加尔各答当地的《印度每日新闻报》发表了一段有趣的评论：

> 诺贝尔文学奖花落罗宾德拉纳特·泰戈尔先生，这一消息实在令人惊讶。他是印度人中的一个特例，他完全没有上过大学，也没有受过麦考利总督统治下的英国制度的教育。思考及此，如果他曾上过大学，倒很有可能已被这种制度下的课堂碾压成自高的学究式人物。

该报 1913 年 11 月 19 日再次发文：

> 鉴于泰戈尔先生目前正在博尔普尔当地，决定组织代表团于周日（即本月 23 日）早晨乘专列从豪拉出发，当晚回到加尔各答。任何孟加拉文学爱好者可通过购买包含乘车及其他费用的车票，价值为 3.4 卢比，加入代表团队伍……请注意，该专列只可载五百人。

这篇启事由六位要人签名发布，包括苏伦德拉纳特·班杰[1]、布拉金德拉·内斯·希尔、P.C. 罗伊[2]和尼拉坦·舍克[3]。火车按计划出发，又按时返回，但乘客们都垂头丧气。并非博尔普尔和圣蒂尼克坦的待客之道不足。牧师安德鲁斯以印度传统服饰（腰布配头巾）盛装打扮，并领着师生到车站迎接代表团，学生还一路高唱孟加拉语校歌（泰戈尔的英译版是"她属于我们，这心爱的地方，圣蒂尼克坦"），引得村里红头巾蓝长袍的警察惊讶地盯着这幕奇观——一支由穿戴体面的男女组成的五百人大队伍，包括作家、科学家、医生、辩护律师、法官、记者等，走在尘土飞扬的乡间小路上，女乐手们在精心装饰了一番的学校大门口站着吹响海螺号。一切准备就绪，只差泰戈尔本人。但他不接受大家代表全国人民的致敬，措辞文雅地予以拒绝。

泰戈尔做出如此的反应是一时冲动吗？是否因为队伍里有与他针锋相对的对手？这个谜底至今未被揭开——泰戈尔从未给出解释，当场没有，后来亦没有。拒绝的做法必然引来了反感的评论，但著名的政治家比品在月刊《印度评论》（Hindu Review）上发表文章，巧妙地为他辩护。

---

[1] 苏伦德拉纳特·班杰（Surendranath Banerjea, 1848—1925），印度先驱政治家、民族主义者。

[2] P.C. 罗伊（Prafulla Chandra Roy, 1861—1944），印度杰出科学家、爱国主义者。

[3] 尼拉坦·舍克（Nilratan Sarkar, 1861—1943），印度杰出医师、教育家、慈善家、国货运动中的实业家。

《吉檀迦利》中有九首作于拉姆加（Ramgarh），泰戈尔为避平原暑热曾在这里度过一个月时光。

距离阿尔莫拉七千英尺的拉姆加是一座安静的山中小村，这里对他来说意义非常。这并非是由于泰戈尔在家人及朋友安德鲁斯和律师、诗人兼音乐家阿图尔普拉萨德·森的陪伴下度过了一段愉快的日子，而是源自泰戈尔写的有关这段日子的一封信。这封信里谈的不是晴天好日、毕现的喜马拉雅山的壮观景致、优美的花园和兰花，或上门来请他看病的淳朴村民（当地的邮政局长当真以为泰戈尔是名医生）。泰戈尔的儿子说父亲在拉姆加尝试用顺势疗法疏通自己的心理。但信里透露出一种沮丧之情，因忽视了家人、学校、农场而感到自责，因死亡将至而感到恐惧，甚至还有自杀倾向。这封从拉姆加回来写给儿子的信上没有写明日期。泰戈尔曾患神经痛，连着耳部也有强烈痛感。医生给他开了止痛药，他便把自己在拉姆加的抑郁情绪当作药的副作用。他感到死之迫近，同时受到满腔怀愧的折磨，认为自己未能实现理想，认为自己控制过度导致家内横生枝节。同时，他也明白这些症状将会过去，他可以恢复。儿子虽没有注意到父亲行为上有任何抑郁的迹象，但看了父亲给安德鲁斯的信以及安德鲁斯对此的解释后，他认为当时泰戈尔正经历一些内心动荡。《吉檀迦利》里作于拉姆加的几首作品也许没有体现出这种动荡，但同样作于拉姆加的三首长诗的确显示出他灵魂的不安。安德鲁斯认为泰戈尔预感到了将爆发的世界大战——而且无论这观点听起来多么牵强，泰戈尔本人是接受的——他经历过黑暗时刻。也许那些不是对大战的预感，但他的确遭遇了好几次精神紧张。相关的诗包括《鸿雁集》里的第二首（作于1914年5月19日）、第三首（作于1914年5月20日）以及第四首（作于1914年5月26日）。第二首和第四首当即就有了英译版，并被寄给罗森斯坦，发表在伦敦的报纸上。第二首的英译版《是否来的是毁灭者？》最终收录在《歧路》（Crossing）中，第三首《号角躺在灰尘里》收录在《采果集》中。1914 年 7 月 28 日，第一次世界大战出乎世人意料地爆发了，英国在 1914 年 8 月 4 日正式参战。

《妙曲集》里自省式的诗歌作品逐渐地倾向于着眼世界和社会的大背景。整体而言，《鸿雁集》可看作明确新眼界的一个节点。由卓越的散文作家、泰戈尔侄女英迪拉的丈夫帕玛塔纳特创办的文学杂志《绿叶》开始发行，这也可能促使了变化的发生。这本杂志的宗旨是扫除孟加拉文学里压倒一切的感伤主义，奉扬理性。自杂志发行后的九个月内，泰戈尔每个月在杂志上发表短篇小说作品，之后还追加了三篇。这些小说在前文提过，就是泰戈尔所说过于条理分明、有损清奇之妙的作品。

萨罗吉尼·奈杜回忆泰戈尔热

有一天，我正经过布达佩斯的一家医院，我想那是一家外科寄宿医院。那里排列着许许多多床位。大家知道我来了，纷纷把手伸到枕头底下拿出一本书，每个人嘴里都说着泰戈尔、泰戈尔、泰戈尔。这本书是新出的一本泰戈尔的匈牙利语版戏剧作品。

还有一年，我在斯堪的纳维亚半岛过冬。大家知道诺贝尔文学奖就是从瑞典颁发给泰戈尔。所以可想而知，瑞典到处可见泰戈尔，而那位早在英国对泰戈尔有所耳闻前就翻译过《吉檀迦利》的瑞典女士曾是接待我的房主……直到继续前往挪威途中，穿过星星点点几处农舍所在的挪威山坡之间……在这些与世隔绝的农家里，牲口在休养，有大概半年时间除了极夜什么也没有——就是在那里，我发现农民家庭——一群整个冬天靠储备度过极夜时期的乡下人，也读着泰戈尔的文集……

《吉檀迦利》出版时，我恰巧在英国。我敬爱的友人、现代伟大的爱尔兰诗人威廉·巴特勒·叶芝读《吉檀迦利》英译版时简直是狂喜。他为之神迷，认为诗里有一种伟大讯息，暗含着希望，而心生惆怅、灵魂失落的人已为这种希望久候多时。1913 年泰戈尔来到英国时，留着大胡子和长头发，一袭长袍，赏心悦目，阴冷的伦敦到处因他诗歌的光芒充满热情。我们目睹了五位老妇人并排坐在公车上朗读《吉檀迦利》的奇观，这虽滑稽，但也非常真诚。有趣的场面总在不经意之处被人看到。

（摘自《纪念百岁泰戈尔》①，泰戈尔纪念物出版会，1961 年新德里）

---

① Tagore Century Souvenir.

英文润色轶事

泰戈尔曾请 E.J. 汤普森对自己的英文作品多加指教，而汤普森把这话当了真。他拿着铅笔一番大改，然后 1913 年 11 月 18 日，泰戈尔在圣蒂尼克坦给他写了如下的信：

我希望你我是朋友，你不会错会我的意思。我于你有过错，还请你务必谅解。虽你仔仔细细审阅了我的手稿，这份好意却使我感到窘迫，导致我不能对你坦白——这是我的愚蠢所致，也是可笑的东方思维所致——对此我感到极为羞愧。对《吉檀迦利》里的诗，我倾注了非常私密的情感，所以我自身打磨英文版所得的意趣和一位作家润色作品以待出版的快乐是不同的性质。诗里的每一行一句都应尽量接近我自己，虽然作为母语非英语之人，我需要多下些功夫。在这一情况下，我必须跟随直觉，让诗句在几乎无意识之间迸出，除了外界随性的几句建议，不再受什么阻碍才好。我认为叶芝在编辑我的诗集时遵循的方法是较佳的，他往往选择须费润色之笔最少的诗作，不选相反的作品，哪怕那些也有其出彩的地方。我忽略文字中的粗糙之处是要担重大的风险——《园丁集》里可以找到这方面的证据——但我接下来仍然必须独立完成作品，直到竭尽所能。

153

位于大吉岭的卡斯尔顿乡间别墅，泰戈尔在此创作出戏剧《虚假的游戏》（*Mayar Khela*）。

诗心动荡

在海外久居并获诺贝尔文学奖之后，泰戈尔的内心升起一股焦躁——圣蒂尼克坦、什莱达哈、加尔各答、宿如①（圣蒂尼克坦学校的一个分校区，泰戈尔为了发展农业建设在此置地）、菩提伽耶、阿拉哈巴德、德里、大吉岭、拉姆加、阿格拉、斋蒲尔——1914年泰戈尔在上述多地辗转，且非出于计划，而是情绪所趋。他并不担心自己离开对学校不便，相反，他有意淡化自己，促使老师和其他人员自主行事，不受自己这个创始人兼出资人的指指点点。但是，他还必须考虑学校资金的事。

从诺贝尔文学奖奖金所得利息而来的一部分收入存放在银行里，并专门用于学校运行。但是，由于苏伦德拉纳特和拉辛德拉纳特都不甚精于理财，把存款用到了一些没有效益的事上，因此银行财务管理出了问题。泰戈尔不得不请帕玛塔纳特代为打理。在各地辗转不定之况流露为《鸿雁集》里的骚动不安，从而引出对动静平衡的渴望。

第一次世界大战本已令人不安。在道义上，泰戈尔找不到理由去支持任何将非洲和远东殖民地作为战利品的交战国，但他和英国众作家和思想家有着真诚的友谊，这群人需要抵抗这次大战的最强冲击。1914年9月3日，来自旅居孟加拉的剑桥大学教授安德逊的一封似乎并不起眼的信中写道，战争对世界的破坏可见一斑，他和泰戈尔当时惯用孟加拉传统诗体进行书信来往：

① 宿如（Surul），集中了农学机构的斯里尼克坦校区就在该地区。

自从我上次写信给你，剑桥遭受的变化——世界的变化，多么巨大！你熟悉并心爱的宁静的草地和花园……如今遍布医院的帐篷……造成如此后果，皆因那些愚顽邪恶的德国教授、史学家、哲学家的思想教导，如尼采、特赖奇克，还有蒙森、奥伊肯之流……恰在大战爆发前，我寄了《吉檀迦利》给吉尔松女士，一位德艺双馨的比利时作家……她答应把你的诗集呈给梅特林克[①]。然而，可怜的比利时人，此时已不能思及诗歌或哲学了。

8月22日，泰戈尔作了一首诗，即《鸿雁集》中第五首，由他本人英译为《船夫》[②]（"船夫已出航，在夜间横渡汹涌的大洋"），《采果集》中也收录此诗。安德鲁斯一向热衷于寻找泰戈尔诗歌里的象征，他认为船夫所要搭救的女孩是指8月3日被德军攻陷的比利时，正是此事迫使英国参战。由前文可知，船夫和诗人的灵魂本是反复出现在泰戈尔诗歌中的意象。然而，泰戈尔本人也同意了安德鲁斯的美化之词！

美国尚未参加战争的第一阶段，泰戈尔的作品在那里一路畅销。《普拉西比》援引麦克米兰美国分公司的乔治·布雷特之言，说当时诗歌在所有文学作品中最为畅销，泰戈尔和丁尼生的作品销量已经持平。《园丁集》已卖出十万册（据《普拉西比》1914年7月报道）；洛杉矶的一家书店竟卖出了五百册《园丁集》。次月，该刊又报道《吉檀迦利》已卖出八万册。这些奇高的销量数据显得如此反常，看到报道的泰戈尔相信自己受到了麦克米兰公司的利用。真相确实如此，同意为泰戈尔做文学代理人的斯特兰韦斯也因反感放弃这一工作。给麦克米兰公司指导方向的有太多中间人，包括罗森斯坦和安德鲁斯，加上泰戈尔本人，于

---

① 莫里斯·梅特林克（Maurice Maeterlinck, 1862—1949），比利时剧作家、诗人、散文家，1911年获得诺贝尔文学奖，被誉为"比利时的莎士比亚"。

② *The Boatman.*

是情况变得十分混乱。麦克米兰公司出版《暗室里的国王》后的狼狈处境一定程度上也是由此导致。作品销量在战争肆虐的欧洲国家减少的同时，在美国的情况还不算糟。泰戈尔提出要求修订条款时，乔治·布雷特欣然提供了从 1912 年到 1916 年 4 月 30 日的销量数据，并同意在 1916 年 11 月支付销量收入的 15% 作为版税，且自 1917 年 5 月起提高到 20%——此前泰戈尔在美国的版税是 10%。根据布雷特提供的数据，1916 年 5 月到 10 月，泰戈尔的作品售出 15875 册——泰戈尔的美国之行促使当时的销量走高。七个月后，布雷特通知泰戈尔，欧洲的战火正影响文学作品销售，他不得不推迟出版泰戈尔的新书。

为了给《绿叶》供稿，泰戈尔写了两本小说——《四个人》（*Chaturanga*）和《家庭与世界》，二者的主题完全不同。泰戈尔原本计划将《四个人》写成长篇，但最终将其完结为一部中篇小说，于 1914 年连载发表。那是在泰戈尔连续为该杂志贡献了七篇文章之后。《家庭与世界》作于 1915 年、《四个人》完成仅一月后。两本小说都是采用抒情散文风格，但一本是书写玄妙的精神困境，另一本则关于政治。

写小说以满足杂志供稿之需，这几乎是世界各地都有的情况。而泰戈尔的所有小说，除一本外（《人生四幕》[①]），全部由杂志连载发表——《王后市

① *Char Adhyay*.

泰戈尔像，1914 年摄于大吉岭。

场》发表于《婆罗蒂》；《贤哲王》大部分发表于《弟子》；《蝴蝶之缚》
（Prajapatir Nirbandha）曾在《婆罗蒂》上以《独身者协会》的标题连载；
《眼中沙》和《捣毁的巢》发表于《孟加拉之境》；《戈拉》发表于《普
拉西比》；《纠缠》（Yogayog）发表于《独特》（Bichitra）；《最后
的诗篇》发表于《普拉西比》；《两姐妹》和《花圃》发表于《独特》。
在泰戈尔去世后，后三部作品及《四个人》经过翻译发表，而开头三部
作品从未出过译文版。《眼中沙》由苏伦德拉纳特翻译为"Eyesore"，
并于 1914 年 1 月至 12 月发表在《时代评论》上，但麦克米兰公司没
有将其集合出书，外国评论者也没有对其给予关注。J.D. 安德逊虽曾于
1913 年 7 月在《亚洲评论》上发表过书评，但他评论的是孟加拉语版本，
这部源语作品因对女性心理的深刻探究的确在孟加拉引起了轰动。1921
年，《沉船》（Naukadubi 或 The Wreck）经英属印度政府公务员 J.G. 德
拉蒙德（Drummond）翻译。德拉蒙德私下并不认识泰戈尔，但他曾将译
文寄给泰戈尔询问意见。在所有泰戈尔的译文版作品中，《沉船》的销
量最高，但在孟加拉国内从未大受好评，首先因为其篇幅过长，其次书
中冲突的出现并不自然且人物身份混乱。出版社依一贯对待泰戈尔作品
的作风，绝口未提这是一部译作，书评人因此有些不解，以为是泰戈尔
本人为了让西方了解印度婚姻的神圣感，而运用英文书写，然而其中又
没有谈到风俗、价值观和动机等。《四个人》虽经过翻译，但未得到泰
戈尔的许可。

孟加拉语版的《戈拉》富有史诗般的磅礴大气，被视为泰戈尔最佳
的小说作品。1924 年由培生（Pearson）全文翻译的英文版《戈拉》，然
而其却因伦纳德·伍尔夫 [①] 生拗硬造的评价受到大部分西方批评者的贬
抑。伍尔夫写于 1924 年 2 月 9 日、在《国家》和《雅典娜神庙》（Athenaeum）

---

① 伦纳德·伍尔夫（Leonard Woolf, 1880—1969），英国政治理论家、作家、出版人、
公务员。女作家弗吉尼亚·伍尔夫的丈夫。

泰戈尔和德国出版家库尔特·沃尔夫，摄于 1921 年。

杂志上发表的《汤姆叔叔的小屋》的评论文章里提到《戈拉》内容出彩，书写现代孟加拉面临的社会、政治、心理诸多问题时笔锋得力。1922 年，格奥尔格·卢卡奇 ① 曾把《家庭与世界》说成是甘地写的小说，原来伦纳德同他犯了一模一样的错误。《戈拉》的背景是 19 世纪 80 年代的孟加拉而不是 20 世纪 20 年代，《家庭与世界》则描绘了 1905 年至 1908 年的孟加拉，也不是 20 世纪 20 年代的印度。时光流逝，孟加拉在经历巨变。

---

① 格奥尔格·卢卡奇（Ceorg Lukacs，1885—1971），匈牙利著名的哲学家和文学批评家。

培生曾经询问泰戈尔：小说《戈拉》是否和尼维蒂达修女有关系。泰戈尔给出了耐人寻味的回复。尼维蒂达修女是维韦卡南达的追随者。在（贾加迪什请泰戈尔务必作的）修女的讣告里，他不掩修女的暴躁天性曾使他为此犹豫的事实。二人初识不久，泰戈尔自负地提出请修女担任儿女的辅导老师，被修女断然拒绝。很快，他认识到修女绝不是英国家庭女教师一般的人。她激进地崇拜迦梨女神；她憎恶梵志会信仰；她鼓励孟加拉革命青年参与国货运动。在泰戈尔看来，这些都无法因她为印度所作的巨大奉献而弥补。

她对孟加拉文学有贡献（她编辑或几乎重写了迪内什〔Dineschandra Sen〕的那部孟加拉文学史杰作）；她对贾拉迪什倾力相助，不止为他出版开创性物理学及植物学研究成果寻找资金，甚至为他的研究汇报撰写了第一稿；她不顾印度正统观念为自己的学校招收女童。她身处加尔各答的穷困地区，生活拮据，又要同刻板的基督教士作斗争，同时能决心为印度效力，对此，泰戈尔也很佩服。但他怀疑修女对圣蒂尼克坦大为不满。他反复和爱德华·汤普森说到这一点："她对我和我所做的事非常憎厌，尤其对这里（圣蒂尼克坦），并想设法与我作对。"泰戈尔还怀疑是她劝诫贾拉迪什的侄子奥罗宾多不要再来圣蒂尼克坦。

于是，泰戈尔告诉培生，修女曾来什莱达哈看望过他，他当时给她讲了一个故事，而且"情节和《戈拉》非常接近"。但据说，修女对戈拉由于外族血统遭到崇奉者拒绝

尼维蒂达修女，据说是她促使泰戈尔改写了《戈拉》的结局。

的情节很是愤慨，所以泰戈尔就重写了结局——苏查丽达接受了戈拉。这听起来不可思议。《戈拉》从 1907 年8 月起开始在《普拉西比》上连载，至 1910 年 6 月结束。在近三年的过程中，泰戈尔持续写稿并交稿给杂志按月连载。随着创作的进行，书中情节和人物是根据自身的形势不断变化的。修女在 1907 年 8 月至 1908 年 7 月间都不在印度，因此没有和泰戈尔联系。即使她在泰戈尔动笔之前就听他说了情节，要说泰戈尔不是根据故事发展，而是早在故事成型之前由于一位他并不景仰的女士不相干的建议，就改写了结局，着实太令人费解。

四年后，《四个人》文风凝练，恰对应《戈拉》的曲折道来。这本小说和《妙曲集》是同期创作，泰戈尔在两部作品中均在寻找一条内心的出路，所以两者在这一意义上具有亲缘关系。这部小说形式复杂。在他挚友的观察下，主人公在先理性后感性中寻求真理，随后这种追寻在回归宁静的努力中以失败告终，这位真理的追求者也搅乱了爱恋他的女子的生活。虽然如此，这位好友在波澜动荡中保持了镇定，虽深受影响，但没有屈从于这些人世无常。

泰戈尔和 W.W.培生

《四个人》在孟加拉读者中没有引起任何反响，因为读者曾对《家庭与世界》十分失望。在他们眼里，《家庭与世界》没有正视国货运动。就形式而言，这本小说也采用由三个理念和行为互相冲突的中心人物推动的独白体。泰戈尔不得不亲自解释他想要传达什么，但这并不使每个人心悦诚服。中心人物之一的女人从家中走到了外面的天地，但迷失在

革命的论战里。1919 年，苏伦德拉纳特翻译出英文版，西方读者予以了热情回应，泰戈尔为此感到安慰。福斯特虽然对苏伦德拉纳特的英语表示遗憾，但他同样欣赏小说的优点，叶芝、格雷戈里夫人、罗森斯坦、海赛和布莱希特都予以赞同。卢卡奇将书中反对国货运动领袖以一系列活动提倡使用暴力的角色与甘地混为一谈，尽管他已经注意到书中英国警方不过兢兢业业公事公办而已。1925 年，一位佚名译者复译了《四个人》，将其与一些小说作品随意地收在同一本集子里，没有引起关注。那时西方对泰戈尔的兴趣已经消褪，对麦克米兰公司的出版行为也很不解，因为书上对泰戈尔何时创作了某个作品常没有任何说明。

不只是长短篇小说，泰戈尔此间还写了一部戏剧《法尔古妮》，并自己英译为《春之轮回》发表在《绿叶》上。这部剧曾在圣蒂尼克坦上演，演出非常顺利，但 1916 年 1 月 29 日在乔拉桑戈演出时，歌曲配合不甚默契，反响不如预期。不过，汤普森观看演出后写道：

> 圣蒂尼克坦的学生们在乔拉桑戈大院里进行首演那晚令人难忘，而我是观众之一。布景和少年的演绎——作南风之魂，作竹，以及其他重要角色，还有他们的演唱，对此，言语表达不出我的陶醉之情。演出在音乐和舞台效果上都大为成功。他们把歌曲唱活了。至佳的一点是诗人自己出演了那位眼盲的吟游诗人保尔。

演出这部剧原是为慰劳孟加拉班库纳地区遭受饥荒的人民。这一目的顺利达到了——满场都是观众。然而，报刊评论并不那么热烈。这次，失望的汤普森写道：

> 我昨天看到他，我们一同返回班库纳。但他充沛的精力耗尽了。当他情绪高涨时，他的活力就像魔力，但这种力量会突然彻底地消

尽管偶有不快，泰戈尔从不拒绝留影。

沉下去。媒体开始关注，他面对好坏不一的剧评感到丧气，两天后，他到了崩溃的边缘。他取消了所有安排，从加尔各答逃回什莱达哈的野鹤闲云里去休养了。

在泰戈尔蜚声国际后，圣蒂尼克坦就成了旅游胜地。哈丁总督通过授予泰戈尔大学学位一举，多少促使受孟加拉革命青年暴力活动不断扰乱的警方放松了一直以来对泰戈尔的怀疑。1912 年至 1917 年在任的孟加拉总督卡迈克尔勋爵（Lord Carmichael）于 1915 年 5 月 20 日到此访问。从此，所有孟加拉总督都认为访问圣蒂尼克坦是任上必须的传统，但这却打扰了那里简朴的生活。1915 年 6 月 3 日，泰戈尔被授予爵士头衔。一位好友对他表示祝贺时不忘提到："以往受到刑事调查部骚扰，如今有爵位在身，这充分体现政府政策的转变。"然而结论下得过早。政府高层如此看重泰戈尔，倒使警官们增强了憎恨情绪，这很快就令他十分头疼。

诗兴抵游兴

1914 年 10 月，泰戈尔到了伽雅，一个陌生人介绍自己是当地农场主的经理，并问泰戈尔是否愿意去正觉山（Barabar Hill）一游，那里素因佛教洞窟闻名。泰戈尔本就热衷于修习佛学，他有意要去，但路途颠簸，他能经得住吗？经理让他放心，说是没问题。他会在离伽雅两站的贝拉（Bela）给泰戈尔安排轿子，等他从贝拉乘轿到了正觉山脚下会有支起的帐篷，还会派承办酒席的人送去点心——总之，诗人只要坐火车去到了贝拉，一切交给经理便好。

与泰戈尔同行的有小说家及追随者查鲁钱德拉·班迪奥帕德耶、艺术家及友人阿西特·库马尔·哈达尔（Asit Kumar Haldar, 1890—1914）、一名随从，以及另两位先生。大家跟着经理到了贝拉火车站，但没看到轿子。部分人先行坐着大象到了正觉山，吃了经理带的一些水果，体力恢复了一些。泰戈尔则在贝拉站等了又等，仍不见轿子来。于是，经理出发去找没见着的轿子，且一直没回来。最终，和泰戈尔一起等轿的一位随行者成功从附近村子里找了两抬轿子。

先来的队伍到了正觉山后发现这是一片正午烈日炙烤下一望无际的不毛之地。帐篷也不见，更不消说送来点心。后面的轿子还要晚些来，所以先头部队利用这段时间参观了龙洞。仍然不见泰戈尔的轿子。等到饿了起来，他们把水果分着吃——最年长的查鲁拿了一个梨和一根香蕉留给泰戈尔。终于，泰戈尔的轿子到了。他到山脚孤零零的一棵树下休息。知道同行者已经参观完龙洞后，他说自己太累，没有看龙洞的兴致了。

他吃了香蕉却没吃梨子，说自己太老咬不动了。大家一起进村里找食物，诗人还嘱咐查鲁，要是找到了什么，也别忘了分一点给仆从。虽然找到了一些吃食，但大家不愿意让泰戈尔吃这些粗淡甚至发臭变质的食物。于是，一群人疲惫地回到了贝拉站。此时已经天黑了。他们等着火车回伽雅。泰戈尔在月台上上下下——他没有梳洗，没有吃饭，筋疲力尽，面色苍白，同行者都不敢靠近。过了一会儿，查鲁走到泰戈尔身边，他发现查鲁在身后，说道："今世逃不过要在艰苦里磨砺。"然后接着谈话。查鲁后悔自己没有录下诗人的言论，这比他曾听泰戈尔在学校早祷晚祷上说过的还要精彩。车还没来。查鲁从候车室里搬来一张椅子放在站台上。其他火车上的乘客通过窗户看着这位非同一般的人物坐在月台上。他是位农场主、王室还是高僧？查鲁想着，他集这三者于一体。如此扫兴的旅程却使泰戈尔创作出四首在他全部诗歌作品里都让人奉为瑰宝的诗。谁能置信这些诗竟源自游兴全无时的愤懑和失望。诗人自己翻译了其中三首。

"动身总是为了见你。"（《采果集》第十三首），作于诗人等待经理找轿子时。

"有一日我将看到内在的生命。"（《采果集》第二十一首），作于从正觉山乘轿折返时。

"一路上的同伴／这是我的伴手礼。"（《歧路》第七十八首），作于回伽雅途中。

出版德语版《吉檀迦利》

关于库尔特·沃尔夫（Kurt Wolff）到底如何出版的德语《吉檀迦利》，这个故事有很多版本。沃尔夫自己描述如下：

我记不清（这是沃尔夫在出版五十年后的回忆）谁向我提到有位叫罗宾德拉纳特·泰戈尔的印度诗人有本诗集刚在伦敦出版了，这些诗风格独特，似乎也非常利于翻译。我想有可能，甚至极有可能是弗兰兹·布莱（Franz Blei），因为他总在探访发现人才，在这方面感觉也异常灵敏……我当时想问问这本书以及德语翻译版权的情况也没什么坏处。这本诗集的名字就是《吉檀迦利》。书寄来了，我也得知还没有德国出版社询问版权的消息。之后呢，不得不叹息，这本书就深受出版这行常见恶习之害，它被四处放了好几周才有人开始看一眼。我作为出版人，不幸未能先读一读，因为我当时才二十六岁，对英文读写不通……我们把《吉檀迦利》寄到读者手里，和往常很多时候一样，他们的评价天差地别，意见各半。

"我们德国的吕克特[①]写印度的诗比这更能启发人"，一位读者如是说。"这些优美的诗句非常精致，极富创意，带有东方抒情诗那种简朴的特质"，另一位读者如是说。第三位读者反馈道："这些根本不算诗，而是升级版散文……我强烈建议不要出版。"

短暂犹豫之后，我决定同意出版，尤其是考虑到大家都认为没有翻译困难，因为诗没有押韵或采用复杂的格律。之后，极为意外的消息更坚定了我出版此诗集的决心，泰戈尔先生获得了1913年的诺贝尔文学奖，

---

① 弗里德里希·吕克特（Friedrich Ruckert，1788—1866），德国诗人、翻译家、东方语言教授。

这甚至在德语版发行之前。

　　以上这段广播的忆述由马丁·卡姆普申（Martin Kampchen）在《泰戈尔在德国：给文化偶像的四种回音》①一书中引用，且从沃尔夫的日记和信件来看，他的说法应该属实。但马丁说，这一故事的其他版本倒也十分有趣。威利·哈斯（Willy Haas）是沃尔夫出版社里的一名编辑，他于1971年在德国一份每日新闻报上发表了关于此事的文章。哈斯称，当泰戈尔获得诺贝尔文学奖的消息传到社里时，他在现场。当时沃尔夫问："是不是我们收到过他的一本诗集？译稿在哪里？找来我看看。"哈斯写道：

　　大家找来找去，没人能找到。最终我们发现手稿已经有人读了，但被社里一位主编退稿了。就在一个小时前的最后一批邮件里寄出了。

　　沃尔夫毫不犹豫地奔向自己的车，开往邮政总局。他去了大概一小时后，手夹着手稿，把它带回来了。令人惊诧的是，在邮局局长的监理下，他竟然成功在堆成山的晚间邮寄件里把手稿找着了。推测来看，这只可能因为他私下和局长认识。

　　手稿被打开时办公室里弥漫着紧张感。读了几页之后，大家对拒稿的编辑表示认同。确实是挺不出彩的文笔。但沃尔夫有着出了名的好运气，他原先就认识这位译者。他打电话给她说可以接受手稿，但必须经过修改，而且他很可能马上就和她谈妥了版税的问题。

　　卡姆普申写道，沃尔夫于八年前去世，也就是说，沃尔夫没法和哈斯就这个事来进行对证了。

---

　　① *Rabindranath Tagore in Germany： Four Responses to a Cultural Icon.*

泰戈尔醉心读书。

反对物质主义和民族主义

　　泰戈尔的动荡心绪（如其对罗森斯坦所言）和游走四方的冲动（如其对汤普森所言）在克什米尔之行后愈加强烈起来，此行激发他创作出《鸿雁集》中有名的第三十六首诗，诗人自己英译为"When like a flaming scimitar the hill stream has been sheathed in gloom by the evening"[①]（《游思集》第三章第二十九首）。这首诗的结尾写道：

　　　　我觉得在我自己的身体里，有越过海洋的鸟儿振翅疾飞的那种力量，在生与死的界限之外划出了一条道路，而在这时候，漂泊的世界以众口纷纭的声音喊着，"不是这里，在别的地方，在迢递的远方的心里。"[②]

　　泰戈尔已许久怀有前往日本的愿望。但 1916 年的日本已和 1905 年时的日本，或者说冈仓觉三笔下的日本迥乎不同。在信中，他向罗森斯坦直言，日本加入战争同盟国并入侵他国、掠夺土地的行为预示着日本也许正打算出兵侵略印度。不过，日本友人和出版界都一致盛邀泰戈尔。他给木村先生（R.N.Kimura, 1882—1925，泰戈尔出资请他为自己筹备赴

---

　　① "当山溪像一把光芒闪烁的弯刀，被黄昏插入了暮色的刀鞘"引自汤永宽译《游思集》，上海译文出版社 1981 年版，第 104 页。

　　② 译文出处同上，第 105 页。

1916 年，在仰光参加接待会。

泰戈尔在《朝日新闻》创办人村山龙平府上参加茶道接待会，1916 年摄于日本。

日之行）写信说：

　　我想要了解日本在现代社会下的外部生活方式，以及日本以往的传统精神。我还想在日本文明中寻索古印度的痕迹，如可，一并

170

希望对日本文学领略一二。相信您能对我多有襄助。请您一定在此行中使我能免于各类邀约、接待会及正式会议带来的压力。

然而，泰戈尔不得不推迟了出行计划。一是由于农场上地租大减，二是由于战火殃及西孟加拉邦的黄麻出口，来自那里的众多学生变得衣食难济，三则由于家事上也生枝节——住在乔拉桑戈的两个女儿你争我吵，导致长女离开乔拉桑戈，再也不回来。最终，泰戈尔只得自己赴日，但还是缺少旅费。

钱的问题最终也得以解决。纽约的基迪克代理公司（Keedick Agency）发出邀约，请他去美国办巡回讲座，讲满40场，每场讲座报酬250美元，此外，该公司还会付2000美元报销交通费用。如果泰戈尔同意，基迪克一方将着手安排日程和讲座。但泰戈尔拒绝了。安排行程的事，他希望顺自己的心意。再者，他可没准备好一口气进行40场讲座，让

1916年，泰戈尔在日本Karnijaoa的女校。

自己显得廉价。另一家讲座联络社的詹姆斯·庞德（James Pond）给他发出了具有同等优越条件的邀约，且这家公司是经麦克米兰出版社的乔治·布雷特担保。于是，泰戈尔签署了协议，动身前去美国，途中在日本停留了三个月。

1916 年 5 月 3 日，泰戈尔乘船前往日本，经停神户和大阪，6 月 5 日抵达东京。这日，多达两三万群众一同迎接了这位为亚洲斩获诺贝尔文学奖的诗人。但到了 9 月 3 日，泰戈尔乘船去美国时，码头却只见少数送行者。

日本所见的泰戈尔不孚众望，而泰戈尔所见的日本却非梦寐以求。木村无能为力。泰戈尔被记者纠缠得失去了耐心。在 6 月 1 日，泰戈尔对着三千跪席而坐的听众发表第一次演讲《印度与日本》（India and Japan）。日本当时最具影响力的报纸《东京朝日新闻》[①]报道了这次演讲，标题为《泰戈尔大斥文明》（Tagore Curses Civilisation）。到 6 月 11 日，泰戈尔在东京帝国大学发表第二次演讲《印度对日本的启示》（India's Message to Japan，修改后作为《民族主义》的第一章《日本的民族主义》）。讲座中他并没有抨击日本对中国实行的侵略政策或日本人的物欲野心，他批评的是西方物质主义给日本带来的厄运：

泰戈尔在日本。

从欧洲大地上兴起，如今又如某种疯长的野草在全世界肆意蔓延的政治文明，其根源在于排

---

① 即今《朝日新闻》。

外的思想……它引着人们弱肉强食、自相残杀，它拿其他民族的物
产养活自己，并谋图狼吞这些民族的一切未来。

罗曼·罗兰认为，这篇演讲可谓人类精神的一块里程碑。诗人野口
米次郎 [①] 也认可泰戈尔的警醒。但总体而言，日本人可以感到这些含蓄
的批评是在针对他们。1916 年 7 月 2 日，泰戈尔在庆应大学发表第三次
演讲《日本精神》（ The Spirit of Japan ），其中他谴责日本狂热效仿西
方的做法，连穿着、学校建筑和家居装饰都盲目模仿。这一篇演讲成为
《民族主义》中《日本的民族主义》第二部分。至此，泰戈尔想早点离
开日本，但庞德要他推迟一阵。因此，他和研究院的女学生一起愉快地
交流了几天，这些学生正在山上组织夏令营，大家读着泰戈尔的诗歌，
一起讨论宗教问题。他也和冈仓觉三的遗孀及女儿会面了几日。他喜欢
日本绘画和舞蹈，但不太喜欢日本音乐。在日本，有人请他题赠手稿时，
泰戈尔曾写下一些短诗，后来便和其他诗作一起收录在 1916 年 11 月版
的《飞鸟集》中。

在 1912 年 10 月到 1913 年 3 月，泰戈尔在美国待了五个月。乌尔
班纳的阿瑟·西摩（ Arthur Seymour ）及妻子梅斯·西摩（ Mayce
Seymour ）组织了一小群泰戈尔的拥护者，后来被称为"泰戈尔会"（ Tagore
Circle ）。阿瑟将泰戈尔介绍给伊利诺斯大学的诸位教授。乌尔班纳一
神论者学会（ Unitarians of Urbana ）还邀请他朗读了四篇文章。泰戈尔曾
在《诗歌》（ Poetry ）杂志上发表六首诗作，该杂志主编哈莉特·门罗
（ Harriet Monroe ）邀其前往芝加哥，并且把他介绍给一位富有的孀妇哈
莉特·穆迪（ Harriet Moody, 1857—1932 ）。此后，泰戈尔和穆迪夫人
的友谊就如一缕金线，牵引了泰戈尔到访美国各地的旅行。

---

① 野口米次郎（ Yonejirō Noguchi, 1875—1947 ），日本诗人，其父为日本人，
其母为美国人。

1916 年，泰戈尔在日本。

1916 年至 1917 年，泰戈尔在美国为期四个月的行程非常紧凑，他必须四处奔走举办讲座，为学校筹集资金。每一场都座无虚席，听众大多是女性——这是美国批评家们往后总不忘提及的一点。他一上台，场面就已蔚为壮观，"诗人气质十足的一位诗人"——由于这一形象受到广泛报道，泰戈尔的样貌已在美国上下无人不知。但庞德过分曝光泰戈尔也带来了消极影响。戏剧《花钏女》在德国上演一事使人误以为参战的德国人想赢得印度人的好感。美国大大小小新闻报纸标题耸人听闻地写着一伙印度人正预谋杀死泰戈尔，其中包括著名革命分子哈尔·达亚尔（Lala Har Dayal, 1884—1939），他于 1913 年创立了太平洋海岸印度斯坦人联盟（Pacific Coast Hindustani Association），该联盟也因其乌尔都语宣传媒介《起义》（Gadar）被称为"起义团"（Gadar Party）；还包括 1916 年正任该组织领导人的拉姆·钱德拉·巴拉德瓦吉（Ram Chandra Bharadwaj），他曾愤然给美国报刊投稿了两封信，痛批泰戈尔竟鼓吹反民族主义，他认为正当印度为自由而战之时，这会让帝国主义者有机可乘。1916 年 10 月 5 日，于泰戈尔在旧金山下榻的酒店前，起义团的两名成员与前来拜访泰戈尔的锡克教教授及其两名同行者起了冲突。拉姆·钱德拉否认起义团预谋暗杀泰戈尔，但美国警方小题大做，不管泰戈尔去哪儿总要派人保护。泰戈尔无奈之下，在报纸上发文澄清所谓印度人想谋杀他的消息是荒唐无稽的谣言。

在美国东南西北部各地，泰戈尔发表了 20 场名为《民族主义迷信》（The Cult of Nationalism）的演讲，尽管此时美国尚未参战，他的主张却激怒了美国人。泰戈尔来到西海岸时，美国人对他的指责之声达到了顶峰。不管泰戈尔是否感到恶意袭击，他公开宣布中止讲座，尽管这些讲座总是挤满了听众，也没有异见分子出现。且这对他意味着财务上的莫大损失。

泰戈尔的身体已感到累乏，精神更加疲惫。1916 年 10 月 4 日，他

1916年，泰戈尔前往美国途中。

给哈莉特·门罗写信道："我现在就像马戏团里表演的狮子。"他也受够了记者随意的不实报道。1916年11月9日在底特律，他忍不住对一名记者讽刺道："我常好奇有些报纸到底为何派人来见我，他们只要派个记者坐到打字机前对我会说些什么发挥下想象力就好，这样既省时间又少麻烦。我说，费如此多工夫来做一次访谈，其中除了我的名字和酒店的名字外没有真事，这根本不是美国讲求效率的地道办法。"

有此缘故，也就不难理解《落基山新闻报》（*Rocky Mountain News*）1916年10月17日的报道了——泰戈尔被问到美国有什么令他印象最深刻的奇人奇遇，他讽刺地答："美国新闻记者"。

1916年，泰戈尔在乌尔班纳的伊利诺斯，与伊利诺斯大学的环球俱乐部（Cosmopolitan Club）成员合影。

一边贬低美国的贪欲，一边通过讲座挣钱，泰戈尔自己也未曾意识到这种荒诞之处。他不得不接受明尼阿波利斯《论坛报》（Tribune）在1916年11月15日的专栏里说他是一位"最精明的商人"，说他每训斥美国人一次得七百美元，每劝诫美国人一次又得七百美元。尽管如此，整体来说，泰戈尔的第二次美国之行非常成功，不仅因为解决了财务之困，也因为第一次访美时的泰戈尔"热"已经变成了泰戈尔"迷"。大力吹捧之势终究盖过了尖锐批评之声。

1917年1月17日，泰戈尔离开旧金山返回印度。1916年11月，他见证了民主党候选人伍德罗·威尔逊赢下加利福尼亚州，最终成为美国总统。作为秘书陪同泰戈尔访日和访美的培生写信给原本同在日本，但三个月后事先回去的安德鲁斯，谈起威尔逊在加利福尼亚州的胜利。他认为这次出乎意料的胜利受到了泰戈尔反对民族主义迷信的演讲之影响。泰戈尔曾于六周内在加利福尼亚州各大城市发表演讲，反斥军国民族主义，威尔逊也致力于让美国置身战事外。

培生兴许对导师泰戈尔过誉，但11月19日的《纽约城太阳报》（New York City Sun）的确也写到泰戈尔很高兴威尔逊成功连任，因为他认为威尔逊是位有理想的人，泰戈尔还读过威尔逊的几篇演讲和文章，并且十分欣赏。他虽没有机会像第三次访美时面见胡佛总统那样见到威尔逊，但在2月9日，他发电报给布雷特表示：如予同意，他想要把《民族主义》题献给威尔逊。然而到了4月6日，美国旋即宣布参战。威尔逊通过顾问回复布雷特：

> 恳请您转告R.泰戈尔爵士，我对他有心相献所含的美意满怀诚挚的感激，然则亦有遗憾之情。如我依他所请，似乎不太明智。并非我对他书中雄辩所持的主张乏有赞同，而是此时我不得不将国际局势一一考虑，并且完全站在机智和谨慎的一边。

　　实则，英国在美的特派联络人员早已建议威尔逊不要同意泰戈尔的请求，因为他在美国已"同印度革命分子有些干系"，这些革命分子正和德国共谋推翻英国在印统治。印度警方官僚则想尽办法中伤泰戈尔。于是，1917 年 9 月出版的《民族主义》最终题献给安德鲁斯。收录在美一系列演讲的《人格》（Personality）一书同样献给了安德鲁斯，并于 1917 年 5 月出版。往前至 1916 年，《鸿雁集》题献给了培生。

　　泰戈尔回到了动荡不安的孟加拉。英国丝毫无意放松对这片殖民土地的控制，乃至 1917 年 7 月，孟加拉境内 99 人被捕入狱，更有 705 人未经审判就遭到关押。正是在此局势下，泰戈尔发表了后由苏伦德拉纳特翻译为《卑劣与伟大》的演讲。他为同胞发声而涉及的政事之前已有提及。1908 年以来，由于多重原因，他和国大党之间的联系本已断绝，但 1917 年他再次被卷入政治。

　　安妮·贝赞特因领导地方自治运动 ① 在马德拉斯被拘，这一事件促使泰戈尔在拉姆莫汉图书馆（Rommohun Library）向受邀听众以及在阿尔弗雷德剧院（Alfred Theatre）向平民大众发表演讲。演讲虽是针对政府，但更多指向那些因社会弊病和宗教残余致使内部分化的同胞们。在惠灵顿广场举行的国大党会议上，泰戈尔高颂"印度的祈祷"（India's Prayer）作为开场："你把生活的权利给了我们"（《泰戈尔诗选》第六十一首）。第一天的会议以大合唱结尾，这首歌后来由泰戈尔英译为《泰戈尔诗选》第五十九首："你的召唤传遍世上所有的国家"。1917 年参加国大党会议的代表人数也达到了历史最高——将近五千人。

　　提拉克为地方自治运动募集了资金之后，曾给泰戈尔寄去五万卢比，请他在美国为印度寻求支持。泰戈尔有意答应，但还是把钱退了回去——

---

　　① 印度地方自治运动（Indian Home Rule Movement）同爱尔兰地方自治运动及其他地方自治运动联动发起，历经 1916 年至 1918 年两年，为印度上层受教育人士加入由贝赞特和提拉卡领导的独立运动搭建了舞台。

因为这钱是为政治活动而募，但泰戈尔却不能发表政治演讲。提拉克稍后向泰戈尔说明他无须发表政见演讲，只须让美国知晓印度为之奋斗的事业即可。然而，做好准备只身前往澳大利亚和再访美国的泰戈尔突然被迫取消相关计划。一切皆因印度警方过度活跃。此时的印度警方诡计

1916 年，泰戈尔与友人于日本奈良的一所寺庙前。

五十六岁生辰时，泰戈尔在乔拉桑戈　1921年，泰戈尔在法国斯特拉斯堡。
的比特奇拉大会堂。

多端，使泰戈尔卷入美国旧金山的阴谋活动案件中。

　　"一战"爆发之际，印度的革命人士向敌人的敌人德国寻求援助——德国则迫不及待双手奉上武器和钱财相助。于是，一位称为钱德拉坎特·查克拉瓦蒂博士的人携巨资被派往美国。而他同时被美国警方和英国情报人员盯上了。之后，起义团领导人拉姆·钱德拉和这位查克拉瓦蒂博士同一众在美国各地活动的同志被捕。革命人士间缺乏配合，导致拉姆·钱德拉在法庭上受到自称革命分子的人告发，当场中弹死亡。1918年4月23日，审判结果公布——所有人因数种罪名被全部收监。这对被疑为双面间谍、要私心独吞德国援款的查克拉瓦蒂博士来说，倒算轻罚。此案便是当时著名的印德间谍案（Indo-German Conspiracy），或称旧金山间谍案。在起诉过程中，这位博士声称泰戈尔曾来美国为他们的计划活动。此言一出，四处便有新闻报道，培生因此抗议如此妄言陷害。得知这些消息的安德鲁斯和孟加拉总督的私人助理古尔利（W.R. Gourlay）会面，他给安德鲁斯看了所有在日本和美国关于检举泰戈尔的剪报内容。泰戈尔本人写了一封长信加电报给美国总统，声称自己不应受此种诬陷。然而总统没有回复。美方官员虽进行了一些调查，没有听信书面控告，但也没有依礼向泰戈尔说明美国官方认定这些控告实属刻意中伤。于是，泰戈尔取消了赴澳和赴美的行程。

祸不单行。安德鲁斯和培生在日除此事以外，和在美国陪同泰戈尔时同样时刻受到监视。安德鲁斯中途从日本回了印度，但培生却没能从美国返程，后来他待在日本，再往后到了中国，因 1917 年 9 月所写的反英小册子《为了印度》（For India）被捕——这本册子在印度立马被禁。他被引渡到英国，并遭拘禁。泰戈尔写信给新任总督切姆斯福勋爵（Lord Chelmsford）为培生求情，但没有成功。直到战后，培生才被释放。

1919 年 4 月 13 日，札连瓦拉园屠杀案（Jallianwala Bagh Massacre）[1]发生，泰戈尔较晚得知了这一消息，他寄予英国统治者的希望进一步破灭。由代理总督迈克尔·奥德怀尔（Michael O'Dwyer）统管的旁遮普邦遭到的镇压实在过于残忍。随着"一战"结束，1915 年颁布的《印度国防法》被废除，取而代之的是俗称《罗拉特法》（Rowlatt Act）的《无政府主义者和革命反动分子刑事法案》（Anarchical and Revolutionary Crimes Act）[2]。后者比前者的严厉程度有过之无不及。甘地发起了他的"非暴力不合作"运动；全国掀起罢工潮；手无寸铁的抗议人士在德里被射杀；甘地也被禁止进入德里和旁遮普地区。到 4 月 13 日，约有一万人，其中大多为农民，聚集在阿姆利则的札连瓦拉园，他们事先不知政府明令禁止大规模聚众。代尔将军（E.H. Dyer）下令关闭园里的唯一出口，

---

① 也称阿姆利则惨案（Massacre of Amritsar），发生于 1919 年 4 月 13 日。为抗议殖民当局专横暴虐，约五万人在阿姆利则市札连瓦拉园举行集会，此次集会属于和平示威，但英国殖民军队及其率领的廓尔喀士兵却残忍地将唯一的出口堵住，向手无寸铁的示威群众进行扫射屠杀。

② 该法案于 1919 年颁布，由在印英国法官 S.A. 罗拉特为首的委员会起草，故名。

1921 年，泰戈尔在德国。

朝群众开枪。据官方公布，此次死亡人数达 379 人，而传闻却是千人以上。以上所有事件在报纸上传出后，泰戈尔委托安德鲁斯到甘地处，表明自己愿同甘地一起进入旁遮普。甘地未作回应。泰戈尔又请孟加拉领袖奇塔兰詹·达斯①召开会议以示抗议。奇塔兰詹建议泰戈尔单独带头发言。满腔愤慨的泰戈尔向切姆斯福发出了那封著名的信，声明放弃爵士头衔。

这封信落款日期是 1919 年 5 月 31 日。切姆斯福对着泰戈尔的声明书不知如何是好，于是向国务大臣蒙塔古询问意见，他的想法是，他会写信给泰戈尔说自己无法帮他摆脱已授的头衔，因此也未打算向英王陛下作此提议。乔治五世和蒙塔古都点头同意按此处理。泰戈尔也相应接到了回音。印度的英国报刊对英王的怠慢已充满义愤，当地报刊更是对此极为不悦。即使是当年举行的国会会议也认为放弃头衔之请不值得拿去讨论或裁决。数年后的 1925 年 12 月 5 日，甘地还在《年轻的印度》上名为《诗人与纺车》（ *The Poet and the Charkha* ）的文章里称泰戈尔为"泰戈尔爵士"。而《现代评论》的主编拉马南达·查特吉则拒绝如此称呼泰戈尔。来自孟买的一位孟加拉学者写信给拉马南达，告知他麦克米兰公司仍在其出版的泰戈尔作品中使用相关称法。拉马南达回复说，近期书籍已没有使用了。为了平息争议，泰戈尔在《现代评论》上发表公开信，申明自己正因珍视爵士头衔，所以在政界领袖发起合乎情理的抗议却遭到压迫时，选择放弃这一头衔。在这封长信结尾，他说道："……我不愿任何头衔加诸名上，绅士也好，大人也罢，爵士或者博士，或阁下，哪怕是最平常的先生。"②

---

① 奇塔兰詹·达斯（Chittaranjan Das，1870—1925），印度独立运动时期的自由斗士，政治活动家、律师，孟加拉自治党（Swaraj Party）的创建人及领袖。

② 此处原文包括印度人常用尊称"Babu"和"Srijut"，以及常用英文尊称"Sir""Doctor""Mr.""Esquire"。

泰戈尔和甘地

八方援梦

　　国际大学（Visva-Bharati）① 是泰戈尔的远大设想，于 1919 年 7 月 3 日正式开始教学，其奠基仪式于 1918 年 12 月 23 日举行。办学宗旨取自《耶柔吠陀》中的输洛迦诗律："世界于此以孤巢为家"（Yatra Visva Bhabatyekriram）。泰戈尔在许多场合都解释过国际大学的办学宗旨。如他于 1930 年 11 月 10 日在纽约电台（Radio New York）的广播讲座中所说：

> 我是一名艺术工作者而不追随科学，因此，我办学校自然是设想着如创作一件艺术品一般，而不是进行教学试验……我的办学理想在于培养人与人之间的深厚情谊，使不同国家和不同语言的人都可以携手共事……

　　但他在圣蒂尼克坦总没办法长待。1919 年 10 月至 11 月，整整一月间他外出访问印度西北部各地，1920 年 3 月，经古吉拉特文学学会（Gujirat Sahitya Parishad）邀请，他又去了印度西部地区。

　　在 4 月 2 日，他就在阿默达巴德为期三天的古吉拉特邦文学大会上发表了著名演讲《构造对创作》（Construction versus Creation）。他还

---

① 从字面来看，"Visva"意为世界，"Bharati"意为大学。

到访了萨巴尔马蒂（Sabarmati）、包纳加尔（Bhavnagar）和林蒂（Limdi），之后返回孟买。这些土邦（Native States）——慷慨地给泰戈尔献上礼物和援赠。

泰戈尔对印度手织土布（Khadi）①表达了欣赏，这让甘地非常高兴，于是他在 1920 年 5 月 25 日的《新生活》（Nabajivan）中写有以下文字，英译版后发表在《哈里真》（Harijan）②上：

> 她（萨拉拉）的娘舅看到她这样穿着（土布），他也说："只要你自己不觉得别扭，穿着本没有什么不好。这样穿着哪里都可以去。"11 日，在佩蒂特夫人处便有为大诗人所办的盛大聚会，她必须决定好要不要穿着土布衣裳去参加。她这时想起诗人的话，于是穿着原来那身土布服饰参加聚会，以示敬意。大家对她的尊重丝毫不减她以往身着贵重的丝织莎丽之时……所以，这对素来以审美品位出名的叔侄不曾在这一方面受到一点贬低。相反，他们使土布从此变为贵妇们出席聚会时的一种穿着。

然而，从往后甘地与泰戈尔之间关于手纺车和手织土布不饶不休的争论来看，甘地的期望还远没有成真。萨拉拉不得不首当其冲地承受她叔叔对土布风靡的愤怒。不知此时泰戈尔是否知晓侄女萨拉拉和甘地的情事。甘地和萨拉拉的恋情那时刚曝光不久。

事实上，萨拉拉和叔父的关系一直紧张——两人在 1904 年到 1905 年的国货运动中起过冲突；她于 1902 年至 1905 年主编《婆罗蒂》时，泰戈尔明显偏好其他杂志，这让她窝火；她也批评过泰戈尔在 1922 年

---

① 大力推广手织土布是国大党和甘地用以号召印度人民抵制英国纺织品、实现自产的手段。手纺土布运动是 1920 年至 1922 年"非暴力不合作"运动的一项重要内容。

② 《新生活》和《哈里真》均为甘地早年创办和主编的刊物，"哈里真"意为"神之子"。

印度的"非暴力不合作"运动到了白热化阶段时竟在表演《迎雨节》；1926年，两人在论杂志主笔的职业道德上公开吵过嘴。

与以往去印度南部的旅程不同，泰戈尔此次去印度西部是为了圣蒂尼克坦。泰戈尔受迈索尔邦之邀，已于1919年1月至2月间去过南部地区。他到访了山间驻地①乌蒂（Ooty）②，从乌蒂去了尼尔吉里山地区的商业中心帕拉克卡德（Palghat）和马德拉斯的工业中心撒冷（Salem），接着是蒂鲁吉拉帕尔莱（Trichinapoly）、斯里兰甘（Srirangam）、康巴科南（Kumbhakonam）、坦贾武尔（Tanjore）、马都拉（Madura）、马达纳帕尔莱（Madnapalli）和班加罗尔（Bangalore）。

到了大多地方，他总会发表有关教育的演说。所到之处，泰戈尔被当作帝王一般迎接，但得到的捐款却是雷声大雨点小。与此反之，印度西部皆以丰厚的馈赠作为单次或每年的援助。这样的义举当归功于甘地，是他在得知泰戈尔需要休整但又在计划出国之后，坚持说印度需要泰戈尔和安德鲁斯在此多灾多难之时出力解决困难。他授意泰戈尔可以在马泰兰（Matheran）的山间驻地休养一阵，昂巴拉尔会热情接待。于是，泰戈尔在印度西部旅行期间，在许多中心城镇都是由昂巴拉尔予以接待。

昂巴拉尔·萨拉拜（Ambalal Sarabhai，1890—1967）是彼时印度为首的一大工业家，他的妻子萨拉拉德维（Saraladevi）自始至终都是泰戈尔的支持者。昂巴拉尔的府邸是位于皇家园林（Shahibag gardens）中的著名王宫"静宫"（Retreat），该园林是沙贾汗（Shahjahan）③为莫卧儿王朝王子兼古吉拉特邦王公时建造。到了20世纪，此园曾作为古吉拉特邦的大棉花工厂厂主的宅邸。泰戈尔同当时许多名人要客一样在静宫借寓过

---

① 山间驻地（hill station），南亚如印度和缅甸等国家中由殖民者在山中高地建造的避暑驻地。

② 全称是乌塔卡蒙德（Udhagamandalam 或 Ootacamund）。

③ 沙贾汗（1592—1666），后为莫卧儿王朝皇帝，他为第二任妻子修筑了举世闻名的泰姬陵。

几回。

萨拉拜家因此和泰戈尔家结下友情，昂巴拉尔的所有孩子去英国深造前都一一询问了泰戈尔的意见。昂巴拉尔的子女也都很有才干：玛里杜拉（Mridula，1911—1978）成了一名重要的社会工作者；婆罗蒂（Bharati，1912—? ）成为作家；莉娜（Leena，1915—? ）成为画家；吉塔（Geeta，1921—? ）成为音乐家；戈拉（1923—? ）和哥泰（Goutam）成为设计师（共同在阿默达巴德创办了印度戏剧学院）；维克拉姆（Vikram，1919—1971），成为印度太空计划的总设计师。

这些后辈多多少少都在圣蒂尼克坦待过一段时间。昂巴拉尔和萨拉拉出国度假也会寻求泰戈尔的建议。泰戈尔经由昂巴拉尔也认识了许多工业家。

萨拉拉德维在临终那夜还为看护人读着泰戈尔的《训练鹦鹉》（*The Parrot's Training*），然后在睡梦中过世。她向来热衷于在子女教育问题上请教泰戈尔。与维克拉姆成婚的玛丽娜里妮（Mrinalini，生于1918年）是印度著名舞蹈家兼编舞家，1938年于圣蒂尼克坦求学时，她决定成为一名舞蹈家。泰戈尔让她担任了《昌达尔姑娘》里的主要角色。她在回忆录里写道：

这样一位艺术家居然叫我去编舞！此时我内心深处的什么东西好似得了自由，使我有信心做真正的自己！这一刻真是喜悦异常，他使我绽放光芒，出于他接纳我的个性，而非出于言语，这光仍然在我心里留存……对我来说，每当泰戈尔导师说："音乐在此，故事如斯，随心而舞吧"，此时，某种魔力就活跃起来。我感到如此欢欣鼓舞，能自由自在地去表达自我。我需要从传统技巧里找出新的形式，正是泰戈尔导师首先理解并鼓励了我那股创作的冲动。

圣蒂尼克坦的女学生

　　尽管在印度南部、西北部和西部都受到热烈欢迎，泰戈尔热衷的仍是传播自己的教育理想，因此欲进一步在海外为国际大学奠定基础。澳大利亚的大学曾在很久之前邀请过泰戈尔，并且再次发出了邀约。本来泰戈尔做好准备启程，但得知部分澳大利亚的种族歧视主义分子因此事攻讦这些大学后，便改了主意。所以，1920 年 5 月 4 日，他从孟买启程，改赴欧洲和美国，进行为期 14 个月的旅程——这段经历难说愉快，好在于欧洲度过的时光除外。

　　在伦敦，泰戈尔见到了诸位旧友，但会上新添了一种氛围。1912 年到 1913 年时，他还是个文名未扬的诗人，是伦敦使他万众瞩目，彼时予以泰戈尔的万般青睐带着施恩施惠的感觉。如今，泰戈尔的声名已无人可相提并论，他不再是外国文化里露怯的闯入者，而是在政治、艺术和教育上怀有坚定理念的功成名就者。奇怪的是，罗森斯坦却在是否有必要为国际大学提供官方资助的问题上和泰戈尔产生分歧。之后，泰戈尔也确实没有收到一点资助。他还见到了老相识蒙塔古，但也无法与这

位国务大臣达成一致。就连札连瓦拉园惨案，在泰戈尔看来，比起只管公开指责，英国方面严查并惩治罪犯更重要。蒙塔古虽然同意，但开脱说自己也不能越权管事。

旧友相叙之外，泰戈尔还很高兴结识了俄国画家尼古拉斯·洛里奇（Nicolas Roerich, 1874—1947）以及奥地利艺术评论家斯黛拉·克拉姆瑞什（Stella Kramrish, 1895—1993）。后者很感激泰戈尔邀她去访问印度，且在九个月后成行。她到圣蒂尼克坦教授德语，帮助校园里的艺术追求者了解了欧洲绘画的发展趋势。在法国，卡佩勒斯姐妹（Karpeles sisters）都是东方艺术爱好者，泰戈尔在巴黎时她们几乎每天前去拜访。姐姐安德赫（Andre Karpeles, 1885—1956）后来在圣蒂尼克坦成为大家都熟悉的人。

法国著名哲学家亨利·柏格森（Henry Bergson, 1859—1941）也来到巴黎会见泰戈尔。然而，《现代评论》在柏格森不知情的情况下就发表了两人的对话，并取名《东西之拱》（*The Arch from the East to the West*），这让柏格森很郁闷。泰戈尔和爱因斯坦的对话于 1930 年被《纽约时报》发表时也是同样的情况，爱因斯坦也感到十分生气。

此外，泰戈尔还认识了法国富豪阿尔伯特·卡恩（Albert Kahn, 1860—1940）以及法国诗人诺瓦耶伯爵夫人（Comtesse de Noailles, 1876—1933）[1]，在两人帮助下，泰戈尔于 1930 年在欧洲首次举办了画展。

1920 年 10 月至 1921 年 3 月间在美国的第三次旅程所获全然不如泰戈尔事先所想，部分原因在于庞德组织不力，部分在于美国在四年中已经改换了风貌，充斥着侨居美国的名流及作家格特鲁德·斯泰因（Gertrude Stein, 1874—1946）所谓的"迷失的一代"。泰戈尔只进行了四场公开演讲，仅参与了几次宴会，而报端少见报道。

---

① 即巴黎女诗人和小说家安娜·德·诺瓦耶（Anna de Noailles）。

在写给安德鲁斯的信中，泰戈尔自证了心中的失落和对自我的不满。这些信后来经安德鲁斯编辑，在马德拉斯出版为《海外书信集》（*Letters from Aboard*，1924），并扩充为《友人书信集》（1928）。唯一可取之处是哈莉特·穆迪的陪伴。后半程中，庞德也总算在泰戈尔以前未到过的得克萨斯州组织了几场比较成功的讲座。

泰戈尔开玩笑时对一位朋友说的"五百万美元"梦已烟消云散，但他能与海伦·凯勒（1880—1968）在家中相见也算一大幸事。凯勒向泰戈尔送上自己的书《我生活的世界》（*The World I Live in*），上面题着《园丁集》里的一句诗：我忘却了，我总是忘却了，在我独居的房子里，所有的门户都是紧闭的！

泰戈尔的作品在多种欧洲语言中经过广泛译介，不断收到译者的许可问询。然而他却很难知道是谁在请求。西班牙著名的胡安·拉蒙·希梅内斯（Juan Ramon Jimenez，1881—1954）和季诺碧亚·坎普鲁维（Zenobia Camprubi，1887—1956）夫妇恰是在翻译泰戈尔作品时相识并结为夫妻，二人也是所有泰戈尔外文译介者中最重要，同时也是最受推崇的。

于1956年获得诺贝尔文学奖的希梅内斯被视为至为重要的西班牙语诗人之一，且不说之最的话，他三分之一的作品是泰戈尔作品的译作。根据西班牙批评家的分析，泰戈尔对他的影响最深。希梅内斯本人不太懂英文，但他的朋友，即后来的妻子季诺碧亚精通英语，并翻译了泰戈尔的英文作品。希梅内斯则对译文逐一细加润色，且尽管那时希梅内斯在西班牙已有名望，出版作往往以季诺碧亚为作者。

这对夫妇邀请泰戈尔去西班牙，泰戈尔予以应承。但几次改期和取消行程之后，两人本盼望着终于能在1921年4月27日见到他，并且为此紧张地排练起《牺牲》。但未道缘由，泰戈尔再次取消了来访。夫妻二人在马德里的一切精心安排都泡了汤。泰戈尔也不太清楚自己无意中

1921 年，泰戈尔和西尔万·莱维在斯特拉斯堡的约瑟芬花园（Josephine Garden）。

辜负了两位最杰出译介者和支持者的情谊。

　　等泰戈尔从美国折返欧洲后，欧洲大陆对他的欢迎也非同一般地热烈——巴黎、斯特拉斯堡、日内瓦、洛桑、巴塞尔、苏黎世、汉堡、哥本哈根、斯德哥尔摩、柏林和慕尼黑，但是哪里也比不上达姆施塔特，盖沙令伯爵在此专门举办了一次"泰戈尔周"致敬活动。

　　泰戈尔与欧洲精英的交流，虽很顺畅，但他的外表使普通大众觉得太震撼，在他们眼中，泰戈尔"比耶稣还像耶稣"。这群精英包括罗曼·罗兰、西尔万·莱维①、文森斯·莱斯尼②、温特尼茨③、科诺夫④。其中，法国东方学家莱维后于1921年至1922年成为圣蒂尼克坦第一位访问教授，紧接着则是另三位东方学家——温特尼茨于1923年至1924年，科诺夫于1924年至1925年，莱斯尼于1928年至1929年。1937年，莱斯尼还出版了捷克语版的《罗宾德拉纳特·泰戈尔》（*Rabindranath Thakur*）。

在斯德哥尔摩，泰戈尔于1921年5月26日发表了诺贝尔受奖演讲。从前，参加每年于12月10日即诺贝尔祭日举行的颁奖典礼，对于诺贝尔奖得主都不成问题，因为他们都来自欧洲。泰戈尔生活在遥远的南亚次大陆。那时，航海出行也很耗时间，空中飞行还处于试验阶段。其实，瑞典一方本为泰戈尔返回柏林安排了水上飞机，但斯文·赫定（Sven Hedin, 1865—1952）出手干涉，并重订了火车，他认为乘坐飞机太有风险。

欧洲的回应使泰戈尔有些不知所措。斯德哥尔摩的报纸《瑞典报》（*Svenska Tageblatt*）曾请泰戈尔亲手写一封信以作报道，并且有意为国际大学捐款。泰戈尔礼貌地谢绝了捐款，但依然写信表达了对欧洲示以的爱戴而感到的受宠若惊之情，在信中他写到这样一件事：

> 前几天我在汉堡酒店的房间休息，这时进来两位羞怯的德国姑娘，手拿玫瑰花作为赠礼。其中一位英文说得不太流利，她对我说："我爱印度。"我问她："你为什么爱印度？"她回答说："因为印度人也爱神。"如此高度的赞美使我受之而没有一丝的自得……有些只爱己的国家只是滋生了互相仇恨和怀疑。世界正待一个能爱

---

① 西尔万·莱维（Sylvain Levi, 1863—1935），法国著名东方学家兼印度学家、梵文专家，法兰西公学院教授。
② 文森斯·莱斯尼（Vincenc Lesny, 1882—1953），捷克、印度和伊朗研究专家。
③ 莫里兹·温特尼茨（Moriz Winternitz, 1863—1937），奥地利杰出梵语学者。
④ 斯登·科诺夫（Sten Konow, 1867—1948），挪威印度学家。

泰戈尔在宿如，此地最终成为斯里尼克坦校区选址。

神而不是它自己的国家，也只有那样的一方土地当得起世界各国人民的爱。

　　泰戈尔回到了祖国，此时的印度正处于"非暴力不合作"运动的激荡之中。即使泰戈尔申明不沾政事的圣蒂尼克坦也受到运动的影响。他信赖的教师尼泊尔钱德拉·雷伊（Nepalchandra Ray，1867—1944）、比杜塞卡尔·沙斯渠（Bidhuaekhar Sastri，1878—1957）、安德鲁斯，甚至长兄德维金德拉纳特都受到甘地"非暴力不合作"运动精神的召唤。

　　苏巴斯·钱德拉·博斯（1897—？）在拒绝了众人仰羡的公务员任职机会后返回加尔各答，途中曾和泰戈尔同乘一艘船。于是苏巴斯向泰戈尔请教，泰戈尔建议他通过建设性的工作来为国家服务。此前，1916年，苏巴斯是加尔各答院长学院的学生会秘书，这一年刚好发生了化学教授奥腾（E. F. Oaten）因出言侮辱学生被殴事件。苏巴斯虽没有参与殴打奥腾，但承担了罪责并被学校开除。泰戈尔由此写了两篇长文为学生说话，一篇孟加拉文，一篇英文，发表在两本重要的杂志上。他不赞成学生目无纪律，但也谴责英国教授摆出一副殖民者姿态，引发学生的怨愤。

　　1916年时泰戈尔或许还不认识苏巴斯，但苏巴斯对这次辩护之举印象很深。苏巴斯本不确定如何是好，但回到加尔各答后就在奇塔兰詹的引导下加入了"非暴力不合作"运动，奇塔兰詹本人也是放弃了光鲜的律师工作加入甘地的。于是，泰戈尔在祖国倒似有流放外乡之感。他再次开始创作儿童诗歌，以逃离严闷的氛围——这些诗后被录为《童年的湿婆集》（*Sisu Bholanath*，1922）。

泰戈尔海外之行最重要的收获之一是认识了恩厚之。恩厚之之前曾遍游印度，并且有心促进印度农业发展，他当时正在美国康奈尔大学学习农学。泰戈尔知道后便请他在纽约一见，且邀请他加入圣蒂尼克坦。回国后的泰戈尔却没有余资兴办大学农学教育。恩厚之向相识且往后成为他妻子的桃乐茜·史崔特[①]请求投资。有趣的是，史崔特女士从前就见过泰戈尔，但没有好印象："所谓诗人而思想空洞，虚伪地精心于穿着以便装模作样"。但恩厚之热情洋溢的信说服了她为圣蒂尼克坦提供资助，后来她亦全心全意为由恩厚之担任总设计师的斯里尼克坦校区出力。1921年11月，恩厚之来到圣蒂尼克坦。40年后，在泰戈尔百年诞辰之日，他告诉采访者自己最初的体会：

　　半年已到时，泰戈尔说："厚之，你可否总结下自己有什么发现，因为我希望你能跟我去加尔各答，跟大学里的学生说说你看到了什么。你能概括出三个主要的问题吗？"于是我说，那正巧这些问题都以M开头：猴子，疟疾和不信任（*monkeys, malaria and mistrust*）……我们就寝之前（在宿如时），学生来找我说："先生，这里没有厕工。"厕工是印度传统中清洁盥洗室的人。我说："明早会有厕工的。"到了早上，学生们去完厕所，接着去洗澡，

恩厚之，宿如农村改造项目的设计者

---

① 桃乐茜·史崔特（Dorothy Straight，1958—？），美国作家。

然后吃早餐，我自己去清理起桶子来。有两个曾跟着泰戈尔学习的男孩看见我做这个，跑着来说："先生，您是我们的老师，不能让您做这个，我们来吧。"那时候有四个男孩是婆罗门种姓出身，他们实在觉得做这个不符合身份。但三个月后，他们也能超越自身传统的约束，开始帮忙。与此同时，泰戈尔自己也是在园子里挖沟，负责清理自己的桶子。

在圣蒂尼克坦学校，泰戈尔早于1908年就引进了男女同校制度，虽有些波折，这个体系也得以良好地确立起来。女孩子们能够参与音乐或戏剧表演。泰戈尔还曾带着男生和女生一同去加尔各答进行多次公开表演，尽管范围限于乔拉桑戈的内院。无人对此有何指摘，至少不曾公开批评。然而，《杜尔迦节》于1922年9月16日在阿尔弗雷德剧院以及9月18日在马登剧院（Madan Theatre）上演时，两位梵志会领袖的来信让泰戈尔忍不住拒斥。这两位领袖并不赞许此前在拉姆莫汉图书馆大堂（8月16日）、马登剧院（8月17日）以及阿尔弗雷德剧院（8月19日）由男女同台演出的《迎雨节》。其中一封来自克里希那·库马尔·密特拉（Krishna Kumar Mitra, 1852—1936），他是《不朽》（Sanjibani）报刊的主编，是在国货运动中流亡的尚武主义领袖，同时是一名梵志会领袖。另一位来信者也是梵志会信徒。两封来信都出乎意料，因为梵志会本是提倡女性教育并反对深闺传统的。因此，《杜尔迦节》的演出在新闻报端受到了一众称赞，只有《不朽》除外。梵志会中的这类道统思想在小说《戈拉》中集中体现在哈兰一角上，他自称思想解放，但根本上还是保守的。

1922年，泰戈尔又写了一部新戏《摩克多塔拉》，并立即英译为《瀑布》。其中包含反机械——反对反人性的机械——的主张。他当着一批特邀听众朗读了这部戏剧，有的人说作品以塔南乔耶（Dhananjay）一角刻画了甘地，

学生们正在斯里尼克坦校区农场干活。

并且宣扬了甘地的"非暴力不合作"思想和反机械主张。泰戈尔却对此解读感到恼怒。《摩克多塔拉》根本上宣扬的是自由对于困于自家之人的召唤，它和甘地的"非暴力不合作"运动没有一点关系。不过奇怪的是，泰戈尔从未把这部作品搬上舞台，在其去世后，各个剧团对此的演出均未获得成功——也许这部剧本身，从主题到结构，都有不足。

1922 年，泰戈尔终止与奇塔马尼·戈什（Chitamani Ghosh, 1854—1928）的合约，不再授权其出版，而把所有孟加拉语书籍的出版权交给国际大学信托基金会。最开始时，朋友、亲戚或他本人都曾是他的书籍的出版人。然而从 1884 年起，几家出版社都来请求泰戈尔授权印书和售书，最后阿拉哈巴德印度报业（Indian Press）旗下设于加尔各答的子公司印度出版社（Indian Publishing House）被授权出版泰戈尔的作品。奇塔马尼是能力突出的专业出版人，曾致力于出版印度语和英语书籍。后成为小说家和教授的查鲁钱德拉·班迪奥帕德耶加入他麾下时，他在加尔各答创办了印度出版社。正是查鲁钱德拉赢得了泰戈尔的信赖，在1908 年为公司争取到了泰戈尔作品的出版权。印度出版社从未想着用

泰戈尔的书作商业图谋，泰戈尔因此对这家诚恳的出版社很满意。1914年，泰戈尔到访了阿拉哈巴德，他想要会见自己的出版负责人奇塔马尼。在会上，泰戈尔提出一个让人吃惊的不情之请——能否请奇塔马尼在一周内出版《吉檀迦利》？最初，奇塔马尼想及当时印度的印刷工序，不愿接受这种挑战，但最终他哄诱印刷工每日勤干17小时，竟然真将成品在一周内交了出来。如此，泰戈尔一周内果真拿到了印本，于是他想报答这位出版人。奇塔马尼只提出请泰戈尔唱一唱《吉檀迦利》里的一首《请你让我把头低下》，以前他听过很多版，唯一的愿望就是听到原版。感激的诗人当然唱了这首歌，但原版与否他也说不清楚，因为作曲人也常常忘记自己原来怎么写的！

至1922年9月，泰戈尔踏上为期两个月的行程，依次到浦那、迈索尔、马德拉斯、哥印拜陀和锡兰。接待仪式十分盛大，得知泰戈尔正在出行的群众在火车站台上聚集起来，他发表演讲的大堂里也是人群拥挤。格雷琴·格林（Gretchen Green）在史崔特的举荐和穆迪夫人的资助下来到圣蒂尼克坦，帮助乡村妇女学习基本卫生知识，她到达孟买后，便得以在浦那和泰戈尔见面。有些地方的村民以及另一些地方的商人将钞票编成的花冠献给泰戈尔。泰戈尔向英迪拉写信说此行自己像拿着行乞钵一般，不是手里端着，而是声音里装着——他要参加讲座、献唱、读诗。回程中他又到了特里凡得琅、奎隆、埃纳古纳姆、阿尔沃耶、马德拉斯、孟买、阿拉哈巴德和贝拿勒斯。1923年2月，他再次启程，行至贝拿勒斯、勒克瑙、孟买、阿拉哈巴德、卡拉奇、博尔本德尔，最终回到孟买。途中所获捐赠颇丰。

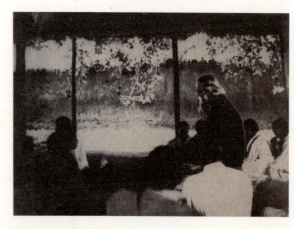

泰戈尔和学生在圣蒂尼克坦。

为理想筹资

历史学家、泰戈尔的追随者卡利达斯·纳格（Kalidas Nag）于
1923 年 11 月 28 日给罗曼·罗兰写了如下这封信：

我们的诗人已经竭尽全部的精力和手中的资源兴办大学。圣蒂尼克
坦是他最后一大心愿，最后一大斗争，以冲破人与人的樊篱，以为国际
和平和友爱奠基。

但要实现这个梦想，我们必须有钱，而且必须在印度国内外都有
一群共谋事业的得力伙伴……除了刚好用于满足个人支出的麦克米兰公
司版税外，泰戈尔已将个人所得倾其所有：（祖产已经留给儿子）所有
的孟加拉语书籍出版权、所得销售利润、诺贝尔奖奖金等。然而圣蒂尼
克坦的建设、教育、艺术和经济方面的拓展都需要源源不断的资金，仅
靠合并资本的利息完全不够。从欧洲请来的名师——巴黎的西尔万·莱
维教授、布拉格德国大学的温特尼茨教授以及其他老师已使财政掏空耗
尽。经过加尔各答的几次泰戈尔剧作演出，预算赤字奇迹般补足了，但
也只能应付一时……印度不幸陷于政治风雨中，而泰戈尔不沾政务工作！
即使如此，经过在印度西部和古吉拉特邦的一个月之行，他成功募集到
八万卢比（1600 英镑）。这给了我们一丝希望，也许印度正逐渐回应这
所新兴大学的需要和需求……

泰戈尔同一众随行者，1924 年摄于北京。

东方的启示

在马丹·莫汉·马拉维亚的建议下，泰戈尔接下来的海外行由著名商业世家贝拉家族中的尤加尔达斯·贝拉（Jugaldas Birla）出资，他资助了一万卢比帮助泰戈尔访问中国。由于资费充足，泰戈尔得以邀请希蒂莫汉·森、南达拉尔·巴苏[①]、卡利达斯·纳格（1891—1966）、恩厚之，以及一位艺术家一位历史学家一同前往。恩厚之作为泰戈尔此行的随身秘书。马拉维亚记得泰戈尔对印度教大斋会（Hindu Mahasabha）[②]怀有同情，鉴于斯瓦米·施尔塔南德[③]正领导穆斯林重新皈依印度教的运动，他期待泰戈尔多谈谈印度教义。但是到了中国，泰戈尔没谈印度教，而是着眼于东方文明。

1924 年 3 月 21 日，泰戈尔从加尔各答启程，于 4 月 12 日抵达上海，1924 年 5 月 30 日返程。由时间推测，泰戈尔依次于 4 月 13 日在上海对近百师生发表演讲；4 月 15 日在杭州对几千名聚集的学生演讲；4 月 17 日在上海商务印书馆会议室对约 1200 名听众演讲；4 月 20 日到南京对约千名学生演讲；4 月 22 日在济南省政厅对几千名学生以及山东基督

---

① 南达拉尔·巴苏（Nandalal Basu，1883—1966）是印度现代艺术的先驱者之一，创作别有印度风格，受泰戈尔家族影响较大。

② 印度教教派组织，一译全印度教大会，纲领是"在一切政治争端中代表印度教教派利益"，多次与穆斯林发生宗教冲突。

③ 斯瓦米·施尔塔南德（Swami Sraddhananda，1857—1926），印度独立运动活动家，领导了印度教净化改宗运动（Shuddhi Movement），1926 年被穆斯林青年以"圣战"的名义杀害。

教共和大学的两百名听众演讲；4 月 25 日到了北京北海，对英美协会成员以及男女青年演讲；4 月 26 日对国立北平师范大学①的千余名听众演讲；4 月 27 日在法源寺、之后在海军联社对学者演讲；4 月 28 日在先农坛对万余名听众演讲；5 月 1 日对清华学校学生演讲；5 月 6 日在北京大楼（Peking House）对教师们演讲，5 月 8 日在北京发表另一次演讲；5 月 9 日至 11 日，在真光戏院首次发表公开演讲；5 月 18 日对北京学生再次演讲；5 月 19 日继续在北京对国际研究院成员演讲；5 月 20 日在北京文庙大殿（Confucian hall of self-examination）演讲；5 月 25 日到汉口和武昌练兵场对学生演讲；最后，5 月 29 日在上海发表了告别演讲。

以上所有演讲均为即兴。1924 年，按时间顺序编纂的《在中国的演讲集》（Talks in China）出版，但也许由于制造粗糙，这一版本被召回，到 1925 年根据演讲听众类型编纂再次出版。演讲内容取自恩厚之的笔记和新闻报道。虽有学生对这些演讲展现出了敌意，但总体来说这些演讲是受人敬重的。其实，泰戈尔心知中国此时正值动荡不安之时，1923 年他受到讲学社②社长邀请时，便请恩厚之到中国事先进行考察。然而，恩厚之未能估量出中国实际的不满程度。他于 4 月 17 日在上海的日记中写道，这次巡回演讲几乎刚开始，学生们就摇旗对泰戈尔的主张表示抗议。他们认为泰戈尔是个和平主义者，是只谈精神需求的反共主义者，同时反对工业化。所以，他们到底是否听了泰戈尔的演讲，甚或是懂不懂他说的英语，这些都令人怀疑。在这股先于巡回演讲本身就蔓延开的气氛下，各有主张的知识分子间满是激烈的辩论。四位马克思主义者——郭沫若、

---

① 1923 年更为此名，北京师范大学前身。

② 1920 年 9 月梁启超联合蔡元培、林长民、张元济等社会精英正式成立讲学社，先后邀请杜威、罗素、杜里舒和泰戈尔来华访问。

泰戈尔与中国民众，1924 年摄于中国一家修道所。

茅盾、瞿秋白、陈独秀都言辞激烈地在报上撰文反对泰戈尔的反民族主义和反唯物主义立场。

泰戈尔虽注意到了这些批评，但支持者和仰慕者都给予了他安慰，说中国正需要他来警醒一二，此时的中国受到多方驱使，不仅是马克思主义者和非马克思主义者，还有自由派和保守派，更有儒学、道家信奉者和现代主义者。陈独秀是 1921 年成立的中国共产党中央局书记，他诘问："我们为什么欢迎泰戈尔？"并写道：

泰戈尔与末代皇帝溥仪

> 昏乱的老、庄思想上，加上昏乱的佛教思想，我们已经够受了，已经感印度人之赐不少了，现在不必又加上泰戈尔了！ [1]

5 月 10 日，在真光戏院的演讲中，会场上散布的传单上写着为什么抗议者要反对泰戈尔的主张。他们认为泰戈尔观念封建（因为他在演讲中赞颂了古代中国，而古代中国歧视妇女并放纵封建地主剥削）；且认为他反对工业化，而中国正需要快速实现工业化；又认为他对普罗大众倡导唯心主义，这些群众恰是广泛受到外国力量和军阀的利用；还认为他会将梵天的理论加诸中国的思想，而中国的思想已经承受了阴阳、道、儒学和基督教的多重重压。

泰戈尔欲知传单上的内容，但中国的陪同者不愿面告。于是，泰戈尔从一些日本朋友那里了解，并取消了接下来的三场公开演讲。此行，泰戈尔见了伪满洲皇帝溥仪、中国军阀、美国大使、英美协会、日本僧人等各方。

不过，此行不全是批评之声。创立于北平师范大学的新月社为泰戈尔诞辰举行了盛大的宴会，并赠名"竺震旦"（"竺"是古中国对古印度之称，"震旦"表示雷鸣和新晨，三个字合起来对应本名含义"Rabindra"）。当时中国最伟大的表演家之一梅兰芳还珍藏有泰戈尔赠送的一柄扇子，上面手书四行孟加拉文诗句，尽管应邀观看他的戏剧时，泰戈尔曾经中途退场——这于导演而言是何等羞耻，而且梅兰芳为此曾动气。但退场不全是泰戈尔的错——他在开场演唱时就已感到疲倦，而正式表演更是开始于夜里 11 点。梅兰芳之前上演了《花钏女》，并向泰戈尔寻求灯光使用方面的建议。泰戈尔告诉他，对于往世书故事而言，

---

[1] 原载 1923 年 10 月 27 日《中国青年》第 2 期。

舞台布景的确有些黯淡。于是，梅兰芳在之后的舞台中接受了泰戈尔的
建议，调整了用光。

回到加尔各答后，1924 年 7 月 22 日，泰戈尔在大学研究院的演讲
中总结了这次中国之行。他说中国有些抗议举动，但并不多。纳格却和
恩厚之坦白，在 5 月 25 日武昌练兵场演讲途中甚至发生过人身攻击，
当时学生们大喊着："滚回去吧，殖民统治者的奴隶。"

尽管中国之行并不那么愉快，但泰戈尔对中国的兴趣未减。圣蒂
尼克坦国际大学的一名意大利客座教授朱塞佩·图齐[1] 曾在 1925 年至
1926 年间和中国教授林五清合作教授中文。1928 年至 1931 年在圣蒂尼
克坦任教的中国有为青年谭云山[2] 在南京创办了中印学会，并希望在国
际大学建立该会在印度的中心。他在中国筹资，于 1937 年在圣蒂尼克
坦建立了中国学院。谭云山曾是毛泽东的同学[3]。1934 年，泰戈尔还曾
劝告谭云山不要亦步亦趋苏联模式，而是走出自己的共产主义道路。但
谭云山并未追随中国共产党，而是成了蒋介石国民党的支持者。1940 年，
中国高官戴季陶带着偌大的代表团来访圣蒂尼克坦，在 1940 年 12 月
12 日的采访中，他向泰戈尔表示：

> 您于 1924 年的访华之行不仅带给我们印度的启示，而且激励
> 了我们认识自身，将我们从西方物质主义令人窒息的控制和致命的
> 魅惑中救出。中华民族文化的复兴正由那时开始……待目前骚乱已

---

① 朱塞佩·图齐（Giuseppe Tucci, 1894—1987），意大利著名东方学家，尤
其以藏学研究著称。

② 谭云山（1898—1983），湖南省茶陵县人，因其对中印文化交流做出的贡献，
被誉为"现代玄奘"。

③ 谭云山于 1915 年考入湖南省立第一师范学校，加入了毛泽东等创建的新民学会
和文化书社。

平，我将亲自再来，代表我的国家，我的人民，和我的政府护送您再去中国，一切安排当将尽善，并惟安惟便。

泰戈尔说道："谢谢，我盼着这一天。"[1]

---

[1]　泰戈尔后两次到中国分别是：1929 年 3 月，在借道去美国和日本讲学之际，泰戈尔第二次来到了上海；1929 年 6 月，泰戈尔访欧归来，探望徐志摩夫妇，入住徐志摩家中。

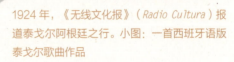

1924 年，《无线文化报》（*Radio Cultura*）报道泰戈尔阿根廷之行。小图：一首西班牙语版泰戈尔歌曲作品

阿根廷历险

在近北京一地，恩厚之于1924年5月17日写信给热诚崇拜泰戈尔的瑞努·阿迪卡黎[①]：

> 他已发表了二十多场演讲和讲话，加之数不清的访谈……他也不再说起早日离开这番尘嚣，而又说要去意大利、俄国什么的，不知到底如何。

恩厚之算是言中。从中国返程到日本后，泰戈尔接到声称来自秘鲁政府的邀请，请他参加1924年12月9日秘鲁独立一百周年纪念日。泰戈尔接受了。罗曼·罗兰从纳格的信中得知了消息，于是他劝告泰戈尔当心受秘鲁独裁统治者的利用，当时秘鲁统治者正竭力使独裁政权合法化。为此，他也写信给阿根廷报社的一位编辑。在泰戈尔途经法国去秘鲁前，他想亲自跟泰戈尔讲讲当前的情况，然而泰戈尔却买了比预期更早的票去了法国，所以没能与罗兰按计划会面。到了布宜诺斯艾利斯，恩厚之愕然发现秘鲁领事馆官员对泰戈尔受邀一事毫不知情。不过，秘鲁政府的确安排好了资费和交通事宜。与此同时，罗兰写到布宜诺斯艾利斯的信以及一封流亡在阿根廷的秘鲁人的信都公开发表了，使得秘鲁

---

① 瑞努·阿迪卡黎（Ranu Adhikari，1906—2000），后称为瑞努·穆克吉，她童年起就和泰戈尔相熟，后成为著名文化艺术鉴赏家。

1924 年，泰戈尔于阿根廷圣伊西德罗的米拉尔里奥别墅。

和阿根廷之间生出一场政治危机。或天意如此，泰戈尔此时染上了严重的流感，医生建议他一心休养。无论是坐火车还是轮船去利马都是长途跋涉，大家都不同意。于是，恩厚之想着奉还秘鲁政府的拨款，但秘鲁领事颇有风度地请他们收下。从此，泰戈尔在阿根廷待了两个月，成了维多利亚·奥坎波①的贵客。

奥坎波当时和自己的丈夫已经疏远，并和丈夫的一个表兄弟关系亲密。作为天主教教徒，她无法离婚，所以正经历着痛苦的婚路历程。她钟情法国小说家普鲁斯特的作品，偶然间读到纪德翻译的法语版《吉檀迦利》时，她正心境郁闷。她向泰戈尔寻求慰藉，也刚好得知泰戈尔正取道布宜诺斯艾利斯前往利马。兴奋难耐，她想自己可能有机会见到泰戈尔本人，然后她在《国家日报》（La Nacion）上发表了论泰戈尔的文章。

等在广场酒店（Plaza Hotel）见到泰戈尔时，惊于泰戈尔果真光临，她完全说不出话来。她自愿担当东道主的角色，请泰戈尔入住圣伊西德罗一所友人的新楼。这所宅子取名"米拉尔里奥"（Miralrio），意思是河景，且就在奥坎波家——"奥坎波别墅"（Villa Ocampo）旁边，只是奥坎波的父母不同意接待泰戈尔。

从 1924 年 11 月 11 日直到 1925 年 1 月 3 日，泰戈尔借寓米拉尔里奥别墅，其间他也曾在奥坎波友人家所在的察普玛达（Chapmadal）短待。察普玛达离布宜诺斯艾利斯大概四百英里，靠近大西洋。

---

① 维多利亚·奥坎波（Victoria Ocampo, 1890—1979），阿根廷作家、知识分子、出版人、杰出的南美女性代表之一。

在此期间，泰戈尔共写了 22 首诗作，其中只有两首写于察普玛达。在渡海去阿根廷途中，他也一直在写诗，到达布宜诺斯艾利斯之前已写了 23 首，这非寻常可比。他告诉阿吉特·查克拉博蒂，以往他穿上西服的时候，萨拉斯瓦蒂[①] 可能会离他而去，因为他穿外国衣裳便写不了母语诗歌。

也许泰戈尔厌倦了在中国和日本的不断演讲，要抒发自己的内心所感，因此想让自己好好歇一阵。他也的确在信中这样说过。要说这些诗歌是泰戈尔视奥坎波为缪斯而作，这也没有根据——况且他还病着。但从奥坎波身上获得一些灵感而写诗却是存在的——这些诗里明显可见描绘奥坎波的痕迹。这些诗

泰戈尔和奥坎波，1930 年摄于巴黎。

看起来别有情致，暧昧不明——因此 11 月 20 日，泰戈尔要恩厚之不要将这些诗寄回印度，恐亲友生隙。其实，当时正在巴黎的拉辛德拉纳特和普拉提玛还寻思是什么令泰戈尔在阿根廷如此久留。此时，大家还未意识到泰戈尔在阿根廷后期会遇到资金的问题。

奥坎波和泰戈尔的关系经过了几个阶段。她开始见到泰戈尔时，便心生敬畏。他的年纪有如自己的父亲，她也的确像女儿一般。过了一段

---

① 印度教主神梵天的妻子，主智慧、知识、艺术、音乐等的女神。

时间，她才克服羞怯和紧张。考虑到亲友的敏感神经，她并没有留在米拉尔里奥别墅。但个性上，她完全不是胆小害羞的女孩。她自言："一步一步地，他使这只幼兽有些驯服，时而野性难掩，时而温顺服从，日夜不眠，在他门外走廊上像只犬儿一样，只是因为有所未了。"奥坎波刻意远远避开，于是泰戈尔便时常给她写信，哪位女子看了都可能误解。在 11 月 4 日，他写信给她，解释为何自己在感谢她盛情款待时如此轻描淡写：

> 我的身价虽高，于私的价值却不太清楚。我试图用一种痛苦的渴望来实现这种价值，这渴望不断地折磨着我。这一实现必得一位女子的爱才行，而我长久以来希望自己值得一爱。

泰戈尔和奥坎波的往来书信里多有这种模棱两可的倾诉——根据上下文看，爱也有许多含义。自然，有人会尽情按自己的理解去解读这时期写的信和诗歌。与此同时，奥坎波和泰戈尔的关系使恩厚之不快，因为恩厚之也感觉受到奥坎波的吸引，问题变得复杂起来。作为国际名人，《南方》(Sur) 杂志的主编以及南方出版物的创办人，奥坎波曾受到知识界名流如盖沙令勋爵和奥特嘉①等人的爱慕。奥坎波的摄影师多丽丝·梅耶 (Doris Meyer) 透露这些人都追求过她。但即使奥坎波坦率和大胆，她也从未说明过她对泰戈尔的"爱"到底是什么。《普尔比集》(Purabi) 题献给了奥坎波，而她也不明白题献的原因。她不懂孟加拉文，所以这本诗集里的文字她是不知不解的。有一次，她问一位孟加拉采访者"普尔比"是什么意思，这个词可指东方，她听到便想莫不是西方才恰当。"普尔比"还可指夜曲，她认为这后一种含义还能关联起来。奥

---

① 何塞·奥特嘉·伊·加塞特 (Jose Ortega y Gasset, 1883—1955)，西班牙著名哲学家、报人及评论家。

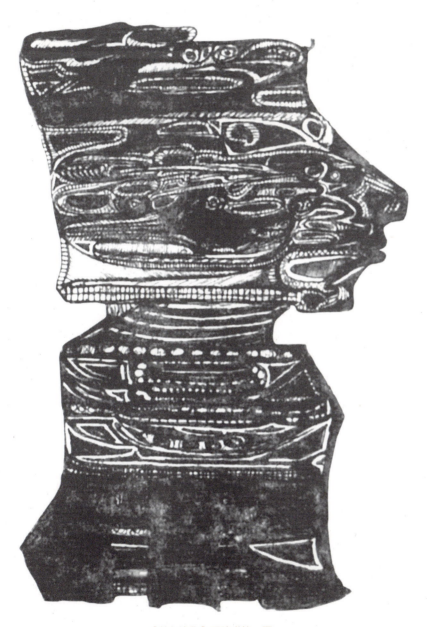

《普尔比集》手稿中的一页

坎波很注意泰戈尔的安适。泰戈尔乘船去欧洲时，她吩咐船长拆掉船舱的大门，放进一席沙发供旅途中的泰戈尔使用。沙发最后被运到了圣蒂尼克坦，泰戈尔一直保留着，直到生命的最后。但是，奥坎波读到泰戈尔对现代阿根廷的看法时也很气愤，这些看法形成于泰戈尔与阿根廷知识分子的谈话过程中。泰戈尔批评阿根廷过于西化，遗忘了本国的传承。奥坎波认为，由于讲西语的阿根廷人对英语知之太少，因此交流可能存在问题，但她也觉得，泰戈尔过于沉浸在哈德逊[①]对阿根廷田园牧歌式的描绘中，所以误解了现代阿根廷。

在日记中，恩厚之把他在阿根廷的经历称作"阿根廷历险"。如此说来，他倒可将1925年和1926年的意大利之行称为"意大利历劫了"。但他没有，因为1926年他没有同去意大利——实际上是泰戈尔不许他去。这是另一个故事了。从布宜诺斯艾利斯回程的途中，泰戈尔于1925年1月19日抵达日内瓦，1925年2月4日离开布林迪西[②]。这次意大利之行出现了一个重要的角色——卡罗·佛米奇[③]。他是罗马大学的梵语教授，在妮默库玛丽·马哈拉诺比（1900—1981）的回忆录《与泰戈尔的欧洲行》（*Kabir Sange Europe*）中却被描述为一个反面人物。1925年至1926年间，他受邀作为客座讲师到圣蒂尼克坦，并且给国际大学留下了深刻印象，大家认为他博学，且对印度和泰戈尔创办的学校怀有大爱。由于佛米奇的不懈努力，墨索里尼（Mussolini, 1883—1945）给国际大学捐赠了一整馆的意大利语书籍。1920年至1921年，泰戈尔到访欧洲时，也曾有人如此承诺要捐赠法语和德语书给国际大学。不止于此，墨索里尼还以意大利政府专款派遣著名的印度研究学者朱塞

---

① 威廉·亨利·哈德逊（W.H. Hudson, 1841—1922），著名英国和阿根廷裔作家。

② 意大利东南部的港口城市。

③ 卡罗·佛米奇（Carlow Formichi, 1871—1943），意大利语言学家、东方学者、英语语言和梵语学者，墨索里尼的拥趸。

泰戈尔与奥坎波，他将《普尔比集》献给了她。

佩·图齐去国际大学任教。然而，泰戈尔 1925 年及 1926 年的两次意大利之行到底经历了什么，矛盾的报道使得真相不明，有时一人所言还自相矛盾。即便如今也难以发现泰戈尔或国际大学一方究竟如何看待佛米奇和图齐，抑或与此事有关的墨索里尼了。

门外到门内

有一晚，我的客人①表示想要听一听现代欧洲音乐。于是我请了卡斯特罗四重唱乐团来到圣伊西德罗。

那天，泰戈尔感到有些郁结，可能是印度传来了令人不安的消息。他没有从二楼的房间下来，而是把门开着。乐手们坐下，架子摆在前面，对着一楼空空的大厅就开始表演。我只好把楼上泰戈尔所在房间的方位指一指。

我禁不住感到好笑，因为我记得在《泰戈尔回忆录》里读到过类似的事……我的朋友们倒是没有在楼道里对着一扇闭门演奏。德彪西、拉威尔、鲍罗廷的曲子穿过那扇半掩的门，进入泰戈尔的耳朵。我一直想拿这件事取笑他一下，告诉他那位年轻印度学生倒是不知不觉中报了一次仇呢。但我没敢这样做。

（摘自维多利亚·奥坎波《普拉特河岸上的泰戈尔》②）

---

① 指泰戈尔。

② *Tagore on the Banks of the River Plate.*

1926年，普拉桑塔和妮默库玛丽（拉妮）夫妇与泰戈尔同行欧洲。

欧洲盛情以待

1925 年，泰戈尔在意大利短暂停留了两周。他只来得及到访热那亚和米兰，都灵之行不得不取消。米兰接待委员会主席、剧作家及作家米兰公爵斯科蒂（G. Scotti）和泰戈尔彼此发展出诚挚的友谊。在挤满了人的大堂里，泰戈尔发表了一次题为《人文之声》（*The Voice of Humanity*）的演讲。佛米奇在 1927 年以印度为主题所写的书中说道，自己用意大利语给听众翻译演讲内容时只感到窘迫不安，"场面一下子变了。一开始四处对这位诗人的热烈赞扬取而代之以严厉的批评、愤怒的争辩、丛生的疑心和恨意"。但这是佛米奇在 1926 年的不快经历后才写下的，所以不见得完全可信。然而 1925 年，在美国教书的苏宾德拉·博斯（Subhindra Bose）教授在《前进报》上发表文章，其中写到正是猛袭而来的批评之声致使泰戈尔提早结束访问。而《现代评论》又发表了当时正在意大利的苏迪尔库马尔·拉希里（Sudhirkumar Lahiri）的文章反驳苏宾德拉·博斯，拉希里否认当时意大利对泰戈尔有如此的批评。然而，这些纷争都没有意义，因为泰戈尔本人在 1926 年的访问后说过："有关法西斯暴行的报道一次次传到我这里，我对再去意大利非常犹豫。"

恩厚之也曾于 1 月 19 日告诉罗兰，泰戈尔对法西斯势力感到苦恼 [1]。罗兰的关于印度的日记由阿凡提库马尔·桑亚尔（Abantikumar

---

[1] 由墨索里尼领导的意大利国家法西斯党于 1922 年进军罗马，夺取了政权。1928 年强行终止议会制度，建立法西斯独裁统治。

泰戈尔受到那不勒斯官员接待，摄于 1926 年。

Sanyal）译成了孟加拉语，要么是罗兰，要么是桑亚尔弄错了这则日记的日期。恩厚之和泰戈尔是于 1925 年 1 月 19 日抵达热那亚的。罗兰日记中却写道：在这一天，恩厚之与罗兰在泰戈尔离开印度后见面了。不过，泰戈尔与米兰公爵会见前，恩厚之在开场辞中坦言泰戈尔对新闻采访的暗中操作和有关演讲的不实报道感到烦心，这篇开场辞后续发表在《国际大学季刊》上。而米兰公爵斯科蒂力也让医生们劝告泰戈尔不要再继续此行。

泰戈尔为何会接受 1926 年意大利政府的邀请，这是一个疑问。泰戈尔的解释合乎情理：他钟情意大利的迷人风光、他迫切期望见到欧洲的大思想家、他还须信守再叙旧友的承诺。但拉辛德拉纳特和普拉桑塔不太赞成此行，他们清楚意大利法西斯国家的真相，然而他们没有勇气去告诉泰戈尔。等发现时泰戈尔已经定了主意，他们就决定和他同去，

那不勒斯官员接待泰戈尔，摄于 1926 年。

防止他的采访再遭到误读。

妮默库玛丽（昵称拉妮）记述了一出令闻者紧张的悬疑故事，其内容是佛米奇竟竭力阻止普拉桑塔和拉妮陪泰戈尔上船，两人成功躲过佛米奇的监视，但为时已晚。此时，佛米奇已经在罗马玩起手段，他安排泰戈尔和墨索里尼共同出席会议。同时，拉辛德拉纳特和妻子也被佛米奇阻止上船陪护泰戈尔，但拉辛坚持说他们必须对泰戈尔的健康与安危负责。泰戈尔和家人乘轮船到了那不勒斯，从伦敦来的恩厚之与从巴黎来的卡佩勒斯在此等候泰戈尔。他们就此加入了意大利之行。墨索里尼邀请泰戈尔时，曾传达出泰戈尔要多少人陪同皆无不可之意。然而，有一辆专列在那不勒斯候着，泰戈尔刚一踏上车，车就开动了。恩厚之跑着攀上车，佛米奇竟以车内不能再坐人为由推他下去。恩厚之一气之下回到了伦敦。卡佩勒斯、拉辛及其妻子则滞留在那不勒斯，直到与普拉桑塔和拉妮会合。

泰戈尔此次意大利之行从 1926 年 5 月 30 日持续到 6 月 22 日——5 月 30 日至 6 月 15 日在罗马，6 月 16 日和 17 日在佛罗伦萨，6 月 18 日至 22 日在都灵。5 月 31 日和 6 月 13 日，泰戈尔两次与墨索里尼会

1926 年，泰戈尔与玛德琳娜·罗兰、普拉桑塔、罗兰、普拉提玛、拉妮和其他众人在瑞士。

面，6 月 1 日接受《论坛报》记者采访，6 月 3 日接受《共和之声》（*La Voce Republicana*）采访，6 月 7 日参加罗马长官举办的接待会，6 月 8 日在意大利知识分子会社（Unione Intellectuale Italian）对包括墨索里尼在内的与会者演讲，6 月 10 日在罗马斗兽场参加盛大的接待会，6 月 11 日参见维克托·伊曼纽尔三世，15 日会见克罗齐 [1]。其中，泰戈尔与克罗齐的会晤最为牵动人心。友人告诉泰戈尔，未见克罗齐前千万不

---

　　[1] 贝内德托·克罗齐（Benedetto Croce, 1866—1952），意大利著名哲学家、历史学家，代表作有《美学原理》等，1920 年至 1921 年任教育大臣。

能离开意大利，但泰戈尔一时不知去哪里以及如何才能见到克罗齐。佛米奇答应他会尽力联系。然而，克罗齐不是法西斯主义者，佛米奇并没有打算安排他们会面。克罗齐的一名学生——拉匹科沃利（Rapicovoli）上校告诉泰戈尔，如若他本人向墨索里尼请求与克罗齐会面，他可以努力促成。这位反法西斯主义的上校本身出身于皇家。墨索里尼于是问佛米奇，克罗齐是否在罗马，佛米奇说不清楚，但他会再查。在 6 月 15 日，上校在深夜把克罗齐从那不勒斯请来了。其实，当时克罗齐被禁足在那不勒斯，这晚他才得以和泰戈尔关上门密谈。待佛米奇知晓了这次会面时，他除咬牙切齿，没有任何办法。

普拉桑塔将泰戈尔和克罗齐这次面谈的汇报发表在《国际大学季刊》。这次访谈时间很短，也无甚影响，但拉妮在回忆录中写道，泰戈尔会谈后第二天早上告诉他们，克罗齐说自己很惊讶地读到报上说泰戈尔对墨索里尼满是溢美之言。克罗齐还说作家和艺术家们已经受到了审查，在法西斯主义下，人没了思想的自由。

拉妮的回忆录中还写到拉妮和普拉桑塔有过一次奇怪、直到今天都未能解答的经历。普拉桑塔和拉辛德拉纳特意识到泰戈尔可能且实际上已被法西斯宣传机器失实报道后，他们每周把详细报道从意大利寄回国。但回到印度后，他们很惊讶地发现这些报道一点也没有发表在《国际大学季刊》上。不止如此，在国际大学办公室里，他们也找不到一丝这些报道的踪迹。

1941 年，拉辛德拉纳特在国际大学仓库找到了这些报道并寄给普拉桑塔，结果它们又一次被丢了，直到 1969 年再次找回。1940 年，泰戈尔伤感地在《普拉巴西》上指出竟没有一个同行者认为 1926 年的欧洲之行值得一记，当时他和欧洲多少思想家得以相见啊。于是，拉妮着手整理自己当时写给加尔各答诸位亲友的信件，以重现那次意大利之行。奇怪的是，她收集来的一摞信一次又一次地丢失了。1940 年再次找回

1926 年，泰戈尔与罗兰。

这叠信时，她茫然不解地发现自己从意大利写来的信全不见了！

接着，瑞士的维勒纳夫也发生了一起轰动性事件。罗兰此时住在维勒纳夫，并安排泰戈尔来此地休养身体。泰戈尔从 1926 年 6 月 22 日至 7 月 4 日都在这里。当时，罗兰正在搜集资料，这是他了解自己眼中重要人物的一套方法。他以维韦卡南达、拉玛克里斯纳、甘地为题著书，但从来不曾访问印度。泰戈尔心想罗兰当时正是要写写自己，但罗兰从未有此打算。当然，罗兰和泰戈尔的往来书信于 1945 年由国际大学出版过。

罗兰见到泰戈尔时，泰戈尔比三年前在巴黎相遇时更瘦弱苍白，罗兰对此感到很沮丧。不过，泰戈尔看到罗兰特地为他安排雨果曾在拜伦酒店下榻的房间，倒很欢喜。头几天，他们聊音乐和艺术。普拉桑塔暗示佛米奇幕后施计的事，但泰戈尔在场，他不好细说。几天之后，罗兰惊愕地听到泰戈尔赞扬墨索里尼，他说墨索里尼恢复了意大利的经济和生活秩序，国家陷落于无政府的混乱状态之际，某些严管严控也是迫不得已。罗兰默默听着，认为泰戈尔喜欢说话，借此减轻自己的负担。他们对话还有一块绊脚石，那就是两人都需要翻译，泰戈尔不懂法语，罗兰英文极有限。罗兰的妹妹①担任了二人的翻译官。

罗兰的寓所奥尔加别墅

之后，罗兰邀请泰戈尔去自己的寓所奥尔加别墅（Villa Olga），谈到意大利的另一面：教师、学生和开明人士均遭到法西斯谋杀。罗兰觉得泰戈尔一时惊诧，他的面部因痛苦而颤抖。但是泰戈尔很快转移话题，继而大谈印度和甘地。到了晚上，普拉桑塔独自前来，他告诉罗兰泰戈尔如何受到墨索里尼的种种欺骗。他把自己的现场笔记读给罗兰听。普拉桑塔还告诉罗兰自己总不知道是谁在意大利邀请过泰戈尔，他问当时正在圣蒂尼克坦教书的图齐，但遭到了拒绝。他也坦言同行者如何在意大利被阻止接近泰戈尔。泰戈尔与墨索里尼谈话时，曾指出外界正指责墨索里尼，墨索里尼辩护说自己知情，但那是自己爱国的代价。泰戈尔虽见了许多人，但都经过佛米奇挑选。他未曾见到一个旧友，真正见到的人都被连夜调换了，从而他听到的全是颂扬法西斯之声。据说克罗齐也只谈了有关精神性的思想，斯科蒂亦告诉泰戈尔自己被迫缄口不言。

不用说，罗兰和泰戈尔的谈话不止限于法西斯主义，罗兰还在想方设法打消泰戈尔对法西斯的谬赏。普拉桑塔已正式向泰戈尔说明墨索里

---

① 玛德琳娜·罗兰（Madeleine Rolland）。

尼犯下的恶行，罗兰进一步告知他细节。罗兰亦知单是争辩或讨论都不足够，泰戈尔也承受不住无情的打击。于是，他从巴黎请来小说家兼散文家杜亚美①，就泰戈尔对法西斯主义的看法做一次访谈。泰戈尔更倾向于让杜亚美拟出问题，他会遂意作答。罗兰和杜亚美希望泰戈尔听闻法西斯暴行后能一改举棋不定的态度，结果让他们失望了。杜亚美听泰戈尔朗读一篇散文时，不禁感到错愕，甚至想中途拂袖而去。罗兰很清楚情况，于是阻止杜亚美做出失礼的举动。然而，杜亚美拒绝把这篇表明泰戈尔观点的文章登在原来的报刊上。泰戈尔后来同意基于杜亚美的意见——文中对墨索里尼的赞美之词太过——对文章再作修改，以使观点不偏不倚，但杜亚美说，他那些"但是"形成的转折过于无力，已被迸发着崇尚意大利之情的抒情话语盖过了。罗兰和杜亚美都觉得泰戈尔对受到极为隆重的接待后（例如，泰戈尔到达罗马斗兽场时，一千名学生和近三千名群众均起身迎接）转而批评墨索里尼很犹豫。泰戈尔评论着他的所见所闻，并坚称自己没有看到任何施压的迹象。其实，罗兰认为意大利的报道也许就是出自泰戈尔本人所言。

为了使泰戈尔明了真相，罗兰不惜冒险，他请两名意大利逃亡者——萨维米尼和萨尔瓦多——到维也纳面见泰戈尔。两人写信给泰戈尔告知他们如何遭到法西斯分子折磨。意大利著名的社会主义者马泰奥蒂②在1924年遭到刺杀。在著名作家安吉丽卡·巴拉巴诺夫（Angelica Balabanoff）的陪同下，为死去的马泰奥蒂维权的律师莫迪里阿尼也在维也纳见到了泰戈尔。巴拉巴诺夫从前和墨索里尼共事过，此时，他成为了一名尖锐的批评者。至此，泰戈尔才愿意悬崖勒马，扭转自己给法西斯草草下的结论。他写给安德鲁斯的公开信发表在1926年8月5日的《曼

---

① 乔治·杜亚美（Georges Duhamel, 1884—1966），法国小说家，著有反战小说。

② 吉亚科莫·马泰奥蒂（Giacomo Matteotti, 1885—1924），意大利社会主义政治家，墨索里尼主要政敌之一。

彻斯特卫报》上。他和萨尔瓦多妻子的访谈、佛米奇的来信以及他给佛米奇的回信分别于 8 月 7 日、8 月 25 日、9 月 20 日在该报上发表。罗兰对泰戈尔的头封回信不甚满意，但安慰自己"有胜于无"。他常引用泰戈尔至安德鲁斯信中相关的片段，同时将泰戈尔对法西斯的批评借多家报刊以多种语言大肆宣传。

争议不断的意大利之行以及泰戈尔对法西斯的诘责自然有了相应后果。图齐在圣蒂尼克坦任职的资格被撤销，图齐因此离开了圣蒂尼克坦，但未离开印度。圣蒂尼克坦的老师马尼拉·帕特尔（Manilal Patel）告诉罗兰（据罗兰 1929 年 10 月 20 日的日记所写），泰戈尔和图齐曾在山间驻地两面相觑，图齐却没有和泰戈尔打招呼。帕特尔后请图齐推荐欧洲旅行地，图齐却说了句："别在圣蒂尼克坦干了，来我这儿吧。"

泰戈尔对意大利态度大变，《现代评论》揪着这一点乘机恶意嘲弄了一番。此时，该刊支持墨索里尼。刊文中诘问泰戈尔为何一开始要接受邀请，既然接受了邀请，如今竟然指责东道主，这是何等无礼。暂任主编阿索克·查特吉（Asok Chattopadhyay），即同时期也在欧洲巡回的拉马南达之子，问道：或许泰戈尔未及时了解世界时事政治，这于一位诗人尚且可恕，那么他那些"见多识广"的助理们又如何呢？泰戈尔为此写长信愤然驳斥阿索克出言冒犯，反问阿索克：30 年来他

泰戈尔像，1926 年摄于瑞士。

227

泰戈尔与普拉提玛和拉辛德拉纳特，1926 年摄于罗马。

为《普拉巴西》和《现代评论》效劳，竟当受如此回报？拉马南达则只
是惜字如金地回信说：如有相关事实谬误，当予以订正。《普拉巴西》
后来确实更正了错误说法，申明后来得知拉辛和普拉桑塔的确反对过泰
戈尔接受墨索里尼之邀。

但这个故事还未结尾。有争论者指出，1926 年法西斯分子还未凶相毕露，所以泰戈尔之行可以谅解。然而，泰戈尔在 1930 年再次见到了满脸委屈的佛米奇，他还问是否有机会再去意大利。佛米奇说没有问题，只要写封信给墨索里尼便可。泰戈尔果真写了封信给墨索里尼，感谢他慷慨相赠，大方相迎，希望误会已解。他把信交给拉辛检查，看如此寄给墨索里尼是否为妥。不久之前，大家还推测拉辛暗自保留了泰戈尔这封不合时宜的信。如今事实揭晓了，拉辛的确寄出了这封信。

佛米奇，这个马哈拉诺比夫妇眼中的法西斯爪牙和两面三刀的"小人"，1931 年竟然受《泰戈尔金典》（The Golden Book of Tagore）编辑委员会约稿，他只略施情面。另一个"小人"图齐则被国际大学授予最高荣誉——"德馨科坦"（Desikottam）称号，不过这已是泰戈尔过世后的事了。当然，图齐也称得上是真正的学者，伟大的印度学家，才华横溢的语言学家。在圣蒂尼克坦待的短短一段时间里，他就学会了孟加拉语，并将泰戈尔的《随想集》（Lipika）译为意大利语。

泰戈尔与罗兰短暂相会后，继续他盛大的欧洲之行——苏黎世、卢塞恩、维也纳、巴黎、伦敦、英格兰德文郡的托特尼斯（恩厚之受斯里尼克坦启发，在此地创立达廷顿堂[①]）、奥斯陆、斯德哥尔摩、哥本哈根、汉堡、柏林、慕尼黑、纽伦堡、斯图加特、杜塞尔多夫、德累斯顿、布拉格，又回到维也纳，接着是布达佩斯、贝尔格莱德、索非亚、布加勒斯特、雅典，之后从雅典返回亚历山大省、开罗，于 1926 年 12 月回到印度。

拉辛德拉纳特在发言中总结了这次欧洲大陆之行所遇："每个车站都是人山人海，他们慕名而来沾光（darshan[②]），抑或只是碰一下他长

---

① 达廷顿堂（Dartington Hall），位于英国德文郡，创办宗旨是以创意促进更为公正和可持续的生活方式，崇尚从自然生态、艺术、社会正义中学习。

② "darshan"是印度教用语，实行者相信见伟人一面能有德、沾光、增禄、得福。

1926 年，泰戈尔与德国知识分子。

袍的边角——此种景象与我们眼中崇尚理性、不易动声色的西方人所应为大相径庭。"这种迎接的阵仗还有其喜感的一面。保加利亚国王在国界上安排了一辆专列给泰戈尔等人作接驳用，而多瑙河的另一岸就是罗马尼亚。保加利亚人将泰戈尔及其同行者转送到战斗巡洋舰后，船上旗帜飞扬、彩旗飘舞，热闹的告别仪式上更是礼炮齐鸣，军乐队把保加利亚国歌奏得震天响。此时，船上的客人却惊讶地发现河岸一座废旧的码头上，一个人孤零零地在大比手势，急得团团转，而这个人越是咬牙切齿，护送客人的保加利亚人越是乐得有趣。原来，那个打手势的人是罗马尼亚这个小小火车终点站的站长。保加利亚人事先设法不让罗马尼亚政府知道泰戈尔过境的确切消息，就是想弄得罗马尼亚人没法给泰戈尔安排欢迎仪式！

在伦敦时，俄国及波兰裔美国雕塑家雅各布·爱泼斯坦（Jacob Epstein, 1880—1959）创作了泰戈尔半身像雕塑作品。这件作品看起

泰戈尔：生命如远渡重洋

来整个半身像倚在胡须上，因此受到批评。爱泼斯坦虽创作了这件半身像，可是在自传《要有雕塑》（*Let there be Sculpture*）中，他对泰戈尔的评价甚为粗鲁。他很看不惯这位似乎自感优越的创作对象，因为这个对象非要佯装成圣洁高人。"有一次，两个美国女人来拜见他，我记得他们离开时，慢慢退下，双手高举，大表崇拜。"在半身像的边缘，爱泼斯坦刻着源自《吉檀迦利》的一句诗："我就是那个坐在最贫穷最孤独最失所的人们当中的人。"但这句诗与原文相去甚远，原诗句是："你和那最贫最贱最失所的人们当中没有朋友的人作伴，我的心永远找不到那个地方。"[①] 在自传中，爱泼斯坦说到大家的批评也许是对的，这尊半身像的确看似倚赖着那络腮胡——那正是虚假圣洁的伪饰。

罗兰对 1916 年泰戈尔在日本的演讲《印度对日本的启示》是大加赞赏的，认为其为人类历史上的一座丰碑。1919年，他还请泰戈尔签署《精神独立宣言》（*Declaration of Independence of the Spirit*），以挺身反对世界各地对知识分子的压迫和奴役。泰戈尔同近千名国际上重要的知识分子都签署了这份宣言。罗兰从前翘首盼望与泰戈尔会面，终于在 1922 年 4 月于巴黎得以第一次相见，他还说那次与泰格尔会面是他最为珍贵的记忆之一。然而，他不太认同泰戈尔满世界东奔西走的行为。1926 年的欧洲之行令他最为恼火，因为泰戈尔所见的人物全是世界各地图谋反动的统治者。他这种永不满足的漫游欲使得罗兰不再留情地评价道：泰戈尔很喜欢卖弄自己。

爱泼斯坦创作的泰戈尔半身像

---

① 出自《吉檀迦利》第十首。

泰戈尔与曾经的小女孩瑞努，后来的
瑞努·穆克吉夫人。

绚烂动人的才智

　　泰戈尔对自己波动难安的心绪和过高的热情感到难堪，但他也情不自控。早在 1902 年，他在一首诗（泰戈尔自己英译，并收录在《园丁集》中："我心绪不宁。我渴望着遥远的事物。"[①]）中表达过这种心情。1912 年，他在第一次海外行前夕写信给常常在精神和社会问题上向他寻求建议的卡丹芭里倾诉，他说自己作为一名孟加拉人，生在泰戈尔家，不希望生平仅有这一种身份，他来到世间本是一个世界公民，他也立志以世界公民的身份离开。

　　瑞努十二岁后，他一再努力使她了解其中的道理。瑞努·阿迪卡黎是贝拿勒斯一位哲学教授的女儿。她写的文字透着早慧，因此泰戈尔很关注她，并逐渐纵容她。瑞努从未在圣蒂尼克坦求学，但其姊妹和表姊妹在那里上过学，因此她学年假期中经常去圣蒂尼克坦学校。这个活力四射、有时行事大胆的女孩人见人爱，但随着年岁渐长，她的活泼放诞却毫不收敛，这使她的父母有些不放心；往后更甚，1923 年，泰戈尔极为成功的《牺牲》在加尔各答上演，她在其中扮演阿帕尔娜，收获了如潮的热评。被众多追求者吓到的父母想把女儿嫁出去，但瑞努是难攀的凤凰——除了泰戈尔，她竟谁也看不上。年已六十三岁的泰戈尔（此时瑞努才十八岁）面对这样棘手的情况不知怎么办才好。他不能伤害到她，

　　[①]　出自《园丁集》第五首。

因为瑞努是敏感的；他给她介绍了几个合适的人做新郎，其中也有泰戈尔大家族里的后辈，但瑞努嫌弃他们是傻瓜。直到 1925 年泰戈尔从阿根廷途经意大利回国后，才终于听到瑞努已经同意与相亲对象结婚的消息。泰戈尔也见了那个男孩，他是白手起家成为印度行业领袖的 R.N. 穆克吉之子，穆克吉赞同两人的结合，尽管阿迪卡黎和穆克吉两家不算门当户对。

据说，瑞努还是泰戈尔刻画《红夹竹桃》中心角色南迪妮时的灵感来源。不知确切与否，但 1923 年 4 月到 6 月，瑞努都和泰戈尔家一同在西隆，泰戈尔正是在此创作出该剧的两版初稿（该剧的草稿多达十版）。这部剧的主题是将使人性沦丧的拜金主义同爱善对比，机器同个体对比，集体同个性对比。泰戈尔很快翻译出英文版，并在孟加拉语原版出书之前就将其发表在《国际大学季刊》上。不幸的是，《红夹竹桃》未能在西方引起什么回响，西方读者对其中隐晦的象征难以理解。泰戈尔亦从未将这部剧搬上舞台——显然是因为他找不到哪位女演员能演得出剧中青春朝气、亲切可人的欢快少女南迪妮。大家对这部剧也有诸多解读——反资本主义、反威权，甚至反西方——且最后一种说法出自泰戈尔本人反驳《曼彻斯特卫报》的负面评论。

《摩克多塔拉》和《红夹竹桃》未能由泰戈尔搬上舞台，但《舞女的膜拜》（泰戈尔英译为 The Dancing Girl's Worship）在 1927 年 1 月 21 日、29 日和 31 日于加尔各答三次上演，引来狂热好评。为了保护（当然是在乔拉桑戈的）公开演出上表演和伴舞的女孩

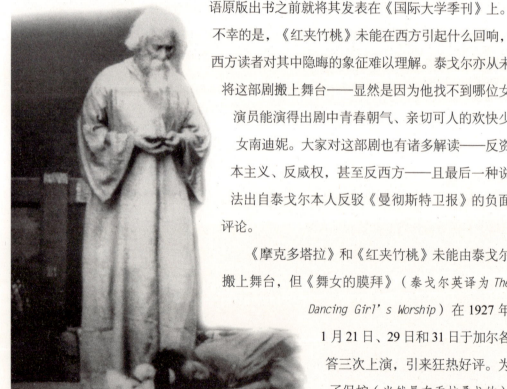

泰戈尔在《舞女的膜拜》中扮演僧人优婆离，1927 年摄于加尔各答。

们，泰戈尔为自己在这出戏中安插了一个角色，以便一同上台，并在八个月前如此在圣蒂尼克坦演出过。前文提过，《不朽》是反对女性参与公开表演的。于是这份杂志诘责道：如果非要依赖出卖学生颜面来筹钱，圣蒂尼克坦又有何用？但是，清一色的女学生阵容，南达拉尔·巴苏女儿呆蕊（Gauri）精彩绝伦的终场舞，以及小巧但到位的舞台设计都令加尔各答观众心醉神迷。然而，1932 年，由新兴戏院（The New Theatres）出品的电影版《舞女的膜拜》却失败得一塌糊涂。这部电影在吉德拉影院大厅的放映时间甚至未超过一周，去看电影的观众在大厅里一顿打砸，都要求退票。不过这也不能全怪他们，毕竟这部用了一万英尺长胶卷的电影不过是完全照搬乔拉桑戈演出的舞剧罢了。新兴戏院公司声称这部剧正是出自泰戈尔导演之手，如果确实如此，那么电影这种媒介便不在这位才华横溢的天才的掌握之下。对电影迷来说，刻板无聊的镜头加上四处乱舞的姑娘实在乏味。

1930 年，泰戈尔还有过一次拍电影的尝试。这一次他不是导演，而是剧本作者。圣蒂尼克坦的学生喜曼苏·雷伊（Himangshu Ray，1892—1940）从前统筹过电影《亚洲之光》（*The Light of Asia*，1925），而且很成功。这部电影的导演是比品·钱德拉·帕尔的儿子尼兰詹·帕尔（Niranjan Pal）。喜曼苏于是想让泰戈尔操刀剧本，写一部关于基督的电影，并把这个创意卖给德国颇有声望的电影制作公司 UFA。他带着泰戈尔去德国巴伐利亚州的小镇上阿玛高，这里每隔十年就会大演耶稣受难复活剧。泰戈尔在最后一次欧洲大陆之行期间，于 1930 年 7 月 23 日观看了这出耶稣受难复活剧，然后连夜用英文创作出《儿童》（*The Child*）。不巧的是，UFA 受到 1929 年经济大萧条影响，且公司制片人中的进步人士遭到了纳粹清洗。泰戈尔本人也并非专业的电影剧本作家，他以为剧本能以这首由一连串意象组成的长诗为基础发展起来。这部电影最终未能成形。

　　祖国印度的批评家们也从不忘挑挑泰戈尔的刺，泰戈尔向来不卑不亢地予以反驳，有时干脆不理，有时见了面和对方戏谑一番，但不过是私下而已，有时也难再冷静，但仍不忘克制自己，以免当众失了风度。但在 1927 年，他做了一件大家始料未及的事。结束靠近阿格拉和阿瓦加尔两地（此间，阿瓦加尔王公为国际大学慷慨解囊，并为自己访问圣蒂尼克坦援建了一座行宫）的婆罗多布尔之行后，在阿默达巴德休养期间，泰戈尔拿到了爱德华·汤普森由牛津大学出版社于 1926 年出版的《泰戈尔：诗人和剧作家》，他决定迎头回击。汤普森那居高俯就的口气让泰戈尔很恼火，他认为这是汤普森拿自己是个英国人作势。于是，他用笔名巴尼比诺德·班纳吉（Banibinod Bandyopadhyay）向《普拉西比》杂志投稿了一篇书评。1921 年，汤普森还曾出版过《泰戈尔：生活与工作》（*Rabindranath Tagore: His Life and Work*），即使早在那时泰戈尔就不甚赞同书中所写，但由于他清楚汤普森依据的是普拉桑塔·马哈拉诺比

泰戈尔前往访问大印度文化圈途中。

236

所讲的事实和其观点，因此没有提出批评。原来，泰戈尔鼓励汤普森的研究工作，当面应允汤普森对自己作品的引用和翻译。不过，他又告诉普拉桑塔——明知自己的话会传到汤普森那里——汤普森并不理解奥义书经典和毗湿奴派抒情诗歌对于自己生活和工作的影响，而夸大了英国浪漫主义诗人的作用。很久以后，汤普森所写的第二部专著又经扩充和修订，不过那时故去的泰戈尔已无缘得见。

幸好泰戈尔和汤普森的交情未断。汤普森本曾计划一项重大工作——出版《孟加拉诗选牛津读本》（*Oxford Book of Bengali Verse*），需要收录贯穿中世纪时期直至现代的孟加拉诗歌作品，他想让泰戈尔负责孟加拉版本，他自己翻译成英文版。汤普森早在 1921 年就制订了这项计划，但由于协助泰戈尔扫描孟加拉诗歌作品以供筛选的普拉桑塔办事过于拖沓，他暂且放弃了。1929 年，他又重拾这项计划，同样没能成功，一则还是因为两位拖沓懒汉——普拉桑塔和苏欣德拉纳特·达特（Sudhindranath Datta，1901—1960），后者负责收集现代部分的诗歌；二则由于牛津的顾问和编辑造成的混乱局面。实在受不了那两位助理的泰戈尔在国际大学诸位教师的帮助下于 1938 年编纂出《孟加拉诗歌选读》（*Bangla Kavyaparichay*）。但这部选集也被召回，因为孟加拉的中青年现代诗人们在入选与未入选的得失之间大呼不满。修订版原承诺在几周内面世，但不了了之。

1927 年的国际大学正时运不顺。声名在外的学者接连来到这里做访问教授，但他们同样在此陷入大学校园里狭隘的钩心斗角中，毫不相让地私下在泰戈尔那里互相中伤。资金问题也从未解决，因为此时还不强盛的国际大学又添了许多学科。1927 年，杂志《独特》首发，资方出手大方，纯粹为了资助考虑的泰戈尔创作出小说《纠缠》（*Yogayog*），从 1927 年 9 月起共连载整整十九期。1928 年另一部小说《最后的诗篇》（*Sesher Kabita*）分为八期连载于《普拉西比》上。《纠缠》原本

计划写成一部横跨三代的恢宏巨作，然而泰戈尔未能将故事"拖出"一代人之外。读者本期待一部媲美《戈拉》的史诗之作，却惊讶地发现，全书以女主人公怀孕作为脆弱的封建主义和粗暴的商本位之激烈冲突的终局。同时代最受欢迎的小说家萨拉特钱德拉·查特吉（Saratchandra Chattopadhyay, 1876—1938）嘲讽这部小说的收尾，说某种看似无法调和的不兼容问题居然被一位女医生搞定了！

　　尽管两人在"非暴力不合作"运动上有些争锋相对，萨拉特钱德拉本人对泰戈尔绝不失尊敬。有一次，一位读者认为他是比泰戈尔更伟大的作家，他予以反驳，他说自己是为像这位读者一样的人写作，而泰戈尔是为像他那样的作家写作。但1927年8月，萨拉特钱德拉的《道路所有权》（Pather Dabi）遭到正式查禁，而泰戈尔拒绝给予任何精神上的支持，这令他非常受伤。泰戈尔写信说，如果他写了煽动性的小说，便也不应期望政府对他下手从宽。

1927年，泰戈尔在马来半岛。

1927 年，泰戈尔与暹罗的印度裔侨民。

与《纠缠》不同，《最后的诗篇》是部美言小说，美到有些批评家指出它辞藻浮华。这部小说以爱情为主题。在班加罗尔完书时，当时接待泰戈尔的同时代杰出哲学家布拉金德拉·内斯·希尔感叹道，泰戈尔年近古稀竟还能把握一个纯粹的爱情故事。出乎希尔意料的还在后头，写于 1928 年 8 月至 12 月的一系列爱请诗《穆胡亚集》（*Mahua*，"穆胡亚"指一种致醉植物）于 1929 年出版了。

1927 年 7 月 2 日，孟加拉合作组织协会（Bengal Cooperative Organizations Society）在加尔各答的阿尔伯特大厅庆祝国际合作节（International Cooperators' Day）[1]，并邀请泰戈尔主持庆典。泰戈尔在此重提他 1904 年著名演讲《自治的社会》中所述的合作原则，但在当时风云激荡的浮躁氛围下，泰戈尔的吁请鲜有人听得进去。七年之后，

---

[1] 国际合作节，也称国际合作社日。1922 年，国际合作社联盟决定将每年 7 月的第一个星期六确定为"合作者的节日"。

在加尔各答的市政大厅，泰戈尔在印度斯坦合作保险组织（Hindusthan Cooperative Insurance Society）成立二十五周年纪念典礼上作为主席致辞。回到 1906 年，泰戈尔是众多签字上书支持国家合作保险组织（National Cooperative Insurance Society）计划的呼吁者之一；三年后，他还将乔拉桑戈比奇特拉大会堂的一楼借给刚成立不久的印度斯坦合作保险组织使用。他亦因此写出史上第一本孟加拉语公司章程，并通过签署备忘录加入组织。他的侄子苏伦德拉纳特就是这一组织的创始人。

大约十年前，泰戈尔访日后去了中国，欲寻印度文化的遗迹，但演讲与采访纷纷不断，他根本没有多少时间完成这一心愿。1927 年，泰戈尔启程去往他所言的大印度文化圈（Greater India），包括新加坡、马来半岛、爪哇、巴厘岛和暹罗。此前，荷兰的考古学家盛邀泰戈尔去看看历史遗留下的印度文化，爪哇人也请他去瞧瞧自国的文化遗产。两位马尔瓦尔族商业巨擘 G.D. 贝拉和 N.D. 巴乔瑞亚（Bajoria）赞助了泰戈尔的这趟旅程。泰戈尔的同行者则包括语言学家及语法学家苏尼提库马尔·查特吉（Sunitikumar Chattopadhyay, 1890—1977）、艺术家及建筑师苏伦德

1927 年，泰戈尔在婆罗浮屠塔的台阶上。

拉纳特·加（Surendranath Kar）、在圣蒂尼克坦教艺术的迪伦达拉·克里希那·德瓦曼（Dhirendrakrishna Debbarman），以及当时正在圣蒂尼克坦的荷兰音乐家阿诺德·贝克（Arnold Bake，1899—1963）。不同于1926年的欧洲之行，此程在苏尼提库马尔笔下有生动的记述。

泰戈尔之前的中国之行比预想逊色许多，这多少由于中方翻译未能恰当传达泰戈尔的英文。而这次大印度之行则有苏尼提库马尔出力，他可以用北印度语翻译泰戈尔的演讲。此外，国际大学信仰基督教的泰米尔族[①]教授阿亚姆·威廉姆斯（Aryam William）已提前抵达，他可用泰米尔语为泰戈尔进行翻译。本是一路高歌的旅程却遇到了不和谐音的声音——拥护英方权益的《马来亚论坛报》（Malaya Tribune）扭曲地解读泰戈尔在《上海泰晤士报》（Shanghai Times）上的文章，以此攻讦他的政见，制造泰戈尔反英的印象。不过，这番刻意曲解很快被另一份马来报纸纠正。同时，这趟旅程为国际大学收获了大量捐赠。

但这次大印度之行仍不乏负面事件。1924年结束中国之行后，泰戈尔的陪同者卡利达斯·纳格创建了大印度学会（Greater India Society），泰戈尔是第一任主席。随着学会扩大，卡利达斯失落地发现拉辛德拉纳特和普拉桑塔正让泰戈尔相信自己计划将大印度学会发展为国际大学的竞争对手。卡利达斯向罗兰吐露，若要令泰戈尔知道这是恶毒的谎言，自己难免承受巨大压力。然而自墨索里尼事件后，拉马南达（卡利达斯是其女婿）和泰戈尔之间一直裂痕未弥。卡利达斯去法国索邦大学深造时，本也是泰戈尔将他介绍给罗兰，自此罗兰便成了卡利达斯的"师父"。罗兰还打算用《泰戈尔金典》作为泰戈尔七十大寿的贺礼，此书将由拉马南达负责编纂。

卡利达斯对这个提议感到不安，他告诉罗兰，自从《普拉西比》和

---

① 泰米尔人居住在印度南部和斯里兰卡等地。

时年六十一岁的泰戈尔，布拉·马哈拉诺比斯（Bula Mahalanobiṣ）摄。

《现代评论》指摘泰戈尔访问法西斯意大利后，泰戈尔和拉马南达彼此
敬而远之。但罗兰坚持不愿把此事托付给泰戈尔在印度那些所谓的朋友，

242

因为他们反倒想这本书在法国出版。但这本书必须在印度问世，否则印度人会一再误信泰戈尔与自己的印度同胞有隔膜，变得心向西方了。罗兰嘱咐卡利达斯，借他自己、爱因斯坦（已经本人同意）和贾加迪什·博斯三人的联名呼请书，必须联系上罗兰结交的所有作家。不过，罗兰并不熟知泰戈尔在英美的所有友人，所以要请卡利达斯在拉辛的帮助下最终给出一份名单。不论如何，经过决定，这本书须由一位知识分子本人编纂，同时由可胜任者编辑。最后，这份呼请书又得到甘地和在世最伟大的希腊诗人之一帕拉马斯①两人签名，由拉马南达主手编纂，成果确实斐然。罗兰希望各位执笔者不要作平淡的赞颂这一类致敬书籍的庸辞，而要将至高的杰作献给泰戈尔——诗人作诗，散文家作文，画家作画，等等。

1931 年 12 月 27 日，在加尔各答市政大厅，这本书由拉马南达代表该书编辑委员会献给了泰戈尔。H.G. 威尔斯和萧伯纳则由于厌烦不断地催促而拒绝献文。泰戈尔本人也不喜欢这一套仪式庆典，正是因为总会遭遇上述难以避免的尴尬。

1928 年，圣蒂尼克坦校历上还新增了两个节庆活动——一是在圣蒂尼克坦举行的植树节（Vriksharopan）；二是在斯里尼克坦校区举行的耕种节（Halakarshan）。此外，迎雨节、春节、杜尔迦节分别在 1921 年、1923 年和 1908 年开始举办。九月节会（Paushmela）②原本并非是人们载歌载舞的欢庆会，而是农村手工艺品集市，以大放烟花助兴而已。泰戈尔及往后的拉辛都在这里植树造林，为博尔普尔这片贫瘠的土地营造出一方绿意，而且种下的树苗是收集自海内外各地。这些节日的目的，顾名思义，在于迎雨、迎春、迎秋、植树、耕种。圣蒂尼克坦的师生偶尔还会在加尔各答演出用于这些节庆的曲目，进行筹资，这么做不仅为了

---

① 科斯蒂斯·帕拉马斯（1859—1943），希腊诗人，《奥林匹克圣歌》的作者，是 19 世纪 80 年代希腊文学的中心人物，深受希腊人民爱戴。

② 九月节会延续至今，"Paush"是孟加拉历的九月，大约是公历 12 月至 1 月间，节庆活动为期三天，后来延长至六天。如今节会常包含一些娱乐活动，吸引了许多外来游客。

学校，也为了救济孟加拉其他地区遭受饥荒或洪水的灾区人民。此后，春节和九月节会吸引了众多游客前来圣蒂尼克坦，植树节则已由政府正式设立为一项全国性活动。

到 1929 年，泰戈尔访问了美国 3 次，但一次也未去过加拿大。不过，加拿大的国家教育委员会已向他发出邀请。此前，因加拿大种族歧视恶名远扬，他已拒绝过数次来自该国的邀请。1916 年，他拒绝了来自多伦多和蒙特利尔的邀请，并公开申明自己不愿涉足一个接纳不了印度人的国家。显然，驹形丸事故使他心怀痛愤。新加坡的锡克教商人租借了驹形丸搭载 351 名锡克教徒和 21 名旁遮普的穆斯林，抵达温哥华后，这群难民却被拒之门外。驹形丸返回了加尔各答，而乘客被命令搭乘专列返回旁遮普。抗令不从的乘客遭到开枪射杀——官方公布有 18 名锡克教徒死亡。到了 1929 年，泰戈尔着眼国际，于是接受了委员会邀请，以便传播国际大学的理念。

在加拿大为期 11 天的访问在演讲和采访中度过，但始料未及的插曲再次让泰戈尔在美国人那里尝到苦头。在美国时，泰戈尔本人虽未提及，但受美国基督教卫理公会（Methodist Christian Mission）派遣至圣蒂尼克坦以及此次陪同泰戈尔访问加拿大的博伊德·塔克（Boyd G. Tucker）教授愤恨难平地告诉了美国记者事情的经过。之前，泰戈尔的护照一时找不到了。于是，1929 年 4 月 18 日，泰戈尔在塔克博士和安德鲁斯陪同下到洛杉矶移民局，这位诺贝尔奖得主被盘问到是否会读书写字，是否有钱返回印度，诸如此类。泰戈尔虽已让欧美人爱之慕之如狂，但这位移民局局长却对他的容貌没有印象。

隔天，泰戈尔便收回他要在洛杉矶举办讲座的承诺，且一并取消了接下来的在美行程。归途中去到日本时，他对日本采访者说，他对移民局局长并不积怨，他不过像对待任何东方有色人种一样对待自己，所以他原也不抱期望。

泰戈尔导电影

新兴戏院电影工作室创立于1931年，作为20世纪30年代印度最早的电影工作室之一，此工作室颇有声誉。工作室设立在加尔各答的城南市郊，曾经有一座茅草摄影棚叫作"Golghar"——圆屋。圆屋被视为一个圣地，许多朝圣者都到过那里，如杰出电影工作者（卡普拉、雷诺阿、普多夫金[1]等）、作家（萨拉特·钱德拉、查特吉、卡兹·纳兹鲁尔·伊斯兰等）以及国家政治领导人（尼赫鲁、萨瓦帕利·拉达克里希南、苏巴斯·钱德拉·博斯等）。

而这座圆屋正是新兴戏院公司首席摄影师兼导演尼丁·博斯（Nitin Bose）想要征得泰戈尔同意开拍《舞女的膜拜》时修建。泰戈尔本不同意，因为他认为孟加拉电影艺术拙劣不精。从前，他的许多短篇和长篇小说也被拍成过电影，但无一值得一提。不过，泰戈尔还是应准了，只是要求这部电影由他自己导演。工作室所有人匹仑德拉·纳斯·舍克（Birendra Nath Sircar）听到泰戈尔同意的消息和提出的条件，欣喜若狂。这于他是双喜临门——一是泰戈尔同意开拍《舞女的膜拜》，二是泰戈尔自己要求担当导演。因此，他植树摆花，修建茅草小屋，在临近的路上种满小树小草。泰戈尔很高兴看到这处摄影棚，把它叫作第二个圣蒂尼克坦。这就是圆屋的由来。

---

[1] 三者分别为意大利、法国、苏联著名导演。

开拍之日已到。泰戈尔带着一群出演该剧的圣蒂尼克坦学生来了。然而舍克却大吃一惊。拍摄开始了，在泰戈尔的导演下，摄影机竟原地不动，圣蒂尼克坦学生就这么在静置的摄影机前演着、跳着、唱着。当时他还安慰自己，泰戈尔那样的天才诗人，也许会对舞台演出有神来之笔吧。但是首日拍摄结束之后，快印影像送到了泰戈尔跟前，他神情凝重地看了快印，告诉摄制组还是由他们把电影拍完。3月22日，这部费了10551英尺胶卷的电影在吉德拉影院大厅首映。宣传语上还写着"由罗宾德拉纳特·泰戈尔导演"。

著名作家利拉·马钧达(Lila Majumdar，1908—2007)看过这部录制剧。实际上，电影最终是录制乔拉桑戈的一次舞台演出而成。在回忆录中她写到，去看电影的加尔各答观众对这部电影极度不满，他们砸了大厅里的椅子和电灯，并要求退票。于是电影一周内就被撤下了。

如今圆屋已不复存在，变成了又一座迦梨女神庙！

起泡的绿汁

泰戈尔起床很早。叶芝就曾在《吉檀迦利》的序言里写道："有人告诉我，'每日凌晨三点——我知道是由于我自己见过'，'他一动不动打坐冥想，接下来两小时都在神的世界里沉思不寤'。"这位向叶芝聊说此事的印度绅士或许有点夸大其辞，但住得离泰戈尔很近的圣蒂尼克坦的老师以及到校访客都作证说泰戈尔常常很早起床进行冥想。

还有许多人回忆起和泰戈尔同桌吃早餐的经历。泰戈尔吃得不多，而且无论谁和他同坐一桌，他都坚持邀请对方一起享用自己的早餐。不少作家都提到泰戈尔早餐时总会喝一杯起泡的类似冰冻果子露的绿汁。这样的经历大同小异，我们不妨看看其中一位学生是怎么说的。

普拉玛塔纳特·碧席（Pramathanath Bisi, 1901—1985）曾经是圣蒂尼克坦的学生，后成为学校老师。他发现泰戈尔吃早餐时，自己可以趁便求教，这不出所料。而且，泰戈尔也总把一部分早餐分享给他，普拉玛塔纳特也假装盛情难却，常常一同吃起来。但他一直对那杯绿汁感到好奇，不明白为什么泰戈尔从不给他尝尝。有一天，泰戈尔看到他偷偷摸摸地瞥自己的饮料，于是请人倒上另一杯来，请学生一起尝尝。普拉玛塔纳特迫不及待灌了一大口，瞬间不知该拿剩下那一大半杯怎么办。原来这杯饮料苦得要命，他这才知道，那是纯印楝汁①！他一口咽下余下的，还一边假装喜欢这味道，但自此他就特别注意，不再去泰戈尔的早餐桌上讨学问了。

---

① 楝科印楝属植物，一般树高 12—20 米。该树的种子、叶、根、皮、花及衍生物均具有药用价值。

在希伯特讲座期间，泰戈尔与牛津曼彻斯特学
院院长[1] L.P. 杰克（L.P.Jack），摄于1930年。

---

① 此处是指今牛津大学哈里斯·曼彻斯特学院。

最后的西行

　　1928 年，牛津大学邀请泰戈尔参加希伯特讲座。自讲座于 1878 年创始以来，这是牛津大学第一次邀请亚洲学者进行演讲。讲座是由罗伯特·希伯特（Robert Hibbert，1770—1849）资助举办，他意图推进神学交流。泰戈尔于 1928 年 5 月 12 日乘船启航，但由于病情过重不能继续，在科伦坡中途折返。所以，希伯特讲座之《人的宗教》演讲在 1930 年 5 月才发表。这一次西行，泰戈尔随身带上了一箱素描和彩画作品，为可能在欧美国家举办的展出做准备，虽然泰戈尔并未正式接受过绘画方面的训练。在阿根廷时：

> 他勾画起涂擦的痕迹，一行一行地索迹运笔，在勾勒的游戏间使线条突然显得生动起来：史前怪兽、鸟禽、人脸一一显现。泰戈尔在写诗的涂改之处创造出了一个形象的世界，对我们或咧嘴嬉笑，或双眉微蹙，或欣然大乐，神秘难测又让人觉得兴味盎然。

　　在印度国家文学研究院（Sahitya Akademi）所编泰戈尔百年纪念册中，奥坎波如上记述了自己第一次见到泰戈尔画作时的感受。1925 年，恩厚之送给泰戈尔一支专用笔，于是泰戈尔进一步发展了他线条狂乱的绘画风格。为了回应恩厚之的赠礼，泰戈尔亲自解释了自己的画作，他说自己的画是"梦的能量"过剩的产物。泰戈尔沉迷于写写画画，因此

泰戈尔与诺瓦耶伯爵夫人、奥坎波及其他友人在画展开幕式上，1930 年摄于巴黎碧加露画廊。

经常随手作画，不拘用纸——这些大多是不利保存的材料，因此这也成了一个问题。

　　1930 年 3 月 26 日，泰戈尔在家人的陪伴下抵达马赛，但希伯特讲座要到 5 月才举行。富豪银行家阿尔伯特·卡恩盛情接待了泰戈尔，这位银行家在全球广设奖学基金，同时又十分热衷文化活动，他曾邀请泰戈尔到自己的度假庄园下榻。泰戈尔在靠近蒙特卡洛的卡普马丹（Cape Martin）赏玩了几日，接着前往巴黎。安德赫·卡佩勒斯此时已在巴黎负有盛名。她认识巴黎所有重要的画家和作家，但在短时间内组织画展于她也非易事。幸好，当时奥坎波为了她那即将问世的杂志出版社也在欧洲。有人联系她，她就立马南下巴黎，安排泰戈尔住进一家叫作莫扎特花园的酒店套房里。对所见的素描和彩画作品，卡佩勒斯大感震撼，但奥坎波还不太确定这些作品的价值。而在瓦雷里①说必须展出这些画后，奥坎波开始做卡佩勒斯和卡恩都能所不及的事——5月2日，她就在碧加露画廊（Galarie Pigalle）举办了泰戈尔画展，且展览前后必要的宣传活动和新闻报道一应俱全。纵使亿万富翁阿尔伯特·卡恩也对奥坎波那种呼风唤雨的能力、气度、热情大为钦佩。

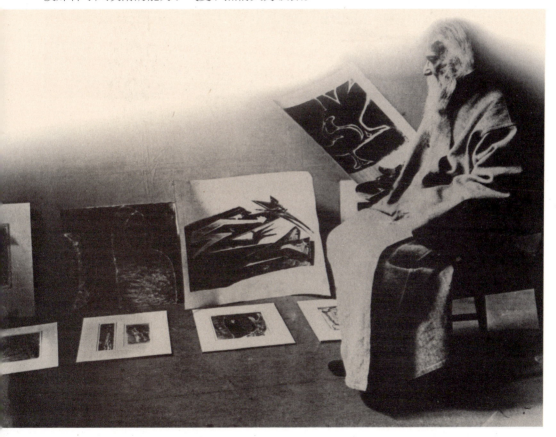

泰戈尔与其画作

---

① 保尔·瓦雷里（Paul Valery, 1871—1945），法国象征派诗人，法兰西学院院士。

画展开幕式到场时刻，1930 年摄于莫斯科。

　　奥坎波还用心确保这些画能在展览中展出绝佳的一面。所以，展览的场馆——一间大馆，两爿小馆——皆利用隐藏光源打光，墙上挂着灰色天鹅绒，如果观众有意，可以远观画作。导向地下一层的楼梯改造成了汽船甲板，营造出吧台一角。画作（共展出 125 幅）经过精选、稳稳挂好，彼此间隔。展览定于下午三点开始，但看展群众早在那之前就来了，泰戈尔亮相后人群愈众。卡佩勒斯说到，他一袭白衣，巍然像一尊雕塑，从阶梯上俯览众人之小。为观展手册撰写了前言的诺瓦耶伯爵夫人一身黑色长裙来给泰戈尔捧场。观众们流连忘返，一遍一遍地欣赏这些图画。有人说这些画不可能单单是某一个人的作品，而是共同的创作；有人把这些画称为通灵画；有人拿其中的风景画与雨果的风景画对比，并且对这些画好感更甚；有人还将泰戈尔与高更对比。展览一直到下午 6 点 30 分，人流众多，观众满满一堂，使得场馆内室温过高，泰戈尔退到了一间小侧屋休息。这场画展举办得如此成功，一切功劳归于奥坎波，未能出力、徒有仰羡的卡佩勒斯则只能饮愧。不过，在画展前后，卡佩勒斯的丈夫一直给泰戈尔提供专用的墨水，于是她见证了泰戈尔导师灵思泉涌，惊于他竟能一幅接着一幅不断创出新作。

巴黎画展之后，类似的展出活动接连举办——先是伯明翰（6月2日）、伦敦（6月4日）、柏林（7月16日）、德累斯顿（7月19日）、哥本哈根（8月9日）、日内瓦（8月至9月），然后是莫斯科（9月17日）、波斯顿（10月30日），最后是纽约（11月20日）。泰戈尔的这些素描和彩画作品经过鉴赏分析、与各种绘画流派作品比较，直至今日还有人在不断进行解读。在首次办展前，卡佩勒斯问过泰戈尔他认为观众的反应会是如何，他本人风趣地自评道：如果告诉观众这些画是三千年前的古董，他们就会留下印象了。说话时他一脸微笑。

说回到这次希伯特讲座，如迈克尔·萨德勒（Michael Sadler）代表牛津大学致辞时所言——慕名而来的听众空前多。他还对泰戈尔说："牛

1930 年，泰戈尔在法兰克福。

泰戈尔在苏联先锋公社（Pioneers' Commune）。

津不会忘记您的奉献以及您给我们的启迪。"

　　早于 1917 年，萨德勒博士（1861—1943）到印度出差时就与泰戈尔结识，彼行他作为加尔各答大学委员会主席前去进行大学教育汇报，并提议改革。罗森斯坦作为他的朋友在一封信里将他引介给泰戈尔。于是，泰戈尔在乔拉桑戈举行了音乐晚会接待萨德勒。萨德勒领导的委员会邀请众人去加尔各答就加尔各答大学交流意见，萨德勒本人则亲自去圣蒂尼克坦了解泰戈尔的看法。1919 年委员会发布报告，成为加尔各答大学校史上一座重要的里程碑。

　　在希伯特讲座期间，公谊会（Society of Friends）亦邀请泰戈尔对教友演讲，该会的教徒一般被称为"颤抖之徒"（Quakers）①，创立者是宗教领袖乔治·福克斯（George Fox, 1624—1691）。这是公谊会第一

―――――――――

　　① 公谊会，也称贵格会、教友派。"贵格"即 Quaker（颤抖者）的音译。

次邀请教派成员之外的人主持年度聚会。英国的公谊会成员并不同意泰戈尔所称英国政府对印度施行了压迫的观点，但众人包括泰戈尔予以了反驳。

英国之行后，泰戈尔接下来二访德国，然后是丹麦和瑞士。各处不

1930 年，泰戈尔在欧洲。

断予以盛情欢迎，重要的思想家们纷纷前来与泰戈尔会面。在日内瓦停留约一周后，泰戈尔去到苏联进行为期半个月的访问。众友人劝说过他别去俄国，那里住宿简陋、交通不便，意识形态也很糟糕。泰戈尔没有听从建议，且说真有改变的话，他想亲眼见识布尔什维克党的革命后人民的改造如何。1925 年，苏联科学院就向泰戈尔发出过邀请，并在往后一次次发来邀请信。

到了俄国，泰戈尔不把记录此行的事交给同行者，而是自己详细地进行了记载——于是有了《俄国书简》（*Russiar Chithi*），于 1930 年12 月至 1931 年 4 月在《普拉西比》分期刊出。但文中可见泰戈尔的矛盾心情。他赞赏苏联鼓励大众教育，合作兴农及建设医疗体系，同时也批评当局在扫盲、兴农、发展国家经济的过程中采取高压手段。似乎泰戈尔记得意大利事件的教训，因此在俄国懂得了收敛。他把此行称为一次朝圣，看到苏联短短十年的变化，他感慨万千，但即便如此，他尚未忘记从前无奈收回对意大利赞美的事，于是匆匆补充说自己反对一切形式的高压严控。然而事实上，泰戈尔的德国和美国友人都对他访谈之中流露出的对苏联体制的赞颂感到沮丧不已，说他倒成了苏俄的头号宣传者。但泰戈尔在《俄国书简》的最后一封信中指责了俄国的独裁统治，而且他本人翻译了这封信，名为《苏联体制》，1931 年 9 月发表在《现代评论》上。有意思的是，印度政府没有注意到这些孟加拉文信件的连载，也忽视了英文版《苏联体制》的发表，但当萨萨达尔·辛哈（Sasadhar Sinha）于 1934 年开始英译这本书，且刚从最后一封信着手时，《现代评论》的主编收到命令——不准再出版这些信。在英国国会里，有人指出这一反常命令，而国会给出的原因是，与《普拉西比》作为方言刊物相比，《现代评论》是一本英文月刊，海外读者广泛。其实，这道禁令原因不在于泰戈尔表现出亲苏联立场，而是因为他谴责了英国在印的统治。《俄国书简》不断地被左翼和反左各方人士引用，但总是断章取义，以随己便而已。

泰戈尔 1930 年的西行以第五次访美收尾，自 10 月 9 日起，至 12 月 13 日止。期间，泰戈尔的美国朋友们不遗余力——新闻媒体时刻关注泰戈尔的一言一行；电台请他参加录制；他公开露面时总是人山人海；新闻短片里播放他的采访；胡佛总统于 11 月 29 日亲自接见他。然而，泰戈尔对有时失误报道的记者仍会不满和怀疑，他向来批判美国的物欲主义和商本位，加之他对苏联体制有些称赞，这使得一小群美国人心生不快。因身体有恙，他又取消了几次邀约活动。恢复进行讲座后，一位采访人毫不留情地批评他："人已龙钟老态，又带病，可他还像好出风头的舞台歌王似的一直上台，告别个不停，做不到挥泪从那盏聚光灯下离开。"

这名采访者倒无意中道出了罗兰的心声。罗兰对泰戈尔的画作完全无感。泰戈尔访问俄国之前暂留日内瓦，罗兰去之后听到泰戈尔大谈自己已经完成的 500 幅素描和彩画（最终他创作了 2500 幅之多）以及欧洲对此的欣赏之情，感到心烦不已。罗兰很心痛，泰戈尔对自己这门新才艺洋洋得意之时，他的祖国印度正在"非暴力不合作"（Civil Disobedience）运动中沉浮，数千人被关进了监狱。

事实的确如此，1930 年和 1931 年的印度正处于一触即发的紧张时刻——甘地在 1930 年 3 月 12 日发起"非暴力不合作"运动；4 月 6 日从萨巴尔马蒂河（Sabarmati）至丹迪（Dandi）进行"食盐进军"，煮盐以反抗当局禁令①；4 月 18 日，革命分子袭击了吉大港的兵工厂；印度教徒和穆斯林之间再次发生冲突。不过，罗兰忘了，泰戈尔本就不是一位政治领袖，他对甘地的政治运动也从未怀有信念。据说罗兰坦白说过泰戈尔这次到访欧洲不过是混迹于上流社会，而奥坎波听了感到很受冒

---

① 1930 年，英属印度殖民当局制定了《食盐专营法》，大幅度提高食盐的价格和税收，引起了人民的强烈不满。在这种形势下，甘地毅然领导了"食盐进军"以与其斗争。

海伦·凯勒正在读泰戈尔的唇语，1930 年摄　泰戈尔与爱因斯坦，摄于 1930 年纽约。
于纽约。

犯。在泰戈尔百年纪念册中，针对罗兰这番抱怨，奥坎波还要求他拿出证据。她当时就在巴黎，在泰戈尔左右，所以她很清楚泰戈尔会见了哪些人。她说出的人包括纪德（1869—1951）、瓦莱里（1871—1945）、让·卡索（1897—1986）①，还有乔治·亨利·里维埃拉（博物馆馆长，他出力组织了泰戈尔的巴黎画展）。但所谓上流社会人士有否？安娜·诺瓦耶不过是一位普通伯爵夫人。

在美国，泰戈尔见到了弗罗斯特（Robert Frost, 1874—1963）、杜兰特（Will Durant, 1885—1981）、海伦·凯勒、爱因斯坦（后两位都是第二次会见），以及 1931 年的诺贝尔文学奖得主辛克莱·刘易斯（1885—1951）。杜兰特向泰戈尔介绍了自己新出版的作品《印度的故事》（*The Case for India*）②。虽然这本书未在印度被禁，但订了书的印度书

① 让·卡索（Jean Cassou, 1897—1986）。
② 该书是杜兰特夫妇为撰写《文明的故事》亲自到印度各地访问后所写。

商从未收过货。泰戈尔在1931年3月的《现代评论》上发表了该书书评，他担心这本书会在印度遭到查禁。他对作者杜兰特能脱离一般旅行者的身份，亲身关注印度的可悲状况表达了感激：

> ……他探究了我们不幸的历史。威尔·杜兰特先生给予了我们同样作为世人应享的尊重，承认印度人有权参与严肃决策……我尤其感谢他通过大量引用英国人自己对英国政策的谴责之词，以他之力令英国了解自己如何残忍地违背了其对印度应负的责任……

1932年5月7日，泰戈尔在德黑兰庆生。

在给泰戈尔的赠阅本中，杜兰特写下这句话："为何印度应得自由，有您一人，理由足矣。"

回到印度后，1931年9月26日于加尔各答的奥奇洛尼纪念碑（Ochterloney Monument）下，泰戈尔向超过十万的庞大群众发表演讲，以告英国统治者：不论他们的势力多么强大，倘若继续失信于民，殖民统治绝不会长久。

这场集会的近因是孟加拉梅迪尼普尔（Midnapore）的希利监狱（Hijli Jail）中有狱警杀害了桑托什·密特拉（Santosh Mitra）和塔拉克斯瓦尔·达塔（Tarakeswar Datta）两名犯人，在希利监狱中，还有成百上千名孟加拉青年在非人待遇下痛不欲生。而泰戈尔七十大寿之际，被关押在不丹边境布克夏监狱（Buxa Jail）的孟加拉青年曾勇气十足地向他致意，泰

1931 年，在加尔各答的奥奇洛尼纪念碑前组织的庞大集会活动，甘昌·穆克吉（Kanchan Mukhopadhyay）摄。

戈尔深感震撼。他回信中书写了一首十五行诗，慰问那些为同胞寻求自由之路而不惧生死的年轻志士。

1932 年，泰戈尔最后一次到国外访问（锡兰当时不算国外[①]），这次是应伊朗国王礼萨汗[②]之邀。泰戈尔壮胆乘坐荷兰皇家航空的飞机前往伊朗，航空公司费了很大心思，只为确保这位贵客的安全——因为当时的飞机还处于早期发展阶段。但这已是泰戈尔第二次乘坐飞机出行，第一次的短暂尝试是 1921 年 4 月 16 日从伦敦巴黎。

飞机先后在焦特布尔[③]和巴基斯坦的卡拉奇停留，隔天到达贾斯克[④]

---

① 当时锡兰和印度同为英联邦成员国。

② 礼萨·沙赫·巴列维（Reza Shah Pahlavi，1878—1944），巴列维王朝的缔造者。

③ 印度西北部城市。

④ 伊朗东南部小港市。

机场。休歇一晚后，最终于 4
月 14 日抵达布什尔[1]。从加
尔各答起飞总共耗时三天。4
月 17 日，泰戈尔由陆路从布
什尔去到设拉杰（Shiraj），4
月 23 日到伊斯法罕，4 月 29
日终于到达德黑兰。他在德黑
兰停留了两周。5 月 16 日，
他由铁路从德黑兰去到巴格
达，在那里受到费萨尔国王接
待。6 月 3 日，从巴格达出发，
再次乘坐飞机回到加尔各答。

泰戈尔拜谒哈菲兹之墓，1932 年摄于设拉杰。

　　泰戈尔于 1932 年 8 月至
1933 年 4 月在《独特》杂志的"波斯之旅"栏目中写了这次旅行见闻，
这么做是为了换取大约一千卢比的稿费，填充一下自己那无论何时、多
少不计、但总空空如也的钱柜。对于伊朗国王，泰戈尔心怀感激，因为
他实现了自己亲自到哈菲兹[2]和萨迪[3]墓前拜谒的心愿。泰戈尔的父亲曾
喜欢用波斯文朗诵哈菲兹的诗句，因此他很熟悉哈菲兹。此时，他已经
对令同行者赞叹的皇家阵仗习以为常，真正使他印象深刻的是伊斯兰教
徒的言行举止里丝毫没有因信仰对立而生的仇恨。他痛苦地发现，与中
东伊斯兰信徒相比，印度的伊斯兰信徒比较古板固执，易引发矛盾。

---

　　①　伊朗西南部港市。

　　②　哈菲兹（Hafiz，1315—1390），14 世纪波斯伟大的抒情诗人。

　　③　萨迪（Sa'di，1208—1291），中世纪波斯诗人，其作品风格一直是波斯文学
的典范。

诗人泰戈尔 1917 年在加尔各答举行的国大
党会议上朗诵《印度的祈祷》，此为加根
德拉纳特·泰戈尔画作。
资料来源：《拉辛德拉纳特·泰戈尔》

国困重重

1933 年，泰戈尔收到正在狱中的苏巴斯·钱德拉·博斯（Subhas Chandra Bose）的来信，由于他即将赴欧治病，他请求泰戈尔向欧洲显要写一封介绍信。泰戈尔应求照办，但苏巴斯却不领情，因为他认为这封信写得太呆板、太公文化。信里写的是："吾友苏巴斯·钱德拉·博斯将来欧治疗，我衷心恳请诸位友朋待他友善，给予帮助。"

泰戈尔的冷淡和拘谨不无理由。1928 年时，他对苏巴斯已经有些看法，因为苏巴斯为了印度教群权益与运管加尔各答大学城市学院（City College of Calcutta）的统一梵志会针锋相对。在 1928 年 1 月，拉姆莫汉·罗伊学生宿舍的学生在宿舍内敬奉萨拉斯瓦蒂女神像，公然违反不得在梵志会学校进行神像崇拜活动的命令。七名学生被罚，据传有几名立刻被开除学籍或停学。学生们辩称宿舍楼是由加尔各答大学出资建设和运营，而大学本身不由梵志会掌管。接着，城市学院的所有学生群起罢课，要求院方退回罚金。但院方态度并未缓和，于是家长们纷纷带着转学证明让学生搬离宿舍。因此，以学费为主要收入的城市学院资金来源锐减。更糟糕的是，一位曾出借 10 万卢比给城市学院修盖新楼的印度教女捐助人对梵志会的做法也心生不满，要求院方即刻归还借款和利息。

在此攸关时刻，泰戈尔从国际大学基金中抽出 12.5 万卢比的贷款帮助城市学院应对这次财务危机。但印度教学生的出走并未就此停息，为了学院能生存下去，教师及诸员工都被迫接受大幅降薪。这些印度教学

泰戈尔和萧伯纳，1931年摄于伦敦。

生中的领头羊就是苏巴斯，他认为印度教徒们不应屈服于梵志会正统派权势，必须争取奉行印度教仪式的自由。泰戈尔就这次冲突事件满怀愤慨地写了一篇文章发表于《普拉巴西》，并翻译成英文发表在《现代评论》上。《现代评论》由梵志会信徒拉马南达主编，拉马南达同样强烈反对印度教学生的行为。泰戈尔在这篇文章中措辞委婉地提到苏巴斯："难道这就是你所谓的培养自治自主（Swaraj）精神吗？培养自主精神要令所有各具差异的群体有合规合理表达自己的自由。"

1928年，苏巴斯还是孟加拉省级国大党委员会（Bengal Provincial Congress Committee）的支部领导人。他曾经是奇塔兰詹·达斯的学生，这出乎泰戈尔的意料。从前，奇塔兰詹本人很受乔拉桑戈的泰戈尔家族欢迎，与泰戈尔本人也很亲近，但后来却与他们渐行渐远。他创建了一本主张孟加拉文学应植根于孟加拉而非西方土壤的月刊，名为《人子》（Narayan）。该刊从1914年至1923年连刊九年。停刊之时，苏巴斯从曼德勒监狱（Mandalay Jail）写信给兄长萨拉特·钱德拉·博斯（Sarat Chandra Basu, 1889—1950）表达满心遗憾。萨拉特是自治党（Swarajya Party）的成员，该党派从国大党分裂出来后由奇塔兰詹领导。苏巴斯写到，《人子》月刊存在的意义在于对抗《绿叶》杂志，他将后者视为所谓激进作者的喉舌。在《人子》与《绿叶》的对立之中，大家就孟加拉作家在文学上应积极接触西方文化和思想还是应拓展民族本土现实主义进行着辩论。

泰戈尔为《绿叶》派辩护，他认为《人子》派作家对现实主义的认识是扭曲不端的。政治上，奇塔兰詹强烈谴责泰戈尔怀有的国际主义思想，他拥护甘地的"非暴力不合作"运动，并且为此放弃了自己作为一名大律师的光辉前程。奇塔兰詹其实不只是孟加拉的政治领袖，整个印度民族都视他为一位引路人，而甘地成功将他招至麾下为自己的政治策略效力，这极大出乎了当时政治观察家的意料。但奇塔兰詹去世过早，孟加拉的政治领导力因此被削弱。

1928 年 12 月，苏巴斯在加尔各答的国大党年度大会上组织群众参会，由此引起广泛关注。1930 年，他便当选加尔各答市长。泰戈尔请求苏巴斯让市政当局委任日本著名柔道专家高垣（N. Takagaki）。高垣之前受邀来到圣蒂尼克坦给学生们教授柔道用以防身，他教了两年，但圣蒂尼克坦负担不起他的开支。泰戈尔认为武术对于身体偏弱的孟加拉青年至关重要。然而奇怪的是，苏巴斯那时甚至未给泰戈尔一个答复。

1934 年 8 月，苏巴斯又一次从越南写信给泰戈尔，提出另一个请求。他刚完成自己的专著《印度的奋斗》（*The Indian Struggle*），希望由萧伯纳或者 H. G. 威尔斯为他作序。于是他请泰戈尔帮他联系萧伯纳或威尔斯。但信的末尾所写的话让泰戈尔恼怒。苏巴斯写道，他没有请泰戈尔来写，因为他可能不会同意为一本政治专著写序；他也没有请罗曼·罗兰来写，因为罗兰仰慕的是甘地，甚至泰戈尔本人也是支持甘地，虽然他也对甘地有过种种批评[①]。泰戈尔回信说，由于他对萧伯纳非常了解，所以并不敢请他来作序。他还补充到，不论甘地政见如何，他的精神力量为印度注入了鲜活的生命力。

在这之前，比哈尔大部分地区发生了大地震，死伤严重，而甘地将之归因于神对贱民制度的惩罚，这让甘地的追随者们大吃一惊。泰戈尔发表公开申明，对甘地居然相信一场自然灾害是源自神灵发怒表示遗憾。更不

---

① 苏巴斯和甘地的分歧主要在于争取独立的方式不同，苏巴斯主张暴力革命，因此他领导了印度国民军队，而甘地倡导"非暴力不合作"的抵抗运动。

幸的是，此时印度大部分群众都无理由地相信甘地的说法。泰戈尔明白甘地这么做是为了利用地震灾情使践行贱民制度的人生出敬畏之心。但泰戈尔说这种权宜之计绝不会奏效。从前，他还强烈指责过甘地在 1921 年发起

1936 年，泰戈尔在圣蒂尼克坦的旭日园。

的哈里发运动①。虽然他欣赏此举带有崇高的目的——联合印度教徒和穆斯林，但这一方法却全然不当，因为哈里发国（Caliphate）早已是陈旧不堪的反动体制。此外，泰戈尔还嘲讽甘地的说法：只要印度人人坐到手纺车前纺纱织布，他便承诺在一年之内实现自治。甘地认为，恰是需要这种承诺来调动群众的积极性，泰戈尔则根本不以为然。

不仅在日常生活方式上，而且在社会和政治见解上，甘地同泰戈尔都处于两极。但甘地一直尊泰戈尔为导师，听取他的看法。1921 年 10 月 13 日，甘地在《年轻的印度》一刊上称泰戈尔为"伟大的哨兵"。泰戈尔同样如此，不论对甘地政见如何存疑，一直称甘地为"圣雄"。泰戈尔全心致力于推行超越国界的国际大学设想和人本主义后，两人的裂痕不断加大。苏巴斯了解这一切，但同时认为自己无法使泰戈尔站到自己与甘地一边并肩作战。

泰戈尔虽不接受地震是神的惩罚的说法，但他全力支持甘地不懈地进行抵抗以及动员群众反对贱民制度的做法。但棘手的局面出现了。在特拉凡哥尔，甘地要求给予贱民身份的群众进入祭主仙人庙（Guruvayyur Temple）的权利，而泰戈尔的一位名为塔克的同事与甘地发生了争论。塔克说贱民不应该想着去上层种姓印度教徒修造的庙宇，而最好自己修庙。在这场甘地与塔克的争辩中，泰戈尔不太赞成塔克的立场。如果数百万贱民群众有能力自己联合起来，根本不会有这样的问题，可残酷的事实却是数百万文盲在百年以来一直背负着世人的偏见。所以，他们想要去庙里的话，应该得到支持。圣蒂尼克坦的祷告堂便是不论信仰，一律对外开放，但并不能指望众多庙宇的祭司或负责人都如此开明。

---

① 印度哈里发（Khilafat）运动，亦称"印度基拉法运动"。"一战"后，英国违背诺言，割去土耳其领土，从而引起全世界穆斯林的愤慨。印度穆斯林设立了"哈里发会议"（后改为"哈里发委员会"）。该运动得到甘地的大力支持。

萧伯纳与泰戈尔

策划《泰戈尔金典》一书时，全世界各地的作家和画家都受邀为此书献文献字。萧伯纳（1856—1950）被接连不断的邀请扰到烦心，禁不住向罗森斯坦一番诉苦（摘自罗森斯坦的《五十以来》[1]）：

让这些笨蛋尼克坦的傻瓜们见鬼去吧！我半年以来不停告诉他们，泰戈尔喜欢什么，就写些什么，署我的名字就行，还有另外半年不停地告诉你把这一点转告他们。

在书中，罗森斯坦还写到1912年在其组织的晚宴上泰戈尔与萧伯纳夫妇的初识。罗森斯坦本人并没有出席这一晚宴。他写道："我妻子告诉我萧伯纳有些不平，而他的妻子满心崇敬……'老青须公'[2]，萧伯纳离开时对我的妻子说：'真不知道他有多少老婆！'"

似乎萧伯纳对泰戈尔看法不佳，且日渐更甚，因为1919年他在一部短剧中给一个诗人取名叫蠢夫德拉纳特·太厌尔[3]。不过，萧伯纳有些反复无常。泰戈尔在《时光之缘》中写到1912年他们的两次会面：

一晚，我们受邀去参加梅·辛克莱女士举办的晚会。有名的作家相聚一堂。我父亲坐在萧伯纳旁边。餐桌上大家谈笑风生，妙语连珠，但众人都惊讶地发觉萧伯纳一声不吭。我父亲只得自说自话。别人告诉我们萧伯纳之前从来在什么场合如此沉默。下一次再和他见面是在王后音

---

① *Since Fifty.*

② 青须公（Bluebeard），也叫蓝胡子，法国民间故事中连续杀害6个妻子的人。

③ 萧伯纳模仿泰戈尔（Rabindranath Tagore）的名字，用了"Stupendranath Begorr"，"Stupendranath"显然想表达"stupid"之义，"Begorr"则是借自"Begorra"，也就是爱尔兰语中的"天哪"。

乐厅（Queen's Hall），大家到场参加小提琴家海费兹的音乐会。音乐会散场时，我们随着拥挤的人群走出大厅时，有人忽然抓住我父亲，让他转过身去，并轻声地说道："您还记得我吗？我是萧伯纳。"

见了这两面之后，萧伯纳和泰戈尔之间才发展出友谊。1913 年 5 月 24 日，萧氏夫妇邀请泰戈尔参加午宴，但泰戈尔由于已定下去牛津大学的行程，不能赴宴。萧伯纳的妻子见过泰戈尔几次，出席过他的讲座并观看过《邮局》的演出。1913 年 9 月 4 日，泰戈尔离开英国返回印度时，萧伯纳还对不能去参加送行晚宴感到遗憾。

8 月 22 日，不在伦敦的萧伯纳写信给与丈夫欧内斯特·里斯一起为泰戈尔举办了送行晚宴的格蕾丝·里斯：

26 日我恐怕不在伦敦。泰戈尔先生要在那时启程离开真是事不凑巧，伦敦没有人可为他好好送行。他此行结交了许多优秀的朋友，且都为他倾倒，我自己就是其中一个。

印度的几大报纸后来盛传萧伯纳将在 1927 年冬天访问圣蒂尼克坦。于是，泰戈尔在 1927 年 7 月 1 日给萧伯纳寄去一封信，说自己被四面八方来问他新闻是否属实的人围攻了。在这封信的结尾，泰戈尔回忆了 1913 年和萧伯纳见面的情景：

请转告您夫人，我还记得多年前在伦敦贵舍我们相谈甚欢之时，以及我多么盼望能有机会在另一地将此情此景重温。

7 月 31 日，萧伯纳以电报作答："憾矣，不知谁人了然我们对您的敬爱，捏造出一个美好的谎言。"

1931 年，在伦敦海德公园酒店，两人再次在《旁观者》杂志（The Spectator）为泰戈尔举行的午宴上相见，并进行了长谈。可惜这次谈话没有经过记录，1913 年泰戈尔拜访萧伯纳家的那次会面也无人记录。

泰戈尔：生命如远渡重洋

两人本还有一次机会在印度再见。当时萧伯纳在世界各地航游，1933年到达孟买。泰戈尔发电报邀请萧伯纳，但萧伯纳遗憾地表示自己年老不便加之身体欠佳，不宜上岸久待。"我深表遗憾，恐无法前来拜见。但聊可慰藉的是现在印度的局面也不容多谈。我完全清楚发生了什么。"

转庄为谐，他写到自己从孟买登陆，在街上逗留了几小时，去了那些对英国贱民开放的庙里。彼时，关于甘地发起贱民运动的消息正满天飞。

泰戈尔去世之后，萧伯纳提议伦敦国家肖像馆应增添泰戈尔肖像。国家肖像馆的馆长肯尼思·克拉克（Sir Kenneth Clark）同意悬挂两张泰戈尔的肖像，分别由罗森斯坦和缪尔黑德·伯恩（Sir Muirhead Bone）[①]创作。

---

① 缪尔黑德·伯恩（Sir Muirhead Bone，1876—1953），苏格兰蚀刻师、水彩画家。

1933 年萨罗吉尼·奈杜（泰戈尔右手边坐者）出力组织了在孟买举行的泰戈尔周活动。

　　1933 年 2 月 15 日，泰戈尔在斯里尼克坦参加大型集会，要求废除贱民制度，同时对中央司法委员会发布的《曼加埃尔法案》（*Ranga Ayer's Bill*）表示支持。为了支持贱民，泰戈尔翻译了极为钦佩他的诗人萨蒂德拉纳特·达塔（Satyendranath Datta，1882—1922）关于厕工的一首诗，并投稿至甘地创办的期刊《哈里真》。

　　1933 年 2 月，泰戈尔创作了戏剧《昌达尔姑娘》，该剧改编自尼泊尔的佛教文学故事。很久以前，曾经在圣蒂尼克坦求学、颇具才华的年轻校友萨提什钱德拉·雷伊（Satishchandra Ray，1882—1904）曾写过一首以此为主题的诗——《昌达尔》（*Chandali*）。泰戈尔很喜欢这首诗，并且觉察到了其中的戏剧元素，于是让他以此诗为基础创作一部戏剧作品。他尝试过后却发现自己把握不好戏剧艺术，所以，30 年后，泰戈尔自己写出了这部剧。9 月 12 日、13 日和 15 日，他和圣蒂尼克坦的学生们在马登剧院吟诵《昌达尔姑娘》。之后，于 1938 年，《昌达尔姑娘》

进一步在儿媳普拉提玛的建议下改编为舞剧，并在 1938 年 3 月 18 日、19 日和 20 日接连在庇荫影院（Chhaya Cinema Hall）上演。泰戈尔的亲友担心他身体抱恙再次病倒，但他不顾这些劝告，亲临 19 日的演出现场。时任国大党主席的苏巴斯·钱德拉·博斯和泰戈尔一同坐在观众席上。1939 年 2 月 9 日和 10 日，该舞剧的另一修订版本由圣蒂尼克坦学生在先生影院进行了表演。

这之前，泰戈尔还于 1932 年创作了一部散文剧《时代之旅》（Kaler Yatra），并将这部剧作献给小说家萨拉特钱德拉·查特吉。这部作品是从 1923 年发表于《普拉巴西》上的《战车游行》（Rathayatra）扩充而来，当时泰戈尔在杂志上向曾在圣蒂尼克坦读书后留校任教的帕玛塔纳特·碧溪（Pramathanath Bisi, 1901—1985）致谢，因为他之前创作了一部类似主题的戏剧。而帕玛塔纳特的灵感来自发生在圣蒂尼克坦附近村庄的一件真事。

在一次战车巡游节中，由于路面不平和车辆过重，村民拖不动战车，导致大家滞留一处。这时，一群桑塔尔男人和女人恰好路过。帕玛塔纳特问村民们愿不愿意让桑塔尔人（属于穷贱阶级）搭把手。出于苦恼，村民选择暂时放下阶级偏见。桑塔尔人欣然为他们出力，最终把战车推动了。泰戈尔对帕玛塔纳特的原作进行了一番编辑和修订，并让帕玛塔纳特以他自己署名投稿到《普拉巴西》。但是，经泰

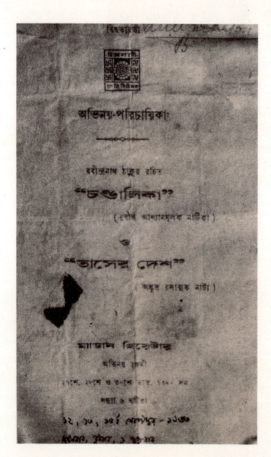

1933 年，马登剧院宣布即将上演《昌达尔姑娘》和《纸牌王国》的通告。

戈尔修改后的戏剧与原作出入颇大，所以帕玛塔纳特唯感仰慕，并不敢托名。

1933 年，泰戈尔完成又一部新作《纸牌王国》，并几乎立马就在马登剧院上演。这部戏剧是根据泰戈尔于 1892 年创作发表的短篇小说《纸牌国》（*Ekti Ashade Galpa*）的主题改编而来。这部两幕剧后在 1938 年扩充为四幕剧，并题献给苏巴斯。泰戈尔对戏剧作品的一再修改和增订有许多原因——有时是艺术加工，有时是为贴近实际（使其更适合具体的演员），有时不过是创作者想要发挥想象力。据圣蒂尼克坦的人说，改编《纸牌王国》的理由有些滑稽。在圣蒂尼克坦演出这部剧时，泰戈尔注意到一个男孩子总是紧紧跟在一个女孩身边，因此，他就调整演员位置，修改对话内容，以防此类骚扰行为发生。而且他作的增订能让演员们立刻明白原因！所以这个说法也许属实。但根据泰戈尔本人自述，在 1933 年 11 月的孟买演出中，他发现观众对孟加拉文对话没有什么反应，所以就加入一些歌曲，隔天晚上，他就很高兴地看到观众对连夜加入的歌舞都看劲十足。同时，他们仍能领会这部剧的中心意义。

萨罗吉尼·奈杜与泰戈尔

1913 年 2 月 15 日的《旁观者》写着：

印度诗歌的两部代表作品，一部从东方氛围中看西方文化，另一部是纯粹来自东方的启迪。

前者所言即萨罗吉尼·奈杜（1879—1949）的《时之鸟》（Bird of Time），后者即泰戈尔的《吉檀迦利》。埃德蒙·戈斯曾为萨罗吉尼的这部作品作序，且不吝称赞。1914 年，奈杜便入选为皇家文学学会成员。但 1912 年，由于戈斯阻挠，关于泰戈尔加入该会的提议遭到了否决。

萨罗吉尼出生自孟加拉裔家庭，但她并没有学孟加拉语，因为她自小在海得拉巴长大，英语是她的第一语言。1917 年，她向泰戈尔介绍了自己的作品《残羽》（Broken Wings），当年 8 月泰戈尔便写信给她：

"容我在您面前直白心声。读您上一本诗集再次让我将自己带着一双断羽在英语那外文世界里横冲直撞的模样看得清清楚楚。您用外国语言抒情丝毫不显费力，运神用思的每一笔既灵巧自如又深有雅致，着实令我妒忌。"

然而，萨罗吉尼却选择积极投身政治活动，后来成为印度国大党的首位女主席。她慷慨激昂的演讲风格还有艰苦之中依然热情洋溢的笑声尤其让大家印象深刻。

1933 年 12 月 3 日，泰戈尔还写了如下的信：

"我深深钦佩您。以往我只以为您和我一样是无足轻重之辈。虽希望坚持自己的判断，但您的人格里有另外一面，让我想再次表示，我深为钦佩您。您给我的助益无人能及，更加珍贵的是我与您走近并了解了您。

您有令人赞叹的天赋，我本会心怀嫉妒，但因为我敬爱您，我的心灵得到了解救。恐怕我这番话听来有些感情用事，显得唐突，但我并不在意。您的笑声令人欣然快慰，让我打开了心扉……"

泰戈尔深怀感激是因为萨罗吉尼在 1933 年 11 月的最后一周（即孟买举行的泰戈尔周活动）中倾力相助。期间，圣蒂尼克坦的 45 名学生跟随泰戈尔在迪南德拉纳特·泰戈尔①带领下演出了《萨普莫坝》和《纸牌王国》。泰戈尔的绘画作品在南达拉尔·巴苏和苏伦德拉纳特·加的合力协助下进行了展出。另外，泰戈尔发表了两次公开演讲。而这一切都有萨罗吉尼在背后贴心出力。她离开家，来到多拉吉·塔塔（Dorabji Tata）的豪华别墅陪同泰戈尔，帮泰戈尔与一众急着拜访他的来客周旋。当时照顾泰戈尔的拉妮·钱德还记得紧凑的日程令泰戈尔疲惫不堪——他要见孟买市长、副总督、首席法官、孟买省级议会主席，还要时不时见其他访客。一家烟草公司还原本安排泰戈尔参观工厂。萨罗吉尼知道后，大声说："这算什么！泰戈尔不会去。"但公司的领导们进退两难——全印度的负责人都到了孟买，就为了迎接这位贵客。但萨罗吉尼主意已定，她请泰戈尔的秘书阿尼尔·库马尔·钱德（Anilkumar Chanda）和拉妮代劳。工厂主们有如迎驾似的接待仪式让二人觉得不好意思。

这次泰戈尔周活动也成功为国际大学筹款 6.5 万卢比。

---

① 迪南德拉纳特·泰戈尔（Dinendranath Tagore, 1882—1935），泰戈尔的侄子；孟加拉音乐人，著名歌手和诗人。

舞剧《花钿女》在加尔各答新帝国剧院（New Empire）上演，摄于 1936 年。

夕阳尚好

1934年，泰戈尔带领学生剧团再访锡兰。此时，泰戈尔创作的舞蹈剧目已相当繁多：《新春》（*Nabin*，1931年迎春主题音乐剧）、《萨普莫坝》（1931）、《昌达尔姑娘》（1933）、《纸牌王国》（1933）和《旧歌会》（1934年迎雨主题音乐剧）。泰戈尔选择了《萨普莫坝》在锡兰上演。这部舞剧是由《阿鲁普拉坦》（1919）改编而来，新增了一节故事。《阿鲁普拉坦》则是《国王》（即《暗室里的国王》）的删减版。这部舞剧有其独一无二的特点，那就是剧中所用的歌曲没有一首是为该剧原创——第一版用了19首歌，第二版又加入10首，最终修订版再加入10首，这些全部取自以往的创作。但这部剧曾在多地上演，包括乔拉桑戈、勒克瑙、圣蒂尼克坦、孟买（演出收入达到1.4万卢比）、马德拉斯（反响平淡），还有科伦坡。

在加尔各答至科伦坡的航程中，泰戈尔写下一部短篇小说，经过多次修改，最终于1934年出版为小说作品《人生四幕》。泰戈尔为什么创作这部政治相关的小说，其原因并不清楚，但这部作品明显震惊了一众孟加拉革命人士，在小说中，革命阵营被刻画得毫无道德，因此垮了台。但让人惊异的是，作者本人倒认为这部小说体现的是反英国殖民统治，并且他担心此书在印度国内被禁。于是，他请曾任他文学秘书、当时正在牛津的阿米娅·查克拉博蒂（1901—1986）尽快将其翻译出来，从而可率先在国外出版。但泰戈尔并不中意阿米娅的译文，因此翻译工

1938 年于加尔各答上演的舞剧《纸牌王国》

作就耽搁了。泰戈尔最终还是先出版了孟加拉语版，此书在印度国内遭到了一众批评。在已出版小说的序言部分里，泰戈尔写到乌帕迪亚曾亲口向自己忏悔不该道德堕落。这一说法引来了质疑。再说，1907 年，乌帕迪亚正是由于拒绝与警方合作才惨死狱中。但不知为何，这部小说卖得很快。所以，第二版发行时，这篇序言就被删去了。泰戈尔不得不发文解释，希望读者将这部作品看作一个爱情故事——自治运动的风浪只是作为背景而已。作者希望小说所运用的抒情散文文体能够挽回影响，但有关其政治目的的争议至今不绝。阿米娅的英译版在一本美国杂志上发表，但未在西方读者中溅起水花。这部小说也是泰戈尔的最后一部小说作品。

在此之前，两部篇幅较短的小说已经出版。两部作品都经由《独特》杂志连载发表，因为该刊稿酬较之其他杂志更为丰厚。《两姐妹》（Dui Bon）在 1932 年 12 月至 1933 年 2 月发表完毕，《花圃》（Malancha）

则于 1933 年 9 月至 12 月发表完毕。这两部小说都探讨了新时代女性的婚姻关系。《花圃》的高潮中描写了一位备受冷落的妻子的彻底爆发，这在泰戈尔的小说作品中很是罕见。

1932 年，时刻感到囊中羞涩的泰戈尔接受加尔各答大学请他担任拉姆塔努·拉希里 [①] 基金名誉教授一职的邀请。经双方约定，泰戈尔在两年内择其方便之时举办几场讲座即可，酬劳是 5000 卢比。泰戈尔只在 1934 年 2 月和 1934 年 7 月 16 日举行了两场讲座。在 1923 年，泰戈尔也担任过加尔各答大学的特邀高级讲师一职，那时他举办过三次讲座。不用说，这些讲座都与文学批评有关。此外，在 1934 年，他还参

1938 年，泰戈尔在圣蒂尼克坦参加北苑（Udichi）的开园典礼。

---

① 拉姆塔努·拉希里（Ramtanu Lahiri，1813—1898），著名学者和社会活动家，为西孟加拉邦的教育事业作出了巨大贡献。

与了三场卡玛拉讲座（Kamala lectures），该讲座是阿苏托什·穆克吉为纪念已故女儿而设的。同时，泰戈尔也是为纪念阿苏托什母亲而设立的加加塔里尼金牌奖（Jagattarini gold medal）的第一位获奖人。

阿苏托什对泰戈尔可谓尽力相助，但泰戈尔与这位前副校长交往起来有些冷淡。1937年，阿苏托什的儿子桑普拉萨德（Syamsprasad Mookerji, 1901—1953）是时任加尔各答大学副校长。泰戈尔答应他在学位授予典礼上发言。他将典礼举行地点选在院长学院的草坪上，而不是一贯用来举行学位授予典礼的议员堂（Senate Hall），这样就可以容下五千多名来宾。这也是加尔各答大学有史以来首次有嘉宾在学位授予典礼上用孟加拉文进行演讲。兴许是这片大学草坪勾起了他的回忆，泰戈尔出人意料地谈起自己也曾是院长学院的一名校外生，但只在这里求过短短一天的学。因为受不了同学对他捉弄嬉闹，他就此告别了大学教育。在典礼发言中，泰戈尔强调了用母语教学的重要意义，对于最基础和最高等的教育都是如此。泰戈尔一直坚持推行母语教学，在其故后才颇有成果。不过在世时，他也颇感欣慰地看到了加尔各答大学愿意在教学以及入学考试中接受母语作为媒介，然而实际施行有些推迟，那是1940年，在萨德勒委员会的建议下才正式开始。

从1932年开始，泰戈尔想必已感到诗才将尽。从这一时期发表的诗集取名可窥其忧思：1932年写了《总结集》（Parisesh）和《再次集》（Punascha），1935年写了《最后的星期集》（Sesh Saptak）[①]。从1922年的《随想集》开始，零星的散文诗创作集大成于《再次集》，他将这部诗集题献给了孙子，即迷拉的儿子尼丁德拉。尼丁德拉曾在德国学习印刷和出版。他的父母长期分居，父亲纳根德拉住在伦敦，母

[①] 此处译名参考白开元译《最后的星期集》，但其实"Saptak"指的是七个音符，所以"Sesh Saptak"应该是"最后的乐曲"之义。另，此处上下文所用诗集名均优先参考已有中译本的译名，便于读者查找资料。

1940年2月，泰戈尔同甘地在圣蒂尼克坦。

亲迷拉留在圣蒂尼克坦。由于当时有效治疗药物尚未出现，尼丁德拉（1911—1932）因结核病早逝。纳根德拉此后在圣蒂尼克坦的皮尔逊医院设立了尼图 ① 纪念床位。此时，在前述因书入狱事件之后，1920 年至1921 年间曾作为秘书陪同泰戈尔访问海外的皮尔逊到圣蒂尼克坦复职。他将自己 1917 年出版的《圣蒂尼克坦：泰戈尔于博尔普尔创办的学校》（Santiniketan: The Bolpur School of Rabindranath Tagore）一书的版税收入捐了出来，以供简陋落后的校医院新添设施。此后多年，皮尔逊的支持者亦筹资提升医院水平，并将之命名为皮尔逊医院。不幸，皮尔逊于 1923 年在意大利的一次火车车祸中丧生。

———————————

① 尼丁德拉的昵称。

往后，泰戈尔重拾格律诗体，开玩笑似的说他必须证明一下自己在格律把握上宝刀未老。于是，诗集一卷接着一卷出版了：《小径集》（*Vithika*，1935）、《错位集》（*Khapchhara*，1937）、《儿歌之画集》（*Chadar Chhabi*，1937）、《边沿集》（*Prantik*，1938）、《晚祭集》（*Senjuti*，1938）、《戏谑集》（*Prahasini*，1939）、《天灯集》（*Akashpradip*，1939）、《新生集》（*Nabajatak*，1940）、《唢呐集》（*Sanai*，1940）、《病榻集》（*Rogsayyay*，1940）、《康复集》（*Arogya*，1941）、《生辰集》（*Janmadine*，1941）。在这些韵律诗创作期间，他还出版了两本散文诗集——1936年的《叶盘集》（*Patraput*）和1936年的《黑牛集》（*Syamali*）①。泰戈尔的绝笔作则收录在《最后的作品集》（*Sesh Lekha*）和《通俗读物集》（*Chhada*）两册中，均于1941年，泰戈尔去世后出版。

整个20世纪30年代于孟加拉是一段艰苦的岁月。警方肆意采取镇压手段打击革命分子。孟加拉国会内讧严重，唯一的领袖人物苏巴斯又因病痛去了海外治疗。孟加拉的贫民阶层以及全国上下都要求实行分族选举制（separate electorate）②，英国国会已予同意，这令政局愈加不平。1932年9月，甘地在浦那的杰拉巴德监狱（Yeravada Jail）决定绝食到底，以示抗议。贫民阶级领导人B.R.安贝德卡③的态度在举国施压下缓和起来，但还是从甘地手下为贫民阶级争取了更多席位，不过也仅是对印度教选民而言。泰戈尔火速赶往浦那，想劝说甘地放弃绝食，但他到之前，甘地就同意了史称的《浦那协定》（*Poona Pact*）。按照协定所言，安贝德卡将放弃要求实行分族选举制，但同时，甘地要让出更多议席。

---

① 此处译名亦有谬误，"Syamali"有"如黑天一般"的意思，但"Syamali"是印度女孩的常见名，此诗集名是指"名叫萨玛丽的姑娘"。

② 分族选举制允许少数民族各自选出自己的代表，与全国选民统一选举代表的制度相对，支持者认为这样能够更好确保少数民族的权益。

③ B.R.安贝德卡（B. R. Ambedkar，1891—1956），印度法官、经济学家、政治家及社会改革家。

泰戈尔当时还未看清这份协定将带来的影响，它实则伤害孟加拉至深，导致印度人受种姓制度束缚的问题沦为边缘事件。回到加尔各答后，泰戈尔听闻当前局势分析，写信给甘地请他三思是否要签署协定。然而，甘地以及稍后印度国务大臣都回信给泰戈尔，说各方内部必须明确如何解决这个问题。

　　泰戈尔无计可施，但到了 1936 年 7 月 15 日，他在市镇大厅集会上发表演讲反对所谓种姓纷争裁决书（Communal Award）[①] 和在 1935 年改革法案 [②] 中提出的改革措施，这些措施后于 1937 年开始施行。甘地的政治策略不断令泰戈尔感到失望，尤其是他的绝食举动，泰戈尔称之为"甘地的精神暴政"。1939 年，甘地显然不公不正地迫使苏巴斯失势，这件事最是令泰戈尔耿耿于怀。不过，那时孟加拉的政局本就无比混乱——并非所有孟加拉领袖都愿意听命于苏巴斯。往前至 1939 年 1 月 21 日，泰戈尔在圣蒂尼克坦的芒果园曾称苏巴斯为国家领袖。1939 年，泰戈尔还在乔拉桑戈亲自召开记者会，希望所有孟加拉报道者不要一再论战，应该一齐将苏巴斯视为孟加拉领袖。苏巴斯的反对团体则提出一个前提条件——一旦发生冲突，泰戈尔

泰戈尔像，1938 年摄于圣蒂尼克坦。

---

　　① 1932 年 8 月 16 日，时任英国首相拉姆齐·麦克唐纳公布该裁决书，授权在英属印度施行分族选举制，所区分的族群包括先进种姓（Forward caste）、低种姓、穆斯林、佛教徒、锡克教徒、印度基督教徒、英印混血群体、欧洲人和贱民群体（untouchable）。

　　② 即 1935 年《印度政府法案》（Government of India Act）。

1939 年，泰戈尔在加尔各答参加民族大楼奠基仪式，苏巴斯正在进行发言。

得出面调停。泰戈尔被激怒，中止了记者会。从此，他便越来越希望自己远远避开这些政治讨论。

1937 年 9 月 10 日晚上，泰戈尔坐在圣蒂尼克坦寓所的椅子上，他的一只耳朵后面严重感染，医生诊断他患了丹毒，他因此昏迷了 48 小时。当时，圣蒂尼克坦还没有电话通讯，尼拉坦·舍克从加尔各答叫来的医生也花了些时间才到。众人一直在泰戈尔身边陪护。五天后，泰戈尔才从昏迷状态中清醒，他靠在枕头上，画了一幅风景画——暗黑的森林中，一抹微弱的黄色光线穿透了黑暗。9 月 25 日，他写下《边沿集》里的第一首诗。泰戈尔说自己在昏迷期间并未感到心神不安，醒来后也没有任何悲伤。只是他的前列腺和肾脏之后就出了问题，这让泰戈尔在生命最后四年常受折磨。原来挺拔的身躯开始弯腰驼背，昂阔的肩膀也耷拉了下来。最后几年中，泰戈尔的秘书，即阿尼尔库马尔·钱德的妻子、自身为画家和作家的拉妮·钱德在笔记中写下和泰戈尔的谈话：

1938 年 1 月 1 日

下午，他慢慢走到科纳克楼（*Konark*，泰戈尔曾住过的一栋小楼）的花园去。坐在花园里，他说了挺长时间的话。回程中，石子路上有一处向下歪斜的地方，屋檐上的雨水不停掉落下来。他一脚踩在那个地方滑了一跤，但总算自己站了起来。他平时总垂着肩膀大步流星，谁都担心他会随时跌倒。我说这样不行，告诉他应该扶着点什么走路。他和蔼地把手放在我的肩上，然后说："你想要我扶着什么？我得到哪里找到这个我可以依赖的他（抑或她）呢？……我生来受到绿色大地的青睐。我对绿土的感情更深。精致的房屋不适合我的。我就希望住在那个泥砖房里（他当时住在 1935 年修建的一个叫萨玛丽的泥砌小屋里），有一天我会归于尘土——这是自然。但现在先让我好好和这房子熟悉熟悉。"

1939 年，泰戈尔与尼赫鲁。

　　既使身体羸弱，泰戈尔的游民情结也让他做不到安守一处休养生息。此外，圣蒂尼克坦所在的比尔宾县（Birbhum）地区夏季酷热，因此，他先后五次跑去靠近大吉岭的噶伦堡（Kalimpong）以及靠近噶伦堡的芒布（Mungpoo）。时好时坏的健康状况亦不能阻止他参加 1939 年 8 月于加尔各答举行的民族大楼（Mahajati Sadan）的落成仪式。苏巴斯·钱德拉·博斯将这栋大楼规划为服务国家建设的一大中心，其命名人就是泰戈尔。他也耐不住去参加了 1940 年 2 月在苏里（Suri）的一个展览开幕式，当年 3 月，他又参加了班库拉的展览开幕式和当地产科医院的开张典礼。再往前，1939 年 12 月，泰戈尔还去梅迪尼普尔参加了维德亚萨加[①]纪念雕像落成仪式，并对社会各界显要发表讲话。

　　此外，泰戈尔这一时期的创作活动也未停歇，成果包括十一本诗集、两部舞剧、两本散文、两部短篇故事集。其中，1937 年所作的《走近宇宙》（Visvaparichay）值得在此一提。他昏迷之前已经开始写这本书了。曾经，泰戈尔请圣蒂尼克坦的一位科学老师围绕当代物理学研究写一本普及读物。这位老师写了初稿后将之交给了泰戈尔，泰戈尔顺便将其带到了正要去的避暑之地阿尔莫拉。回来后他已经改好了第二版，这位老师看到后非常惊讶，因为泰戈尔竟能将如此复杂的话题呈现得如此简单易懂。术语去掉，冗长的学术讨论细节去掉，综述去掉——因为这些都让外行读者难以理解。只留新物理学里的关键部分，兼以简明的孟加拉语予以表述。这位科学老师根本不知道泰戈尔原来还对现代物理学研究颇为熟知。泰戈尔则风趣地说，在这片古有幻论[②]之土，现代科学可谓至关重要。

---

　　①　伊诗瓦·钱德拉·维德亚萨加（Ishwar Chandra Vidyasagar, 1820—1891），印度 19 世纪教育家、社会改革家。

　　②　幻论（Mayavad）由斯里帕达·香卡拉查里亚（Sripad Sankaracarya）建立，以对抗佛教学说。该论认为一切生灵皆是婆罗门一体所生所有，只是当下被幻力掩盖，幻象褪去之时，生灵将再次回归于婆罗门。

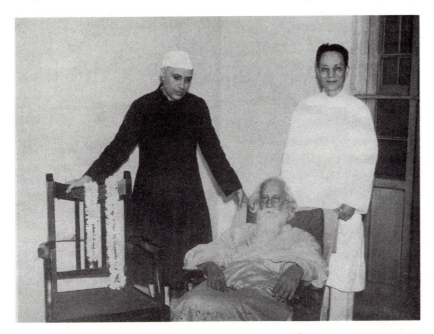

泰戈尔与尼赫鲁和谭云山

拉妮还记下泰戈尔在 1939 年 3 月 10 日说的话：

> 我很吃惊，简直不能想象"圣雄"怎么可以做到连续绝食，然后稍停绝食，但几乎没有什么时间恢复身体就去德里参与论战。再接着，他又要去这里、那里，到处奔波。
>
> 我的天呐，歌曲创作实在简单多了。

写歌似乎对于泰戈尔更容易。那一年，泰戈尔本已说过，为迎雨节再创作其他歌，自己已力不从心。但当时的音乐系系主任西拉贾兰詹·马宗达（Sailajaranjan Majumdar, 1900—1992）还是少见地执意请他写出十五首歌。西拉贾兰詹对于从前的迎雨节曲目不甚满意，因为那些

歌唱来唱去已经新意全无。有时他就希望有一首贝哈各拉格曲调（Behag raga）的歌，有时候也想要包尔歌谣（Baul）式的——没有一首包尔歌谣，迎雨节还能算完整吗？此外，还要巴伊拉布调（Bhairabi）、伊曼调（Iman）、马拉尔调（Mallar）、卡菲调（Kafi）和卡纳拉调（Kanala）——没有这些怎么能行？泰戈尔最惊讶的还是西拉贾兰詹居然想用巴格什里调（Bagesri）[①]——能用巴格什里调来作迎雨节的歌吗？系主任说没问题，他还指出泰戈尔从前的确用这个调作出了一首迎雨歌。于是，泰戈尔微笑着点头同意。那一年迎雨节上，要用的十六首歌里便有了十五首全新创作，写完十五首歌的泰戈尔就搁笔了。为此有些失落（但实则也为有这么多新曲目感到兴奋）的歌手们拿一首旧歌凑成了第十六首，因为他们想要用十六首歌来对应月亮的十六个部分。前述的两部舞剧则是以往作品的增订版。《花钏女》原来是 1892 年所写的一首戏剧式长诗，后在普拉提玛的请求下，泰戈尔在 1936 年将其改编为舞剧作品。该剧当年便在加尔各答上演，泰戈尔本人也偶尔上台朗诵几句。接着，舞剧在巴特那、阿拉哈巴德、拉合尔、德里和密鲁特上演，所到之处场场爆满。在德里，甘地出面让泰戈尔不再组织这么费力的筹资活动，并以匿名形式捐助了六万卢比。不过，这部舞剧于 1937 年 2 月至 3 月间重新在孟买、阿默达巴德，以及西孟加拉邦的六个市镇上演。在没有泰戈尔带领的情况下，剧团独自前往这些地区表演，并依然在各处收获了一批批热情叫好的观众。

---

① 巴格什里调（Bagesri）是一种经典的拉格曲调，据说最早出现于 16 世纪。这种曲调最常用于描绘女子在夜晚时分等待与情人相会时的心情。

吉尔伯特·默里至泰戈尔的信

吉尔伯特·默里（*Gilbert Murray*，*1866—1957*），英国思想家，以研究希腊经典著称。1934 年 8 月 16 日，默里以知识合作委员会（*Committee on Intellectual Cooperation*）① 主席的身份写信给泰戈尔，恳请他在一封有关国际知识分子达成合作的公开信上签字。他在信中写道：

"您是一位伟大的诗人，也许是现今在世最具盛名的诗人，而诗歌带给我至上的愉悦，也是我此生的兴趣所在。您的生活和工作都遵从和谐与共的精神，我也正是出于关切人与人之间的和谐共处而作此呼吁。"

在这封长信中，默里还写道：

"……曾记得数年前您来访英国，大批群众在伦敦的某个大堂里一致欢迎您的到来。为您接风时表演的特别节目中，一位英国歌手唱诵了您的一首诗。这首诗本身风格柔和，妙具哲理，唯有静而安的气质可以完全达到这一效果。我原本希望听到配上某种古老的弦乐器轻吟此诗，例如竖琴或西塔拉琴。但现场已经安排好用现代欧洲音乐配合华美的演唱。歌声一起，那稳健的女高音腔调让我着实把眉头一皱。我看向您，观察您是什么反应。无疑，您也觉得煎熬，但众目之下，您依然体态端庄，谦恭有礼。"

---

① 国际联盟于 1922 年成立国际知识合作委员会（ICIC），该会主张欧洲的和平进程可以通过科学精英之间更好的合作来实现。

苏格兰画家缪尔黑德·伯恩为泰戈尔创作的铜版画。

第二部舞剧《黑天神女》改编自1899年的一首诗歌作品《报应》（*Parisodh*）。舞剧于1936年10月在圣蒂尼克坦首演，之后在加尔各答上演。1938年9月，该剧在圣蒂尼克坦再演，1939年2月在加尔各答再演。玛丽娜里妮在圣蒂尼克坦出演霹雳士（*Vajrasen*）一角。前文已经提过她的相关经历，不过，泰戈尔对她的舞技其实印象不深。想必她在表演中舞艺有所提升，因此新闻报道里对她的舞蹈表示欣赏。

泰戈尔那两封有名的信也是来自这一时期。一封写给日本诗人野口米次郎，另一封写给埃莉诺·拉斯波恩[①]。野口是泰戈尔的坚定拥护者，于1916年对泰戈尔关于民族主义的看法表达了支持。1938年7月，他写信给泰戈尔，为日本进军中国辩护，但泰戈尔的两封回信言辞激烈地揭露了日本帝国主义的野心。1941年，英国人拉斯波恩女士向印度人，尤其是尼赫鲁写了一封公开信，建议印度人暂搁内部矛盾，为至此为印度付出良多而今开战的英国提供支援。泰戈尔严辞回应了拉斯波恩，申斥英国那所谓带领印度走进文明的使命。本来泰戈尔自己就病痛缠身，写信困难，但鉴于尼赫鲁当时正在狱中，言论受到压制，他坚决挺身反斥这种无端说教。尴尬之下，拉斯波恩只能自我安慰，她想这封信应该不是病中的泰戈尔本人写的，而是别人的代笔罢了。

---

① 埃莉诺·拉斯波恩（Eleanor Rathbone，1872—1951），第一批成为英国国会议员的女性之一，倡导实行家庭补助和保护女性权益。

泰戈尔和婆罗多舞

鲁克米尼·德维·阿伦达尔（Rukmini Devi Arundale, 1904—1986）是一名致力于推广婆罗多舞的舞蹈家。她在致敬泰戈尔的《百年纪念册》（A Centenary Volume）中写下自己与泰戈尔的往事：

有生最后一次见到泰戈尔是他仙逝几个月之前，阿伦达尔博士和我前往圣蒂尼克坦看望他。我当时在印度各地舞蹈巡演，但去时没有带任何舞伴，因为我想他病情不轻，应当没有心情看表演。我们去了之后受到极为热情的招待，他非常轻声地问我可不可以表演一段舞。我告诉他没有舞伴实在难以完成，但他坚持请我跳一段。我没法拒绝，于是试着现场教一两位圣蒂尼克坦的音乐人，接着，我们就在他寓所北归园（Uttarayan）的一大群观众面前表演了两段舞蹈。年轻的音乐人在如此短的时间里没有掌握好自己的部分，所以我自己又唱又跳。舞毕后，靠在矮榻上的泰戈尔把我叫过去，久久握着我的手，我深深感到了他的赞赏和喜欢。他引用了《摩罗维迦与火友王》①里的台词，说自己直到如今才明白了迦梨陀娑视舞蹈为崇高的意思，还有，他从前在马德拉斯看过一次婆罗多舞，但直到现在才学会欣赏，现在，他对这门艺术的看法也改变了。

---

① 《摩罗维迦与火友王》（Malavikagnimitra），迦梨陀娑（Kalidasa）创作的五幕剧，描述的是火友王与宫娥摩罗维迦的爱情故事。

1938 年，泰戈尔在圣蒂尼克坦，桑布·萨哈（Sombhu Saha）摄。

日落归西

泰戈尔决定剪短一头长卷发的时候，拉妮·钱德只觉得心疼。她劝他不要去动那一头秀发，泰戈尔说（1938年1月15日）："我剪头发是为了减轻头部负担。难道留着不必要的负重算好吗？你看看，我头发理得也不坏——对吧？不至于要戴帽子遮丑。你觉得呢？"

不知泰戈尔还记不记得别人的那句大声赞美："多棒的脑袋！"这句话出自布莱顿私人男子学校（Brighton Proprietory School For Boys）的校长之口，当时十七岁的泰戈尔到该校上学。校长指的便是泰戈尔的整体头型——第一眼他还看不出头脑里装的什么呢。

另一次（1939年4月8日），拉妮听到泰戈尔说有一天，一个德国人看到他在土耳其式澡堂里，就对他说："年轻人，你的体型可真是不错。"如今，拉妮看到泰戈尔（1940年10月10日的晚上）运动手指，交替做握拳松拳动作。泰戈尔告诉她："你以为我在练习打拳呢？不是，我手指刚痉挛了。"

泰戈尔也不会只同拉妮说些身体病痛的事，他还常谈自己的画、音乐、小说、两性关系等——拉妮替他用笔记下了最后三首诗（分别于1941年7月27日、29日、30日）。但最后几个月，在他身边的拉妮看到泰戈尔欲加掩饰但又难掩剧痛的样子总难免感到难受。他说道："我身体不行了，我活着好像笼罩在迷雾里，四周都是雾。我看不清东西，我也听不明白。心脏怦怦跳，我还活着，可是这叫活着吗？"（1940年

4月4日）。虽然泰戈尔说自己的大脑已经停止运转，他再也想不出故事情节了，但他还是必须要写作，因为一家报纸答应支付一百卢比作为稿费（1939年7月28日，他这么对拉妮说）。于是就有了在《甘露市场报》上发表的《星期日》（Rabibar）。

至此，印度政局风云变幻也十分迅猛，甘地、尼赫鲁和苏巴斯都接连不断地来到圣蒂尼克坦或加尔各答向泰戈尔询问意见。1937年10月，泰戈尔前去位于加尔各答边缘城镇的普拉桑塔·钱德拉·马哈拉诺比的巴拉纳加尔寓所接受健康检查时，甘地随之从兰士登路的萨拉特·钱德拉·博斯家来面见泰戈尔。然而在驱车途中，甘地昏厥过去，被带回兰士登路。得知此消息的泰戈尔坚持要去看看他。甘地躺在萨拉特房子最顶楼的房间里。于是，大家让泰戈尔坐在椅子上，尼赫鲁（四十九岁）、苏巴斯（四十岁）、萨拉特（四十九岁）和马哈德·德赛①（四十五岁）连人同椅把他抬上楼去。

1940年，甘地最后一次访问圣蒂尼克坦。2月17日，泰戈尔在芒果园盛情迎接。上一次甘地来访圣蒂尼克坦还是在1925年。此时的校园已经大变模样，甘地亲自到圣蒂尼克坦和斯里尼克坦各个学院进行参观。泰戈尔亦最后一次将圣蒂尼克坦——他唯一珍爱的东西托付给甘地。甘地答应他一定会守护好这处珍贵

1937年，泰戈尔在加尔各答边缘城镇巴拉纳加尔，于桑布·萨哈摄。

---

① 马哈德·德赛（Mahadev Desai，1892—1942），印度独立活动家、新闻作家、甘地的私人秘书。

宝地。1941 年 5 月 7 日，甘地还发电报给他："耄耋惜短，惟愿期颐。"

泰戈尔回电答："敬谢来电。耄耋已荒唐，期颐则过矣。"

1940 年，泰戈尔在圣蒂尼克坦芒果园迎接甘地访问。

1940 年，泰戈尔和甘地在圣蒂尼克坦。

1940 年 9 月 26 日，泰戈尔再次在噶伦堡不省人事，他没有好好遵守尼拉坦·舍克和毕丹·钱德拉·雷伊（Bidhan Chandra Ray, 1882—1962）给他的医嘱。此时在场的只有在芒布接待他的普拉提玛和梅特莱伊·德维（Maitreyi Devi, 1914—1990）。梅特莱伊急忙赶去大吉岭，请求一位不太情愿的外科民医到噶伦堡看病，然而一路路况糟糕，驱车要花三个小时。梅特莱伊哭着跪求这位英国医生去看看病人，医生不知道就在三个月前这位病人还被授予牛津大学博士学位，所以他还问病人会不会说英语。最终，这名医生的诊断是肾功能衰竭，他希望进行手术减缓病人的剧烈疼痛。但两位女士都反对直接手术。接着，三名医生被紧急从加尔各答召来。9 月 29 日，泰戈尔被带回加尔各答，11 月 18 日才回到圣蒂尼克坦。

泰戈尔离世之前，拉妮对他讲过的话作了笔记：

1941 年 1 月 9 日。（收到出版社寄来的诗作校对稿后）我有时感到惭愧，自己实在写得太多。巴拉特·钱德拉·雷伊[①] 曾有言："言多者，多言假。"当然，文学本身基于虚构。然而我所言之，几多为真？

1 月 11 日。（叫来拉妮并把一首写女性的诗交给她看）我已经向世界上所有女性讲过，安排给你们的命运是勉强的。病人于女人如同圣人。将照料视为己任的女性会担起照料世界的责任。女人是万能的，她们具有养育整个世界的力量。

3 月 11 日。我的身体拒绝再动弹。但你看，

1937 年，泰戈尔康复后。

---

① 巴拉特·钱德拉·雷伊（Bharatchandra Roy, 1712—1760），18 世纪孟加拉宫廷诗人、作曲家。

心还在跳，血脉还通，体温刚好 37.5 摄氏度，一切尚好。但我身体某处有个希特勒为非作歹呢。

3 月 14 日。（拉妮正用油给他手部按摩，好奇泰戈尔的好皮肤竟一点皱纹都没有）我继承了大笔遗产，否则怎么可能过下去？我也挣了一些。但花得也很多。如今全部花光了。

4 月 17 日。拉妮写到泰戈尔开心地回忆起伦敦大学的亨利·莫利①。这位老师经常带读课文，一下子就把主题思想讲得明白。他还记得一个印度裔学生写了一篇文章，对大不列颠民族大唱赞美歌而大肆贬低印度同胞，莫利对此很生气。耻于自己同胞的泰戈尔写了《论在印英国殖民者》的文章予以反驳，并将

亨利·莫利像

之交给了老师。他不清楚莫利会怎样看这些对英国统治者的批评，所以从课堂上溜出来，直到洛肯·帕里找到他，拍拍他的背，说莫利很欣赏这名学生写的内容、风格以及措辞。泰戈尔告诉拉妮，这是平生受到的最高的赞赏。接着，泰戈尔还忆起班吉姆是如何欣赏他的小说《王后市场》以及诗歌《暮歌集》的。

4 月 23 日。导师谈到印度和西方绘画。导师谈到自己的歌曲创作。

4 月 24 日。导师谈到抒情诗。

4 月 27 日。导师看了一首所谓"现代"孟加拉文诗，感到生气。

---

① 亨利·莫利（Henry Morley，1822—1894），英国学者，大不列颠最早一批英国文学教授。

5月15日。有人暗指英国统治者离开印度，印度就会变得一无是处，导师对此十分愤愤不平。

5月17日。导师说女人只有做到自己独立挣钱才能不再卑躬屈膝地仰仗男人。

5月21日。凌晨四点半。导师醒来。拉妮帮他洗了脸，扶他坐到沙发上，打开窗户。他说："你让我又活了过来。清晨的阳光让我感到一线希望。我一点也不喜欢夜晚的黑暗。什么都好像被吞到黑暗里去了。我等着黎明来。黑暗褪去，一派光明就出现了。"

下午。导师谈到自己的画。

5月22日。导师谈到自己的短篇小说。他说不明白为什么别人说自己的小说充满抒情色彩。

5月23日。导师拿博多河东岸民族（拉妮就是来自这里）的

1940年，泰戈尔在圣蒂尼克坦。

口音和他们写孟加拉文字开起玩笑。导师谈起女性的奉献，提到了维韦卡南达和尼维蒂达修女。

5月24日。导师会见了几位现代作家。他说，文学的最终目的是创造愉悦的心境。而现代的批评家只会闹分歧，作嘲讽。他对一家报纸上写自己画作的文章很不满。画就是画，不管是出自东还是来自西。

5月25日、26日和27日。艺术从不模仿，而是创造。人总是想将梦想变成真实。现代文学要面对生活的贫乏，但解决不了生活本身的问题。我在什莱达哈曾尝试应对，不是通过艺术，而是通过务实的土地改革。有关无产阶级艺术的谈论

孙女南迪塔·克里普拉尼（Nandita Kriplani）在泰戈尔最后的时日里主要负责照料他。

令他烦心。他谈起一位波兰雕塑家如何有意思地创作了一尊他的半身像。它看上去挺滑稽，但也不过是他个人看法罢了。

5月30日。导师谈起学校里的青年学生和老教师们。

1941年5月31日。导师很伤感，因为侄子阿巴尼德拉纳特要永远离开乔拉桑戈了。他说到，一切属于乔拉桑戈的文化原就逐渐消逝，"如今已尽失。万事有头"。

泰戈尔此时常处于高烧昏迷状态，神智略显不清。暑气蒸腾，连日无雨。瑞努给他安装了一台空调，但当时的空调技术极为原始，所以噪声极大。对抗疗法不起作用，医生开始尝试印度传统草药医学(Kaviraji)。

1941 年，泰戈尔被送出圣蒂尼克坦。

1941 年 8 月 7 日，圣蒂尼克坦师生送别泰戈尔最后一程。

几位医生每天向加尔各答的资深医师汇报情况，他们还没有决定唯一的办法是否只有手术。尼拉坦·舍克责怪后辈如毕丹和拉利特·库马尔·班迪奥帕德耶[①]坚持说要手术，舍克警告说，泰戈尔的神经衰弱，承受不了手术。最终，众人一齐来到圣蒂尼克坦，一番犹豫不决后才告诉泰戈尔只有手术之后他才能恢复如常，而且也不会动大手术。泰戈尔感到惊诧。手术？难道不能容他如叶落归根，顺其自然吗？ 1941 年 7 月 25 日，大家还是用与火车相连的轿车包厢把他送到加尔各答。校园里一众师生默默列队送行，不清楚能不能再见到泰戈尔。

泰戈尔问主刀医师们手术会有多痛。其中一位，也是泰戈尔家的远房亲戚，让他放心，说一点也不会痛，还说手术与他目前已经习惯的静脉注射是差不多的感觉。他们在一头给他动手术，没准他还会在另一头作诗念诗呢！

手术时间定于 7 月 30 日。不过医生没有告诉泰戈尔，如果他过分紧张会使血压不稳。其他人也被瞒着，避免有人透露给他。到了手术当天，拉利特把手术台准备好，然后故作轻松地对泰戈尔说："今天咱们就把它搞定。"泰戈尔露出了惊恐的神色。他给拉妮口述了最后一首诗，

---

① 拉利特·库马尔·班迪奥帕德耶（Lalit Kumar Bandyopadhyay），印度批评家。

说还有几处需要修改，等他之后再看。医生向他保证手术后头脑肯定会清晰起来。这次手术要在耻骨上进行膀胱造瘘。持续 25 分钟之后，手术于上午 10 时左右完成。然而，泰戈尔却没有完全恢复清醒。到了晚上，拉利特问泰戈尔手术中是否感到疼痛，泰戈尔回答：“何用来问，然后听我的假话呢？”术后第三天，毕丹看到泰戈尔受打嗝不止的折磨，心焦不已，于是转问病室里的女人们：“对付打嗝有不少家庭偏方，你们干嘛不试一试？”术后第五天，尼拉坦来看望泰戈尔。他听医生的建议，握着病人的手轻轻给他按摩。一会儿，他起身走到门边，长长望了老朋友一眼。这时大家都意识到希望渺茫了。毕丹拖着沉重的步子走出了门。8 月 7 日晚上 12 点 10 分，泰戈尔停止了呼吸。

回首从前一次欧洲之行，泰戈尔曾收到一封素不相识的女士写于 1920 年 8 月 1 日的信：

尊敬的泰戈尔先生：

自从闻知您到了伦敦，一直想鼓起勇气写信给您——向您倾告的凤愿终于在今日令我下笔成文。信可能到不了您手上，因为我不清楚寄信地址，不过我又确定信封上您的尊名已足矣。大约两年前，我心爱的长子最后一次出发上战场，那天他向我道别——我们向着铺满阳光的大海远眺，望向法国，心情感伤——那时，我这位爱写诗的儿子念起您优美的诗句，开头是：“当我走的时候，让这个作我的别话吧”。之后他的笔记本送还家属，我发现他用心地写下了这句诗，并在下面附上您的姓名。唯恐多有打扰，但可否请您告诉我哪本书里能读到全诗。

这封长信的署名人是苏珊·H.欧文，她的儿子是威尔弗雷德·欧

文 ①。经苏珊告知，威尔弗雷德牺牲于第一次世界大战结束仅仅一周之前。死时，威尔弗雷德才二十五岁。之后，查托与温都斯书局（Chatto&Windus）提议整理出版威尔弗雷德的诗集，苏珊还曾写信问候泰戈尔可否寄去一本。

当然，苏珊终于知道了诗集的名字（上述诗句来自《吉檀迦利》第九十六首），也读到了以下全诗：

当我走的时候，让这个作我的别话吧，就是说我所看过的是卓绝无比的。

我曾尝过在光明海上开放的莲花里的隐蜜，因此我受了祝福——让这个作我的别话吧。

在这形象万千的游戏室里，我已经游玩过，在这里我已经瞥见了那无形象的他。

我浑身上下因着那无从接触的他的摩抚而喜颤；假如死亡在这里来临，就让它来好了——让这个作我的别话吧。

---

① 威尔弗雷德·欧文（Wilfred Owen, 1893—1918），英国诗人，留世仅一本《诗集》。其诗表现了对战争残酷的愤怒和对战争牺牲者的哀怜。

摄于泰戈尔的英国之行期间，在这里他收到了欧文母亲的来信。

泰戈尔家谱 GENEALOGY

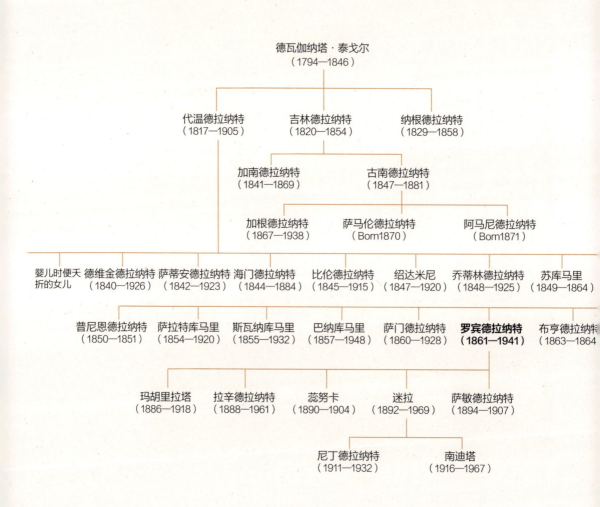

德瓦伽纳塔·泰戈尔
（1794—1846）

代温德拉纳特
（1817—1905）

吉林德拉纳特
（1820—1854）

纳根德拉纳特
（1829—1858）

加南德拉纳特
（1841—1869）

古南德拉纳特
（1847—1881）

加根德拉纳特
（1867—1938）

萨马伦德拉纳特
（Born1870）

阿马尼德拉纳特
（Born1871）

婴儿时便夭
折的女儿

德维金德拉纳特
（1840—1926）

萨蒂安德拉纳特
（1842—1923）

海门德拉纳特
（1844—1884）

比伦德拉纳特
（1845—1915）

绍达米尼
（1847—1920）

乔蒂林德拉纳特
（1848—1925）

苏库马里
（1849—1864）

普尼恩德拉纳特
（1850—1851）

萨拉特库马里
（1854—1920）

斯瓦纳库马里
（1855—1932）

巴纳库马里
（1857—1948）

萨门德拉纳特
（1860—1928）

**罗宾德拉纳特
（1861—1941）**

布亨德拉纳特
（1863—1864）

玛胡里塔
（1886—1918）

拉辛德拉纳特
（1888—1961）

蕊努卡
（1890—1904）

迷拉
（1892—1969）

萨敏德拉纳特
（1894—1907）

尼丁德拉纳特
（1911—1932）

南迪塔
（1916—1967）

致谢

从尼尔玛·巴塔查里亚先生在印度国家文学研究院及印度国家文学出版信托基金工作起，我与他已相识多年。首先感谢他如此有心向德里的新木图书私人有限公司（Niyogi Books）推荐我。与比卡什和图图尔这对令人深感愉快的伉俪结识亦令我十分高兴，他们夫妇和我一样投入了诸多热情来规划和实行这项有意思的工作。感谢我的友邻钦莫·伊德充满干劲地将第一份手稿付予排版。感谢玛图帕纳·班纳吉花了很多心思编辑文本。还要感谢负责扫描本书所用照片的珀斯·森古塔，她使原本画质不佳的已刊选图得到不错的呈现。同时，向我在创作本书时参考书籍的作者一并致谢。